Hans-Werner Fehmel
Hausratsverordnung

Sammlung Guttentag

Hausratsverordnung

Kommentar
zur Verordnung über die Behandlung der Ehewohnung und des Hausrats
(6. Durchführungsverordnung zum Ehegesetz)

von

Hans-Werner Fehmel
Vors. Richter am Kammergericht

1986

Walter de Gruyter · Berlin · New York

Zitiervorschlag: HausrVO-Fehmel, § 3 Rdn. 5

Cip-Kurztitelaufnahme der Deutschen Bibliothek

Fehmel, Hans-Werner:
Hausratsverordnung: Kommentar zur Verordnung über die Behandlung der Ehewohnung und des Hausrats (6. Durchführungsverordnung zum Ehegesetz) / von Hans-Werner Fehmel. – Berlin ; New York : de Gruyter, 1986.
(Sammlung Guttentag)
ISBN 3-11-010907-7

Satz: ConComposition, Medien Rechenzentrum GmbH, Berlin 12
Druck: Druckerei Gerike, Berlin 61
Bindearbeiten: Lüderitz & Bauer Buchgewerbe GmbH Berlin 61

Vorwort

Von der „Flut der Ehescheidungen, welche ... noch immer mit großer Heftigkeit gegen die Mauern der ... Gerichte brandet", schrieb Siegelmann recht anschaulich schon 1949 in einem längst vergriffenen Erläuterungsbuch, um die Bedeutung der Hausratsverordnung hervorzuheben. Die „Flut" brandet noch immer, an- und abschwellend, wobei die Hausratsteilung mit zunehmendem Wohlstand mehr in den Hintergrund trat. Es lohnte sich nicht, um jeden Stuhl zu streiten, den man einfacher und schneller neu erwerben konnte.

Arbeitslosigkeit, steigende Preise und steigende Mieten haben dazu geführt, daß um Hausrat und Ehewohnung wieder häufiger prozessiert wird. Der Bundesgerichtshof hat wiederholt den weiten Anwendungsbereich und die Bedeutung der Hausratsverordnung herausgestellt, so z. B. mit der Feststellung, daß Hausrat, der nach der HausrVO verteilt werden kann, nicht dem Zugewinnausgleich unterliegt (BGH FamRZ 84, 144, 146), oder daß auch Gegenstände von hohem Wert einschließlich kostbarer Kunstgegenstände zum Hausrat gehören können (BGH FamRZ 84, 575).

Auch der Gesetzgeber ist nicht untätig geblieben. Von dem „Gesetz zur Änderung unterhaltsrechtlicher, verfahrensrechtlicher und anderer Vorschriften" (UÄndG) vom 20.2. 1986, das am 1. April 1986 in Kraft trat, wird das Hausratsverfahren unmittelbar und mittelbar betroffen. Mit dem neugeschaffenen § 1361 b BGB besteht nunmehr die gesetzliche Grundlage zur Aufteilung oder Zuweisung der Ehewohnung schon **vor** Anhängigkeit des Scheidungsverfahrens. Dementsprechend ist der Anwendungsbereich des § 18a HausrVO auf § 1361 b BGB erstreckt worden (die letztgenannte Vorschrift ist abgedruckt und kommentiert unter § 18a Rdn. 25 ff). Zahlreiche Änderungen des Verfahrensrechts wirken sich auch auf das Hausratsverfahren aus und waren nach der Verkündung (BGBl. S. 301) einzuarbeiten.

Die wechselvolle Geschichte des Gesetzes läßt sich nachlesen in der BR-Drucks. 501/84 (Gesetzentwurf der Bundesregierung), 501/1/84 (Empfehlungen der Ausschüsse), 501/2/84 (Antrag des Landes Niedersachsen), 501/3/84 (Antrag anderer Bundesländer), Stellungnahme des Bundesrats v. 7. 12. 84 (Beschluß) in der BR-Drucks. 501/84, sowie in der BT-Drucks. 10/2888 (Gesetzentwurf der Bundesregierung v. 21. 2. 85, S. 1; Stellungnahme des Bundesrates S. 42 aaO; Gegenäußerung der Bundesregierung S. 50 ff aaO). In der vom Rechtsausschuß des Bundestages veränderten Form (BT-Drucks. 10/4514) wurde das Gesetz vom Bundestag und am 31. 1. 1986 auch vom Bundesrat verabschiedet. Bedeutsam für das Hausratsverfahren sind u. a. die Änderungen der §§ 72 und 119 Abs. 1 Nr. 1

und 2 GVG (Rückkehr zum Prinzip der formellen Anknüpfung), § 200 Abs. 1 Nr. 5 b GVG (isolierte Verfahren nach der HausrVO sind jetzt kraft Gesetzes Feriensachen), § 45 Abs. 2 ZPO (über die Ablehnung eines Familienrichters/Hausratsrichters entscheidet das OLG), § 78 Abs. 2 ZPO (Anwaltsvertretung am Hausratsverfahren beteiligter Dritter), § 529 Abs. 3 i. V. m. § 621 e Abs. 4 ZPO (eingeschränkte Prüfung des Berufungsgerichts, ob eine Familiensache vorliegt) und die Übergangsvorschriften Art. 6 Nr. 6 und 7 des UÄndG.

Ein Schwerpunkt der gesetzlichen Neuregelung ist die Gewährleistung von mehr Einzelfallgerechtigkeit im Unterhaltsrecht bei einseitig evidentem Fehlverhalten. Dieser Gesichtspunkt wird auch in Angelegenheiten der Hausratsteilung und Wohnungszuweisung angemessen zu berücksichtigen sein (s. § 2 Rdn. 2, § 9 Rdn. 13, § 20 Rdn. 9).

Der vorliegende Band will in handlicher Form die Möglichkeit bieten, sich schnell einen Überblick zu verschaffen über den gegenwärtigen Rechtszustand, und will versuchen, aus der Vielfalt auftauchender Fragen möglichst viele nach dem neuesten Stand zu beantworten. Zahlreiche Verweisungen innerhalb des Werkes und ein ausführliches Sachwortverzeichnis werden dazu beitragen. Anregungen und ergänzende Hinweise nehmen Verfasser und Verlag jederzeit gern entgegen. Für die Beratung und Unterstützung durch den Verlag möchte ich an dieser Stelle meinen besonderen Dank sagen.

Berlin, im April 1986 H.-W. Fehmel

Inhaltsverzeichnis

Fünfter Abschnitt
Kostenvorschriften

Sechster Abschnitt
Schlußvorschriften

Abkürzungs- und Literaturverzeichnis

a. A.	anderer Ansicht
aaO	am angegebenen Ort
Abs.	Absatz
AcP	Archiv für die civilistische Praxis (Band und Seite)
a. F.	alte Fassung
AK (und jeweiliger Bearbeiter)	Alternativkommentar/Kommentar zum Bürgerlichen Gesetzbuch (Reihe Alternativkommentare), Bd. 5 Familienrecht, 1981
Anh.	Anhang
Anm.	Anmerkung
AnwBl	Anwaltsblatt, Nachrichten für die Mitglieder des Deutschen Anwaltsvereins (Jahr und Seite)
Art.	Artikel
Aufl.	Auflage
BayJMBl	Bayerisches Justizministerialblatt (Jahr und Seite)
BayObLG	Bayerisches Oberstes Landesgericht
BayObLGZ	Bayerisches Oberstes Landesgericht (Sammlung seiner Entscheidungen in Zivilsachen)
Baumbach/Lauterbach/Albers/Hartmann	Kommentar zur Zivilprozeßordnung, 44. Aufl. 1986
Baumgärtel (und jeweiliger Bearbeiter)	Handbuch der Beweislast im Privatrecht, Band 2, BGB Sachen-, Familien- und Erbrecht, 1985
Baur/Wolf	FGG-Grundbegriffe, Grundbegriffe des Rechts der freiwilligen Gerichtsbarkeit, 2. Aufl. 1980
BGB	Bürgerliches Gesetzbuch v. 18. 8. 1986
Bergerfurth	Der Anwaltszwang und seine Ausnahmen, 1981
ders.	Der Ehescheidungsprozeß und die anderen Eheverfahren, 5. Aufl. 1982
BGH Z	Entscheidungen des Bundesgerichtshofs in Zivilsachen, amtliche Sammlung (Band und Seite)
BlGBW	Blätter für Grundstücks-, Bau- und Wohnungsrecht (Jahr und Seite)
BR-Drucks.	Drucksachen d. Deutschen Bundesrates, 1949 ff.
BRAGO	Bundesgebührenordnung f. Rechtsanwälte v. 26. 7. 1957
BT-Drucks.	Drucksachen d. Deutschen Bundestages, 1949 ff.
BVerfGE	Entscheidungen des Bundesverfassungsgerichts, amtliche Sammlung (Band und Seite)

das.	daselbst
ders.	derselbe
DJ	Deutsche Justiz (Jahr und Seite)
Dölle FamR	Darstellung des deutschen Familienrechts mit rechtsvergleichenden Hinweisen, Bd. I, 1964
DR	Deutsches Recht, Monatsausgabe
DRiZ	Deutsche Richterzeitung (Jahr und Seite)
DRsp	Deutsche Rechtsprechung, Entscheidungssammlung und Aufsatzhinweise (Loseblattsammlung)
DWW	Deutsche Wohnungswirtschaft (Jahr und Seite)
EBE	Eildienst bundesgerichtlicher Entscheidungen (Jahr und Seite)
1. EheRG	Erstes Gesetz zur Reform des Ehe- und Familienrechts v. 14. 6. 1976, BGBl I 1421
Einl.	Einleitung
ErgBd	Ergänzungsband
Erman (und jeweiliger Bearbeiter)	Handkommentar zum Bürgerlichen Gesetzbuch, 7. Aufl. 1981
FamRZ	Zeitschrift für das gesamte Familienrecht (Jahr und Seite)
ff	folgende (Seiten)
FGG	Ges. ü. d. Angelegenheiten d. freiwilligen Gerichtsbarkeit
Fn.	Fußnote
Gernhuber	Lehrbuch des Familiernrechts, 3. Aufl. 1980
ggf.	gegebenenfalls
Göppinger (und jeweiliger Bearbeiter)	Vereinbarungen anläßlich der Ehescheidung, 5. Aufl. 1985, teils auch 4. Aufl. 1982
GVG	Gerichtsverfassungsgesetz i. d. F. v. 9. 5. 1975/20. 2. 1986
Haberzettl	Streitwert und Kosten in Ehe- und Familiensachen, 2. Aufl. 1985
Habscheid	Freiwillige Gerichtsbarkeit – Ein Studienbuch, 7. Aufl. 1983
HausrVO	Hausratsverordnung (über die Behandlung der Ehewohnung und des Hausrats)
h. M.	herrschende Meinung
Hoffmann/Stephan	Kommentar zum Ehegesetz mit Hausratsverordnung, 2. Aufl. 1968
HW	Haus und Wohnung (Jahr und Seite)
i. d. F.	in der Fassung
i. d. R.	in der Regel
IPRax	Praxis des Internationalen Privat- und Verfahrensrechts (Jahr und Seite)
i. S. (von)	im Sinne von
i. V. m.	in Verbindung mit

JMBl NRW	Justizministerialblatt für Nordrhein-Westfalen (Jahr und Seite)
JR	Juristische Rundschau (Jahr und Seite)
JurBüro	Das juristische Büro (Jahr und Seite)
Justiz	Die Justiz, Amtsblatt des Justizministeriums Baden-Württemberg (Jahr und Seite)
JW	Juristische Wochenschrift (Jahr und Seite)
JZ	Juristen-Zeitung (Jahr und Seite)
KostRspr	Kostenrechtsprechung, bearbeitet von Lappe u. a., (Gesetz, §, Nr.)
Kost O	Kostenordnung, Gesetz ü. d. Kosten in Angelegenheiten d. freiwilligen Gerichtsbarkeit
Lappe	Kosten in Familiensachen, 4. Aufl. 1983
Larenz	Methodenlehre der Rechtswissenschaft, 5. Aufl. 1983
LM	Das Nachschlagwerk des Bundesgerichtshofs in Zivilsachen, herausgegeben von Lindenmaier und Möhring (Gesetzesstelle und Entscheidungsnummer)
Markl	Kommentar zum Gerichtskostengesetz, 2. Aufl. 1983
MDR	Monatsschrift für Deutsches Recht (Jahr und Seite)
MüKo (und jeweiliger Bearbeiter)	Münchener Kommentar zum BGB, Bd. 5, 1978 – nebst Ergänzungslieferung
m. w. Hinw.	mit weiteren Hinweisen
n. F.	neue Fassung
NiedersRpfl (NdsRpfl)	Niedersächsische Rechtspflege (Jahr und Seite)
NJW	Neue Juristische Wochenschrift (Jahr und Seite)
Nr.	Nummer
OGH Z	Sammlung der Entscheidungen des Obersten Gerichtshofs für die Britische Zone (Band und Seite)
OLG	Oberlandesgericht (mit Ortsnamen)
OLGRspr.	Die Rechtsprechung der Oberlandesgerichte (Band und Seite)
OLG Z	Entscheidungen der Oberlandesgerichte in Zivilsachen (Jahrgang und Seite)
Palandt (und jeweiliger Bearbeiter)	Kurzkommentar zum BGB, 45 Aufl. 1986 (die HausrVO ist abgedruckt im Anh. II zum Ehegesetz, S. 2489 ff)
Rdn.	Randnummer
Rechtsanwenderbroschüre	Gesetzestext, Auszug aus den Materialien und ergänzende Erläuterungen zum 1. EheRG, herausgegeben vom Bundesjustizministerium
RGRK (und jeweiliger Bearbeiter)	BGB-Kommentar von Reichsgerichtsräten und Bundesrichtern, 12. Aufl. ab 1974

R OLG	Die Rechtsprechung der Oberlandesgerichts (Band und Seite)
Rolland	Das neue Ehe- und Familienrecht, 2. Aufl. 1982
Rpfl	Der Deutsche Rechtspfleger (Jahr und Seite)
S.	Seite
s. (a.)	siehe (auch)
SchlHA	Schleswig-Holsteinische Anzeigen (Jahr und Seite)
Schneider	Streitwert-Kommentar für den Zivilprozeß, 6. Aufl. 1983
Schwab	Handbuch des Scheidungsrechts, 1977
Siegelmann, HausrVO	Hausratsverordnung – Erläuterungen, 1949
Soergel (und jeweiliger Bearbeiter)	Bürgerliches Gesetzbuch mit Einführungsgesetz und Nebengesetzen, Bd. 6, Familienrecht 1981
sog.	sogenannt
Staudinger (und jeweiliger Bearbeiter)	Kommentar zum Bürgerlichen Gesetzbuch, 12. Aufl. ab 1978
st. Rspr.	ständige Rechtsprechung
u. a.	und andere
UÄndG	Gesetz zur Änderung unterhaltsrechtlicher, verfahrensrechtlicher und anderer Vorschriften v. 20. 2. 1986, BGBl S. 301
vgl.	vergleiche
Vlassopoulos	Der eheliche Hausrat im Familien- und Erbrecht, 1983
Vogel	Prozeßkostenhilfe im familiengerichtlichen Verfahren, 1984
Vorbem.	Vorbemerkung(en)
Walter	Der Prozeß in Familiensachen (Das Familiengericht und sein Verfahren), 1985
WertpMitt	Wertpapiermitteilungen (Jahr und Seite)
WuM (WM)	Wohnungswirtschaft und Mietrecht (Jahr und Seite)
ZMR	Zeitschrift für Miet- und Raumrecht (Jahr und Seite)

Vorbemerkungen

1. Anlaß für die HausrVO war die Verknappung von Wohnraum und Hausrat während des Zweiten Weltkriegs. Die starre Teilungsregelung des §753 BGB (Teilung durch Verkauf) führte häufig dazu, daß keiner der Ehegatten den Hausratsgegenstand behielt. Das war schon nach dem Ersten Weltkrieg als unbefriedigend empfunden worden, und seither hatte es in der Rechtsprechung und Literatur nicht an Versuchen gefehlt, diese „echte Gesetzeslücke" im Interesse der Ehepartner und ihren Bedürfnissen entsprechend auszufüllen (Schubert JZ83, 939) und die umfassende Zuständigkeit eines Gerichts für Person und Familie zu begründen (Salgo FamRZ84, 221). Nach Anhörung der Oberlandesgerichte – wobei das OLG Königsberg bereits damals bedauerte, daß die Schaffung eines „Familiengerichtes" derzeit nicht möglich sei (Schubert aaO S. 942) –, wurde die HausrVO als 6. DVO zum EheG am 21.10. 1944 verkündet und trat am 1.11. 1944 in Kraft. **1**

2. Zweck der HausrVO ist es, die nach Auflösung der Ehe erforderliche Vermögensauseinandersetzung für den Bereich der Hausratsgegenstände in einem schnellen und den Bedürfnissen des Einzelfalls angepaßten Verfahren zu vollziehen (BGH FamRZ84, 144 = NJW84, 484); auch für die Ehewohnung ermöglicht die HausrVO eine schnelle Auseinandersetzung. **2**

3. Die **Bedeutung** der HausrVO ist, nachdem die Verknappung der Kriegs- und Nachkriegszeit überwunden ist, zwar geringer geworden (Gernhuber Lehrb. §29 II 1; Vlassopoulos S. 94). Sie sollte aber im Hinblick auf ihre vielfältigen Anwendungsbereiche nicht unterschätzt werden. So sind z. B. auch die häufigen Streitigkeiten getrennt lebender Eheleute wegen Beiseiteschaffung von Hausrat im Hausratsverfahren zu erledigen (BGH FamRZ82, 1200); außerdem gilt die Ausschließlichkeit des Hausratsverfahrens nicht nur für alle Besitz-, Benutzungs- und Herausgabestreitigkeiten zwischen scheidungswilligen und geschiedenen Ehegatten, sondern auch für den Wertausgleich, so daß die Berücksichtigung im Zugewinnausgleich ausgeschlossen ist (BGH FamRZ84, 144 = NJW84, 484). Der Mangel an preisgünstigem Wohnraum führt auch heute häufig zu erbitterten Auseinandersetzungen um die Ehewohnung. **3**

Allerdings ist die Hausratsverteilung „bei Richtern und Anwälten in der Praxis durchweg unbeliebt" (Lynker JurBüro79, 956). Trotz der umfangreichen **4**

Kleinarbeit sind die Anwaltsgebühren auf die Hälfte reduziert, § 63 Abs. 3 BRAGO.

5 Andererseits sind, um ein Ausufern des Streits zu verhindern, die **Rechtsmittel eingeschränkt,** § 14 HausrVO (Beschwerdewert 1000,– DM) und § 620c ZPO. Außerdem kann der Tatrichter hier, wie beim Zugewinnausgleich, unerfreulichen und wirtschaftlich wenig ergiebigen Schreitigkeiten dadurch begegnen, daß er die Darlegungs- und Beweisregeln in einer dem wirtschaftlichen Gewicht des jeweiligen Streitpunktes angemessenen Weise handhabt; **Kleinlichkeit ist zu vermeiden** (BGH FamRZ 84, 144 = NJW 84, 484). Die Vermutung des § 8 Abs. 2 HausrVO beruht auf der Erwägung, daß das Auseinandersetzungsverfahren nach Möglichkeit nicht durch zeitraubende Aufklärungen darüber, wer nach dem BGB Eigentümer der einzelnen Gegenstände ist, aufgehalten werden soll; eine weitere Beweisregel gibt im Falle des gesetzlichen Güterstandes der Zugewinngemeinschaft § 1370 BGB durch den surrogierenden Erwerb (Baumgärtel-Laumen, Rdn. 3 und 4 zu § 1361 a BGB).

6 4. Die **Weitergeltung** der HausrVO ist anerkannt. Die VO ist praktisch unbeeinflußt von nationalsozialistischem Gedankengut (Schubert JZ 83, 939, 943). Das gilt auch für die „Erfordernisse des Gemeinschaftslebens" in § 2 S. 2 HausrVO, der nicht an die nationalsozialistische Gemeinschaftsideologie anknüpft (so aber AK-Derleder Rdn. 2 zu § 2 und nachstehend Rdn. 9 zu § 2). Die Bestimmungen der HausrVO stehen mit dem Grundgesetz in Einklang (BayObLG NJW 61, 317; BayObLG FamRZ 74, 17; Breetzke DRiZ 56, 170).

7 5. **Änderungen** der HausrVO erfolgten in jüngerer Zeit durch das 1. EheRG u. a. wegen der Einführung des Zerrüttungsprinzips (die Berücksichtigung der „Ursachen der Eheauflösung" in § 2 a. F. ist gestrichen worden), und wegen der jetzt möglichen Verbindung des Hausratsverfahrens mit der Scheidungssache, §§ 623 Abs. 1, 629 Abs. 1 ZPO. Außerdem ist durch das Gesetz zur Erhöhung von Wertgrenzen der Wert des Beschwerdegegenstandes in § 14 HausrVO von 500,– DM auf 1000,– DM erhöht worden. Schließlich ist durch das UÄndG (§ 1361 b BGB i. V. m. § 18 a HausrVO) die Möglichkeit geschaffen worden, schon vor dem Ehescheidungsverfahren die Ehewohnung zuzuteilen.

8 6. Das **Verfahren** ist ein streitiges FGG-Verfahren, § 13 Abs. 1 HausrVO. Es ähnelt sehr stark einem Zivilprozeßverfahren, denn zwei Parteien mit widerstreitenden Interessen stehen sich gegenüber (BGHZ 18, 143 = NJW 55, 1355).

9 Wird das Hausratsverfahren als Folgesache betrieben, so besteht für die Parteien in allen Rechtszügen **Anwaltszwang** (§ 78 Abs. 2 S. 1 Nr. 1 ZPO), und zwar auch dann, wenn Abtrennung nach § 628 ZPO erfolgt oder nur die FG-Folgesache Hausrat angefochten wird (Bergerfurth, Anwaltszwang, Rdn. 344–350). Der Anwaltszwang galt in Folgesachen nach dem bisherigen Recht (§ 78 Abs. 1 Nr. 2 **a. F.** ZPO) an sich auch für die Beteiligten wie z. B. Vermieter, Grundstückseigentü-

mer, Untermieter (auch dieser ist zu beteiligen, OLG Hamm JMBl NRW 51, 214, 215). Dies wurde vielfach als zu weitgehend empfunden (vgl. BT-Drucks. 10/2888 S. 15 unter 2 b) cc)); deshalb wurde schon nach bisherigem Recht für ausreichend gehalten, die Beteiligten ohne Anwalt zu hören (Schwab Rdn. 850; s. a. § 7 Rdnrn. 4 und 14). Die Neufassung des § 78 Abs. 2 ZPO durch das UÄndG stellt klar, daß sich **Drittbeteiligte** im Hausratsverfahren **nicht anwaltlich vertreten** lassen müssen. Für Folgesachen ergibt sich dies aus § 78 Abs. 2 S. 1 Nr. 1 ZPO (eine weitere Beschwerde nach § 621 e Abs. 2 ZPO zum Bundesgerichtshof ist im Hausratsverfahren in keinem Fall gegeben, vgl. Zöller-Philippi, ZPO, Rdnrn. 41 und 43 zu § 621 e). Für isolierte Familiensachen folgt dies daraus, daß das Hausratsverfahren nicht zu den unter Nr. 2 aaO angeführten Verfahren gehört.

Wird allerdings **irrtümlich** eine **Nichtfamiliensache vor dem Familiengericht** anhängig gemacht (§ 78 Abs. 2 S. 1 ZPO macht deutlich, daß der Absatz 2 nur den Anwaltszwang in Familiensachen regelt), so richtet sich der Anwaltszwang nach den für ein Verfahren dieser Art sonst maßgebenden Vorschriften (BT-Drucks. 10/2888 S. 22 zu 2 a)).

Über die Einzelheiten des Verfahrens enthalten die §§ 11–18 a HausrVO nähere Bestimmungen (s. dazu Vorbem. vor § 11).

Auch diejenigen Hausratsangelegenheiten, die ihre materielle Grundlage im **10**
BGB haben (§§ 1361 a und 1361 b BGB), unterfallen dem Verfahren der HausrVO. Diesem Verfahren unterworfen sind ferner **Streitigkeiten getrennt lebender Ehegatten** über eigenmächtig von einem Ehegatten aus der Ehewohnung entfernte Hausratsgegenstände, wenn der andere Ehegatte die Wiederherstellung der alten Besitzverhältnisse verlangt (BGH FamRZ 82, 1200 = JZ 83, 73 m. Anm. Walter JZ 83, 54). Auch der einstweilige Rechtsschutz in diesem Rahmen ist Familiensache, § 23 b Abs. 1 S. 2 Nr. 8 GVG; es darf nur eine einstweilige Anordnung gem. § 13 Abs. 4 HausrVO ergehen, eine einstweilige Verfügung durch den Prozeßrichter ist unzulässig (BGH aaO; s. a. Rdn. 19 ff zu § 18 a).

Bei **Tod eines Ehegatten** ist die Fortsetzung des (isolierten) Hausratsverfah- **11**
rens gegen den Erben nicht zulässig (OLG Hamm FamRZ 65, 220; Gernhuber Lehrb. § 29 II 1), da die Rechtsposition der Ehegatten im Hausratsverfahren höchstpersönlicher Natur ist; nur wegen der Kosten kann das Verfahren fortgesetzt werden (Rolland, Rdn. 5 zu § 1).

ERSTER ABSCHNITT

Allgemeine Vorschriften

§ 1. Aufgabe des Richters

(1) Können sich die Ehegatten anläßlich der Scheidung nicht darüber einigen, wer von ihnen die Ehewohnung künftig bewohnen und wer die Wohnungseinrichtung und den sonstigen Hausrat erhalten soll, so regelt auf Antrag der Richter die Rechtsverhältnisse an der Wohnung und am Hausrat.

(2) Die in Absatz 1 genannten Streitigkeiten werden nach den Vorschriften dieser Verordnung und den Vorschriften des Zweiten und des Dritten Titels des Ersten Abschnitts im Sechsten Buch der Zivilprozeßordnung behandelt und entschieden.

Übersicht

I. Allgemeines

1. Änderung des Gesetzestextes

Das 1. EheRG gibt die Möglichkeit (§§ 623 Abs. 1, 629 Abs. 1 ZPO), die Rechtsverhältnisse an der Ehewohnung und am Hausrat schon im Verbund mit der Scheidungssache zu regeln. Deshalb ist die frühere Formulierung in Abs. 1 „nach der Scheidung" geändert worden in „anläßlich der Scheidung" (zur Änderung des Abs. 2 s. unten Rdn. 59). **1**

2. Keine Änderung des Anwendungsbereichs

a) Mit der Textänderung hat der Gesetzgeber zwar im Hinblick auf den Verfahrens- und Entscheidungsverbund den Beginn des Hausratsverfahrens vorverlegt. Den notwendigen **engen Zusammenhang mit dem Ehescheidungsverfahren** hat er aber nicht aufgegeben. Nur aus Anlaß der Scheidung darf der Hausratsrichter die Rechtsverhältnisse an Ehewohnung und Hausrat endgültig regeln (zur vorläufigen Regelung der Benutzung während der Trennung s. Vorbemerkungen Rdn. 10). **2**

b) Der **gegenständliche Anwendungsbereich** der HausrVO beschränkt sich auf die Ehewohnung (§§ 3–7) sowie die Wohnungseinrichtung und den sonstigen Hausrat (§§ 8–10). In diesem Rahmen gilt die HausrVO aber auch ausschließlich, und zwar nicht nur für alle Besitz-, Benutzungs- und Herausgabestreitigkeiten (BGH FamRZ 82, 1200 = JZ 83, 73) einschließlich des Streits Getrenntlebender um den Zutritt zur Ehewohnung (OLG Düsseldorf FamRZ 85, 497, **a. A.** OLG Düsseldorf FamRZ 85, 1061), sondern auch für den Wertausgleich; der nach der HausrVO zu verteilende Hausrat unterliegt also nicht dem Zugewinnausgleich **3**

(BGH FamRZ 84, 144 = NJW 84, 484; Schwab FamRZ 84, 430; a. A. Gernhuber FamRZ 84, 1054–1056). Die Auskunftspflicht im Zugewinnausgleichsverfahren erstreckt sich somit nicht auf den im gemeinsamen Eigentum der Ehegatten stehenden Hausrat, denn der ist nach der HausrVO zu verteilen; Hausrat im Alleineigentum eines Ehegatten unterliegt dagegen dem Zugewinnausgleich und der Auskunftspflicht nach § 1379 BGB, es sei denn, er würde nach der Ausnahmevorschrift des § 9 HausrVO dem anderen Ehegatten zugewiesen (BGH aaO).

4 Die **Aufzählung der Regelungsmöglichkeiten** in § 1 HausrVO ist **abschließend;** die eindeutige Fassung der Vorschrift erlaubt es nicht, andere zivilprozessuale Streitigkeiten im Zusammenhang mit der Auseinandersetzung der Ehegatten darunter zu subsumieren (BGH FamRZ 79, 789, 790; zur analogen Anwendung bei Zuweisung der Ehewohnung vor Rechtshängigkeit nach früherem Recht vgl. Rdnrn. 23 ff zu § 18 a).

5 Eine in die **Zuständigkeit des Familienrichters** fallende Regelung liegt **dann nicht** vor,

– wenn der Streit um Grundstücke (OGH Köln NJW 49, 107), landwirtschafliches und gewerbliches Vermögen, Bargeld, Bankguthaben, Wertpapiere geht;

– wenn es um die Auseinandersetzung des Bruchteilsmiteigentums am Grundbesitz (SchlH OLG SchlHA 78, 145; BayObLGZ 73, 240) oder das Gesamtgut einer Gütergemeinschaft (BayObLG FamRZ 71, 34) geht;

– wenn ein Ehegatte die Ehewohnung nur betreten will, um darin „nach dem Rechten zu sehen“ (KG FamRZ 73, 202);

– wenn der Ehestörer aus der Ehewohnung oder dem gemeinsam aufgebauten Ladengeschäft entfernt werden soll (dann Unterlassungsklage nach §§ 823, 1004 BGB, OLG Köln FamRZ 84, 267);

– wenn die geschiedenen Ehegatten hinsichtlich der Ehewohnung nur um eine Nutzungsentschädigung für die Vergangenheit streiten, also keine künftige Regelung der Rechts- und Besitzverhältnisse anstreben (OLG Hamburg FamRZ 82, 941; sonst aber Familiensache, OLG Düsseldorf FamRZ 85, 949);

– wenn sich die Ehegatten über eine Ausgleichszahlung für den überlassenen Hausrat geeinigt haben und nunmehr dieser vertraglich begründete Ausgleichsanspruch geltend gemacht wird (BGH FamRZ 79, 789);

– wenn ein Ehegatte Schadensersatz für vom anderen nicht herausgegebene Hausratsgegenstände verlangt (BGH FamRZ 80, 45); selbst wenn hilfsweise (für den Fall, daß der Hausrat noch vorhanden ist) die Herausgabe beantragt wird, begründet dieser Hilfsantrag nicht die Zuständigkeit des Familiengerichts, da es auf den Hauptantrag ankommt (BGH aaO);

– wenn ein Ehegatte gegen den anderen Schadensersatzforderungen oder sonstige Ansprüche (etwa auf Auskehrung des halben Verkaufserlöses) wegen unrechtmäßiger Verfügung über Hausratsgegenstände geltend macht (BGH FamRZ 80, 988);

– wenn ein Ehegatte den ideellen Miteigentumsanteil des anderen an der Ehewohnung übertragen verlangt (Vorbem. 6 vor § 3; KG FamRZ 86, 72);

– wenn ein Ehegatte Schadensersatz wegen Beschädigung bzw. Beseitigung von Hausratsgegenständen verlangt (OLG Düsseldorf FamRZ 85, 406);

– wenn im Wege einstweiliger Verfügung nur der ungestörte Besitz der Ehewohnung gesichert werden soll (OLG Düsseldorf FamRZ 85, 1061, bedenklich; a. A. OLG Düsseldorf FamRZ 85, 497: Streit Getrenntlebender um den Zutritt zur Ehewohnung ist Familiensache);

– wenn ein Ehegatte aus der beiden gehörenden Eigentumswohnung ausgezogen ist und nun eine Neuregelung der Verwaltung und Benutzung ggf. in Form eines bestimmten Entgelts verlangt (BGH FamRZ 82, 355, wogegen bei der gemeinsam gemieteten Ehewohnung eine Nutzungsregelung nur nach den Vorschriften der HausrVO verlangt werden kann, OLG Hamm FamRZ 83, 911 in Abgrenzung zur vorgenannten BGH-Entscheidung);

– wenn neben den im Hausratsverfahren geregelten Besitz- und Nutzungsrechten andere Vermögensrechte geltend gemacht werden (OLG Hamm FamRZ 81, 293).

Dagegen sind Streitigkeiten getrenntlebender Ehegatten über die **Rückschaffung** von eigenmächtig aus der Ehewohnung **entfernten Hausratsgegenständen** nach der HausrVO zu entscheiden, und auch einstweiliger Rechtsschutz kann nur im Rahmen eines anhängigen Hausrats-Hauptsacheverfahrens durch einstweilige Anordnung, nicht durch einstweilige Verfügung des Prozeßgerichts gewährt werden (BGH FamRZ 82, 1200 = JZ 83, 73, s. a. Rdnrn. 19 ff zu § 18 a). **6**

Die Ausübung eines Zurückbehaltungsrechts (§ 273 BGB) ist mit dem Zweck des Hausratsverfahrens grundsätzlich nicht vereinbar (OLG Hamm FamRZ 81, 875; a. A. KG FamRZ 60, 71: auch die angestrebte schnelle Klärung der Rechtsverhältnisse im Hausratsverfahren rechtfertigt es nicht, einem Beteiligten die Hinnahme eines Rechtsverlustes zuzumuten). Bei Verwendungsersatzansprüchen kann das Zurückbehaltungsrecht ausnahmsweise zulässig sein (s. u. § 8 Rdn. 35). **7**

c) Die HausrVO ist **auf Streitigkeiten zwischen Ehegatten beschränkt,** findet also ferner keine Anwendung auf Streitigkeiten zwischen einem Ehegatten und einem Dritten, auch wenn es sich z. B. um ein gemeinsames Kind handelt (vgl. BGH FamRZ 84, 379). Streitigkeiten mit Dritten sind nach den allgemeinen Vorschriften zu entscheiden. Ebensowenig ist die HausrVO anwendbar auf die Auseinandersetzung einer nichtehelichen Lebensgemeinschaft (LG Berlin JR 52, 243). **8**

Beim **Tod eines Ehegatten** kann der Erbe das isolierte Hausratsverfahren nicht fortsetzen (im Verbund bewirkt der Tod gemäß § 619 ZPO auch die Hauptsacheerledigung des Hausratsverfahrens, KG NJW 78, 1812); denn die Rechtsposition des Ehegatten im Hausratsverfahren ist höchstpersönlicher Natur und unvererblich, kann auch nicht abgetreten, verpfändet und gepfändet werden (OLG Hamm FamRZ 65, 220; Rolland Rdn. 3). **9**

10 Sachen bzw. die entsprechenden Herausgebeansprüche gegen den anderen Ehegatten sind dagegen nach den allgemeinen Vorschriften **pfändbar.** Der von der Pfändung betroffene Ehegatte kann sich aber auf die Unpfändbarkeitg gemäß § 811 ZPO auch dann berufen, wenn er an den zugesprochenen Sachen noch nicht den unmittelbaren Besitz erlangt hat (LG Berlin Rpfl 60, 412).

11 Eine **Fortsetzung des Verfahrens** nur wegen der Kosten ist **nach dem Tode** eines Ehegatten möglich (Rolland Rdn. 5). Dritten können Wohnung und Hausratsgegenstände nicht zugeteilt werden, auch nicht Kindern oder sonstigen Familienangehörigen (OLG München MDR 51, 623).

II. Voraussetzungen

1. Scheidung als Anlaß

12 Das Hausratsverfahren kann als Folgesache im Verbund mit der Scheidungssache betrieben werden (§§ 623 Abs. 1, 629 Abs. 1 ZPO) oder als isoliertes Verfahren; außerdem gilt die HausrVO, wenn die Ehe aufgehoben oder für nichtig erklärt wird, § 25 HausrVO.

Der Streit muß „anläßlich der Scheidung“ entstehen, d. h.,es muß ein Scheidungsantrag gestellt sein (Schwab Rdn. 845). Nur dann und im Falle der Aufhebung oder Nichtigerklärung der Ehe (§ 25, s. dortige Erläuterungen) ist eine rechtsgestaltende Entscheidung unter Anwendung der §§ 1–10 HausrVO möglich.

13 Die Verfahrensvorschriften der §§ 11–18 HausrVO gelten nach § 18a HausrVO aber auch für die Verteilung des Hausrats unter getrenntlebenden Ehegatten nach § 1361 a BGB und der Ehewohnung nach § 1361 b BGB. Der Sinn und Zweck der Regelung liegt darin, derartige Streitigkeiten bereits während des Getrenntlebens bei denjenigen Gerichten zu konzentrieren, die diesen mit der Ehesache aufs engste verknüpften Angelegenheiten örtlich und sachlich am nächsten stehen (BGH FamRZ 76, 691).

14 Ein **Streit** um die Ehewohnung anläßlich der Scheidung liegt nicht vor, wenn ein Ehegatte aus der beiden gemeinsam gehörenden Eigentumswohnung ausgezogen ist und durch Verlangen einer Nutzungsentschädigung zu erkennen gibt, daß er die Wohnung nicht mehr selbst bewohnen oder mitbewohnen will. Dieser Anspruch oder ein anderes Verlangen auf Neuregelung der Verwaltung und Benutzung der Eigentumswohnung kann nur nach den Regeln der Gemeinschaft (§§ 741 ff BGB) vor dem allgemeinen Prozeßgericht, nicht nach den Regeln der HausrVO geltend gemacht werden (BGH FamRZ 82, 355). Der Auszug aus der Ehewohnung für sich allein genügt nicht, um die endgültige Aufgabe der Ehewohnung anzunehmen und die Anwendbarkeit der HausrVO zu verneinen (OLG Hamm FamRZ 83, 911, s. nachstehend Rdn. 16).

Ob auch in Analogie dieser Bestimmungen (§ 18 a HausrVO, § 1361 a BGB) eine Zuweisung der Ehewohnung erfolgen kann in Fällen, in denen die Ehegatten noch nicht oder nicht mehr die Absicht haben, sich scheiden zu lassen, war umstritten (s. Rdnrn. 23ff zu §18a und Rdnrn. 46ff zu §13). Die Frage ist durch §1361b BGB gegenstandslos geworden.

Die §§1–10 HausrVO bleiben in den summarischen Verfahren, in denen der Richter nur die vorläufige Benutzung und nicht die endgültige Zuteilung zu regeln hat, grundsätzlich außer Betracht (KG FamRZ 60, 72). Gleichwohl wird der Richter – z. B. im Hinblick auf §2 HausrVO – berücksichtigen, wie die spätere Zuteilung aussehen wird.

2. Fehlende Einigung

Der Hausratsrichter darf nur entscheiden, wenn und soweit sich die Ehegatten nicht einigen können. Liegt eine Einigung vor, so darf er nicht mehr tätig werden (BGH FamRZ 79, 789). Es muß aber eine wirksame, bedingungs- und vorbehaltslose Einigung vorliegen, d. h. eine solche, die infolge der ihr innewohnenden rechtsverbindlichen Kraft eine richterliche Entscheidung überflüssig macht, weil sie selbst die Rechtsverhältnisse erschöpfend regelt (BayObLGZ 53, 328). Liegt sie vor, so fehlt dem Verfahren nach der HausrVO das Rechtsschutzbedürfnis (BayObLGZ 53, 102; Keidel NJW 60, 391 Anm.; Giencke FamRZ 70, 224). **15**

Der Hausratsrichter hat daher als **Vorfrage** zu prüfen und zu entscheiden, **ob** eine **rechtswirksame Einigung** zustande gekommen ist. Die Einigung kann auch durch schlüssige Handlungen erfolgen, etwa dadurch, daß ein Ehegatte aus der ehelichen Wohnung auszieht (Lynker JurBüro 79, 956/57) und sich eine andere Wohnung einrichtet. Allerdings sind strenge Anforderungen zu stellen. Es muß feststehen, daß die Ehegatten eine Dauerregelung auch für die Zeit nach der Scheidung gewollt haben (MüKo/Müller-Gindullis, Rdn. 20). Befinden sich in der neuen Wohnung keine dem anderen Ehegatten gehörenden oder zuzuteilenden Gegenstände, hat vielleicht sogar jeder Ehegatte eine neue Wohnung bezogen, so spricht das dafür, daß sich die Ehegatten bereits vollständig auseinandergesetzt haben (Göppinger Rdn. 643). Zieht ein Ehegatte aus der beiden gehörenden Eigentumswohnung aus und verlangt Nutzungsentschädigung, so bringt er damit zum Ausdruck, daß er die Wohnung nicht mehr selbst bewohnen oder mitbewohnen will; damit hat er die Ehewohnung endgültig aufgegeben, und die Entscheidung über die Nutzungsregelung erfolgt außerhalb des Hausratsverfahrens nach §745 BGB (BGH FamRZ 82, 355). Der bloße Auszug eines Ehegatten aus der Ehewohnung – der häufig unter dem Druck der Spannungen und oft sogar Tätlichkeiten erfolgt – genügt aber nicht, um eine stillschweigende Einigung anzunehmen; bei Mietwohnungen muß eine erschöpfende Regelung getroffen werden, die ggf. auch die Abfindung des weichenden Ehegatten für den gemeinsamen Ausbau der Wohnung umfaßt (OLG Hamm FamRZ 83, 911). Verweigert der Vermieter sein Einverständnis zur Abänderung des bisherigen Mietvertrages, so liegt keine erschöpfende Einigung vor; die Ehegatten haben dann ein Rechtsschutzbedürfnis für eine isolierte gerichtliche Gestaltung des Mietverhält- **16** nisses nach § 5 HausrVO mit Wirkung gegenüber dem Vermieter (OLG Karlsruhe FamRZ 81, 182; OLG Frankfurt FamRZ 80, 170).

17 Enthält die Auseinandersetzungsvereinbarung verpflichtende Erklärungen, fehlt es aber an der Vollzugsfähigkeit, so kann der Hausratsrichter die **Vereinbarung „komplettieren"** und den Vollzug anordnen (LG Hamburg NJW 60, 391 m. Anm. Keidel; Rolland Rdn. 8; Erman-Ronke Rdn. 8). Das gilt für die Verpflichtung zur Wohnungsräumung (Giencke FamRZ 70, 224), aber auch für die Verpflichtung zur Herausgabe bestimmter Hausratsgegenstände an den anderen.

18 **Haben sich** dagegen **die Parteien** über die Aufteilung des „gemeinsamen Hausstandes" **auseinandergesetzt,** und vereinbaren sie nun für den überwiegenden Anteil des einen eine Ausgleichszahlung an den anderen, die Freistellung aus Mietvertragsverpflichtungen und die Rückzahlung gemeinsam aufgenommener Darlehen, so ist für die Verfolgung dieser Ansprüche das **Prozeßgericht zuständig,** weil eine Einigung über Wohnung und Hausrat vorliegt (BGH FamRZ 79, 789).

19 Haben sich die Parteien über den Verbleib von Hausrat, aber nicht über die Ausgleichszahlung dafür geeinigt, so liegt im Zweifel keine wirksame Teilungsvereinbarung vor (OLG Frankfurt FamRZ 83, 730).

20 Über die Ehewohnung liegt eine wirksame Einigung so lange nicht vor, wie der **Vermieter** nicht sein **Einverständnis** erklärt hat, das Mietverhältnis mit dem einen Ehegatten allein fortzusetzen (OLG Frankfurt FamRZ 80, 170; OLG Karlsruhe FamRZ 81, 182). Verweigert er sein Einverständnis, so hat der Richter mangels „erschöpfender" Einigung die Rechtsverhältnisse an der Wohnung zu regeln, wobei er allerdings – falls keine überwiegenden Vermieterinteressen entgegenstehen – die übereinstimmenden Wünsche der Eheleute zugrunde legen wird (OLG Köln MDR 61, 242; OLG Celle FamRZ 64, 511; OLG Karlsruhe FamRZ 81, 182; OLG Hamburg FamRZ 82, 939).

21 Können sich die Ehegatten **über den Inhalt** ihrer Vereinbarung und über ihre Wirksamkeit **nicht einigen,** so hat auch darüber der Familienrichter nach den Regeln der HausrVO zu entscheiden. Zulässig ist z. B. der Feststellungsantrag, daß der Hausrat verteilt sei (OLG Hamm FamRZ 80, 901). Der Hausratsrichter kann dann durch Beschluß eine feststellende Entscheidung etwa darüber treffen, ob und mit welchem Inhalt eine Einigung zustande gekommen ist (OLG Bremen FamRZ 63, 366; Soergel/Häberle Rdn. 6).

22 Die **Ansprüche aus der** getroffenen **Vereinbarung** sind nicht im Hausratsverfahren, sondern **im Prozeßwege** zu verfolgen (BGH FamRZ 79, 789). Nur die Vollzugsfähigkeit einer Vereinbarung kann der Hausratsrichter ergänzen (s. oben Rdn. 17).

23 Haben sich die Parteien **nur über einen Teil geeinigt,** so hat der Richter über den gesamten Rest des Regelungskomplexes zu entscheiden; er ist nicht an den Antrag der Parteien, nur die Rechtsverhältnisse an einzelnen Objekten zu regeln, gebunden (BGH Z 18, 143). Da die Entscheidung des Hausratsrichters ihrem Wesen nach notwendig den ganzen noch unverteilten Hausrat betrifft, gilt der im

Verfahren nicht mitbehandelte Hausrat dann schon als verteilt, so daß weitere Anträge hinsichtlich des nicht erfaßten Hausrats unzulässig geworden sind und auch durch Änderungsentscheidung nach §17 HausrVO nicht mehr einbezogen werden können (Beitzke MDR 56, 29 in der Anm. zu BGH Z 18, 143 = MDR 56, 27). Allerdings kann der **Antrag beschränkt** werden **auf** die Regelung der Rechtsverhältnisse an der **Ehewohnung,** da es sich bei Ehewohnung und bei Hausrat um verschiedene trennbare Verfahrensgegenstände handelt (BayObLG FamRZ 70, 33; Keidel NJW 60, 391 Anm.). Eine Teilentscheidung des Richters über den Hausrat ist unzulässig, da er eine gerechte und billige Entscheidung nur treffen kann, wenn der gesamte noch nicht verteilte Hausrat einbezogen wird (OLZ Zweibrücken FamRZ 83, 1148). Dabei kann der Richter gem. §17 Abs. 2 HausrVO sogar einen bereits geschlossenen Teilvergleich ändern oder unberücksichtigt lassen, um bei der Verteilung des Restes eine unbillige Härte zu vermeiden (Erman/Ronke Rdn. 10).

3. Antrag

Das Hausratsverfahren wird **nur auf Antrag** eingeleitet, der beim Familien- **24**
gericht zu stellen ist (§11 HausrVO). Soll im Verbund mit der Ehesache entschieden werden, so muß der Antrag bis zum Schluß der mündlichen Verhandlung erster Instanz in der Scheidungssache gestellt werden, §623 Abs. 2 S. 1 ZPO.

Im Verbundverfahren kann der Antrag nur **durch einen Anwalt** gestellt **25**
werden, §78 Abs. 2 Nr. 1 ZPO; im isolierten Verfahren kann die Partei den Antrag selbst stellen.

Ist die **Partei geschäftsunfähig** oder beschränkt geschäftsfähig, so wird sie **26**
durch ihren gesetzlichen Vertreter vertreten. Die Prozeßfähigkeit beschränkt geschäftsfähiger Ehegatten nach §607 Abs. 1 ZPO gilt nur für die Ehesache selbst, nicht für das als Folgesache im Verbund betriebene Hausratsverfahren. Ein etwaiger Vergleich, der den Wert von 300,– DM übersteigt, bedarf der Genehmigung des Vormundschaftsgerichts, §1822 Nr. 12 BGB.

Anhängig wird die Folgesache Ehewohnung/Hausrat bereits mit Eingang **27**
des Antragsschriftsatzes (OLG Zweibrücken FamRZ 80, 1143). Der Antrag ist **Verfahrensantrag, kein Sachantrag.** Er geht dahin, die Rechtsverhältnisse am Hausrat und/oder an der Ehewohnung vollständig zu regeln, soweit noch keine wirksame Einigung der Parteien vorliegt. Nur in der Gesamtschau aller noch offenen Streitpunkte läßt sich die billigem Ermessen (§2 HausrVO) entsprechende Regelung treffen. Deshalb können die Parteien nicht einzelne Gegenstände ausnehmen in der Absicht, sich darüber später noch selbst zu einigen (Rolland Rdn. 11).

Eine abschließende, **umfassende Entscheidung** ist nur möglich, wenn ge- **28**
klärt ist, woraus der Hausrat überhaupt besteht; bei der Verteilung **wertvoller** Gegenstände ist festzustellen, daß sie noch vorhanden sind, weil ihr Nichtvor-

handensein die nach Billigkeit zu treffende Entscheidung beeinflussen kann (KG FamRZ 74, 195).

29 Der Antragsteller wird daher – neben dem formlosen Antrag auf Einleitung des Hausratsverfahrens – ein **Verzeichnis** aller im Zeitpunkt der Trennung vorhanden gewesenen streitigen Hausratsgegenstände einzureichen haben mit Angaben über die Eigentumsverhältnisse (dazu gehören auch Angaben über die Herkunft der Sachen, da sie für die Eigentumsverhältnisse maßgebend sind), und über den ungefähren Wert. Da der Antragsteller regelmäßig bestimmte Sachen zugeteilt haben will, hat er diese so genau zu beschreiben, daß eine Vollstreckung möglich ist. Zur Verwendung bestimmter – von manchen Familiengerichten zur Erleichterung der Substantiierung entworfener – Vordrucke ist er aber nicht verpflichtet, da solche Vordrucke in der HausrVO nicht vorgesehen sind (KG 17 WF 1479/85 v. 10. 5. 85, unveröffentlicht).

30 Ist der Antragsteller (z. B. infolge längerer Trennung) außerstande, die vorgenannten detaillierten Angaben zu machen, so besteht in der Regel allerdings **kein Rechtsschutzbedürfnis für eine** dem Hausratsverfahren vorangehende **Klage auf Auskunft** über den Bestand des Hausrats; denn für die Einleitung des Verfahrens genügt ein formloser Antrag, und sodann hat das Gericht von Amts wegen aufzuklären, welche Hausratsgegenstände vorhanden sind und für eine Verteilung in Betracht kommen (OLG Düsseldorf FamRZ 85, 1152). Bei entschuldbarer Ungewißheit z. B. durch längere Strafhaft kann das Rechtsschutzinteresse ausnahmsweise gegeben sein (Vorbem. vor § 8 Rdn. 7).

31 An etwaige Sachanträge auf Zuteilung bestimmter Gegenstände ist das Gericht nicht gebunden (BGH Z 18, 143). Sie sind nur Vorschläge der Partei. Das gilt auch für die Ehewohnung (BayObLG FamRZ 71, 34). Sie kann aber nicht einem Ehegatten gegen dessen Willen zugewiesen werden (OLG Celle FamRZ 81, 958). Allerdings hat der Richter einen Ermessensspielraum nur bei rechtsgestaltenden Entscheidungen wie Zuteilung von Ehewohnung und Hausrat; bei Feststellungen – z. B. über das Eigentum – besteht kein Ermessensspielraum (Soergel/Häberle Rdn. 2 zu § 2 HausrVO).

32 Im **Beschwerdeverfahren** kann nach Maßgabe vorstehender Ausführungen innerhalb der Bereiche Wohnung und Hausrat die Entscheidung des Familiengerichts nicht teilweise angefochten werden (MüKo/Müller-Gindullis Rdn. 25 m. w. Hinw.). Aber es ist zulässig, im Sachantrag des Beschwerdeverfahrens – der ja wiederum nur ein Vorschlag ist – Einzelpunkte bzw. die Zuteilung einzelner Gegenstände der angefochtenen Entscheidung anzugreifen, ohne daß damit der Entscheidungsspielraum des Beschwerdegerichts auf diese Punkte beschränkt wird. Die Ausgewogenheit der Verteilung insgesamt muß Gegenstand der Prüfung und Entscheidung sein (OLG Zweibrücken FamRZ 83, 1122). Der Verfahrensantrag geht dahin, das Tätigwerden des Beschwerdegerichts überhaupt zu veranlassen (BayObLG FamRZ 70, 33 und FamRZ 71, 34).

33 Möglich ist aber die **Beschränkung der Beschwerde** und der weiteren Beschwerde auf die Frage der Auferlegung einer Ausgleichszahlung nach § 8 Abs. 3

S.2 HausrVO (OLG Hamm FamRZ67, 105). Außerdem kann sich eine Beschränkung auf einzelne Gegenstände im Beschwerdeverfahren aus der Übereinstimmung der Parteien ergeben, die erstinstanzliche Entscheidung in allen übrigen Punkten zu akzeptieren, weil das einer Einigung über diesen Komplex gleichkommt. Das kann allerdings dazu führen, daß die Beschwerde unzulässig wird, wenn der Wert des Beschwerdegegenstandes dann 1000,–DM nicht mehr übersteigt, §14 HausrVO.

Die Entscheidungsbefugnis des Beschwerdegerichts findet im **Verbot der** 34 **Schlechterstellung** (reformatio in peius) ihre Grenze: Der Beschwerdeführer darf auf seine Beschwerde im Ergebnis nicht schlechter gestellt werden, also nichts entzogen bekommen, ohne etwas Gleichwertiges zu erhalten (BayObLG FamRZ65, 513 und FamRZ71, 34).

Das Antragsrecht ist **höchstpersönlich** und daher unvererblich; ein bereits an- 35 hängiges Hausratsverfahren endigt mit dem Tod eines Ehegatten (s. oben Rdnrn. 9–11).

Der Antrag ist an **keine Frist** gebunden; bei Wohnungszuteilungen sind Ver- 36 mieter oder andere Drittbeteiligte allerdings durch die Jahresfrist des §12 HausrVO geschützt. Aber auch der andere Ehegatte ist gegenüber sehr später Antragstellung nicht völlig schutzlos; Antragstellung nach unangemessen langer Zeit kann unter dem Gesichtspunkt der Billigkeit (§2 HausrVO) bei der Sachentscheidung zum Nachteil des Antragstellers berücksichtigt werden. Eine Verwirkung des Antragsrechts ist grundsätzlich nicht möglich (KG OLGZ77, 427; s. a. Rdn. 7 zu §5).

III. Regelungsgegenstand

1. Ehewohnung

Als Ehewohnung gelten **alle Räume** einschl. aller Nebenräume, **die von den** 37 **Ehegatten** während der Ehe **gemeinsam bewohnt wurden** oder zumindest dafür bestimmt waren (BayObLG FamRZ74, 22; Gernhuber, Lehrbuch, §29 II 3). Der Begriff ist weit auszulegen. Es muß sich nicht um eine abgeschlossene Wohnung handeln. Auch einzelne Wohnräume oder möblierte Zimmer gehören dazu, gleichgültig, wer sie gemietet hat, ferner Wohnräume in zerlegbaren Baracken, beweglichen Behelfsheimen, Laube (Erman/Ronke Rdn. 13), ein Wohnwagen allerdings nur, wenn er Mittelpunkt des ehelichen Zusammenlebens war, sonst gilt er als Hausrat (LG Stuttgart FamRZ78, 703; AK-Derleder Rdn. 2). Auch wenn die gemeinsame Nutzung auf einen Teil des Jahres beschränkt ist (Eigentums-Ferienwohnung in der Schweiz), handelt es sich um eine Ehewohnung (KG FamRZ74, 199; Soergel/Häberle, Rdn. 7; MüKo/Müller-Gindullis Rdn. 8).

Bei dem an einem anderen Ort als dem Lebensmittelpunkt der Parteien liegen- 38 den **Wochenendhaus** ist die Eigenschaft **als Ehewohnung** umstritten (bejahend OLG Frankfurt FamRZ82, 398; verneinend OLG Zweibrücken FamRZ81, 259 und Palandt/Diederichsen, Anm. 2caa sowie Rolland Rdn. 13). Arbeitszeitverkürzung, Arbeitsteilung (Job-Sharing), günstigere Verkehrsverbindungen und die zunehmende Neigung, die Freizeit außerhalb der Städte zu verbringen, sprechen dafür, auch Wochenendhäuser – sofern sie nicht als Kapitalanlage dienen und vorwiegend vermietet, sondern regelmäßig von der Familie selbst genutzt werden – als Ehewohnung anzusehen, da auch dort der Lebensmittelpunkt der Familie ist. Unter diesen Voraussetzungen ist auch die Wohnlaube mit dem zugehörigen Gartenland auf dem Gelände eines Kleingartenvereins Ehewohnung und kann demjenigen Ehegatten zugeteilt werden, der gar nicht Mitglied des Kleingartenvereins ist; die Beeinträchtigung der Belange des Kleingartenvereins oder etwa der Genossenschaft, die gem. § 7 HausrVO am Verfahren zu beteiligen sind, müssen hingenommen werden (BGH LM Nr. 1 zu § 3 HausrVO; OLG Hamburg MDR 48, 477 m. krit. Anm. Paehler).

39 Zur Ehewohnung i. S. von § 1 HausrVO gehören auch ein Hausgarten (OLG Frankfurt FamRZ 56, 112 L = Wohnungswirtschaft und Mietrecht 1955, 104 m. zust. Anm. Giebner) und Nebenräume wie Boden, Keller, Abstellraum, Schuppen, Stallung und Garage, nicht dagegen die ausschließlich gewerblich oder beruflich genutzten Räume (MüKo/Müller-Gindullis Rdn. 7). Die Geschäftsräume eines von den Ehegatten gemeinsam aufgebauten Geschäfts gehören aber wie die Ehewohnung zum räumlich-gegenständlichen Schutzbereich der Ehe und geben einen zivilrechtlichen Unterlassungsanspruch gegen den Ehestörer nach §§ 823, 1004 BGB (OLG Köln FamRZ 84, 267).

2. Hausrat

40 Zum Hausrat gehören nur **die beweglichen Gegenstände,** die nach den Vermögens- und Lebensverhältnissen der Ehegatten **für die Wohnung, die Hauswirtschaft und das Zusammenleben** der Familie bestimmt sind; Gegenstände, die ausschließlich als Kapitalanlage oder dem Beruf eines Ehegatten dienen, gehören nicht dazu und unterliegen dem Zugewinnausgleich (BGH FamRZ 84, 144 = NJW 84, 484). So ist eine Sammlung von Jugendstilvasen dann kein Hausrat, wenn ihr Charakter als Objektsammlung so deutlich zu Tage tritt, daß sie nach der Lebensanschauung nicht mehr als Teil der Wohnungsausstattung aufzufassen ist (BGH FamRZ 84, 575).

41 Auch **Gegenstände des persönlichen Bedarfs** – gleichgültig, ob es sich um einfache Gebrauchsgegenstände des täglichen Lebens oder um Positionen von wirtschaftlichem Wert handelt – sind **kein Hausrat** und unterliegen dem Zugewinnausgleich (BGH FamRZ 84, 144, 145). Schließlich gehören nicht zum Hausrat solche Haushaltsgegenstände, die gerade für das Getrenntleben der Ehegatten bestimmt sind und erst nach der Trennung angeschafft wurden (BGH aaO S. 147).

42 Danach gehören zum Hausrat z. B. Möbel, Öfen und Herde (ErmanRonke Rdn. 14), aber **keine eingebauten Möbel** und keine zur Wohnung gehörenden Öfen und Herde (MüKo/Müller-Gindullis Rdn. 13).

Der **Personenwagen kann Hausrat sein,** wenn er ausnahmsweise einen Hausratsgegenstand darstellt (BGH FamRZ83, 794 unter Bezugnahme auf OLG Köln FamRZ80, 249), wenn er etwa der gesamten Familie dient für Einkauf, Schulbesuch und Betreuung der Kinder, Wochenendfahrten usw. (KG FamRZ75, 164; OLG Karlsruhe FamRZ76, 93; OLG Köln FamRZ80, 249). In diesem Falle ist der Familienrichter auch dann zuständig, wenn nur über die Herausgabe des Kraftfahrzeugbriefes gestritten wird (KG 11 AR 11/84 v. 27.3.84, unveröffentl.), oder wenn ein Ehegatte gegen den andern einen Ausgleichsanspruch nach §426 BGB geltend macht wegen eines gemeinschaftlich aufgenommenen Darlehens zur Anschaffung eines solchen PKW's (BayObLG FamRZ85, 1057; s.a. Vorbem. vor §8 Rdn. 6). 43

Ein PKW ist dagegen kein Hausrat, wenn er vornehmlich von einem Familienmitglied für Fahrten zum Arbeitsplatz benutzt wird (OLG Hamm FamRZ83, 72L). 44

Der **Wohnwagen** (mit den dazugehörigen Fahrzeugpapieren) ist Hausrat (LG Stuttgart FamRZ78, 703). 45

Als Hausrat i.S.d. HausrVO sind ferner zu behandeln gemeinsam benutzte **Musikinstrumente, Bücher** unterhaltender und belehrender Natur (nicht dagegen Fachbücher und Arbeitsgeräte, die beruflichen Zwecken dienen); Gartenmöbel; Nahrungsmittel und Heizmaterial. 46

Haustiere gehören zum ehelichen „Hausrat", wenn sie nicht ausschließlich von einem Ehegatten gehalten werden oder landwirtschaftliches Inventar sind (Staudinger/Thiele, Rdn. 16 zu §1369 BGB; Michaelis JR49, 436; s.a. §8 Rdn. 28). 47

Zum Hausrat gehören auch **Luxusgegenstände und Kunstgegenstände** (z.B. echte Teppiche, Ölgemälde, Porzellane), **wenn** sie **nicht** nur als **Kapitalanlage** angeschafft wurden oder eine reine Objektsammlung darstellen (BGH FamRZ84, 144; s. oben Rdn. 40), sondern entsprechend dem Lebenszuschnitt der Ehegatten (Staudinger/Thiele aaO) zur Ausschmückung der Wohnung dienen. Nach den wenig ergiebigen Amtlichen Erläuterungen zur HausrVO (DJ44, 278) gehören allerdings Kunstwerke wie echte Gemälde und wertvolle Plastiken, Sammlungen aller Art, ausgesprochene Luxusgegenstände i.d. Regel nicht zum Hausrat (vgl. a. Michaelis JR49, 436). Diese Einschränkung ergab sich aus der damaligen Zielsetzung, einer Mangellage angemessen Rechnung tragen zu können. Nach heutigem Verständnis sind auch Gegenstände von hohem Wert einschließlich kostbarer Kunstgegenstände Hausrat, wenn sie ihrer Art nach als Hausratsgegenstände geeignet sind und nach dem Lebenszuschnitt der Ehegatten als solche dienen (BGH FamRZ84, 575). 48

Kein Hausrat sind Schmuck, Kleidung, den individuellen Zwecken eines Ehegatten dienende Sachen wie Familienandenken, persönliche Sammlungen (OLG Hamm FamRZ80, 683 betr. Briefmarkensammlung), das nur von einem Ehegatten gespielte Musikinstrument (BayObLGZ52, 279, 282). Zweifelhaft, ob nach Art des Instruments zu unterscheiden und ein Klavier deshalb zum Hausrat zu rechnen ist, weil es in normalen Zeiten zur Wohnungseinrichtung gehöre und sich 49 auch seiner äußeren Form nach als Möbelstück darstelle, während das bei Laute oder Geige z. B. nicht der Fall sei (LG Berlin JR 49, 450).

50 Auch **Ansprüche, die sich auf Hausrat beziehen,** können im Hausratsverfahren verteilt werden (KG JR 54, 223), obwohl nach dem allgemeinen Sprachgebrauch Rechte nicht unter den auf das Körperliche abzielenden Begriff „Hausrat" fallen. Solche Ansprüche, die sich gegen Dritte richten, treten gleichsam als Surrogat an die Stelle des Hausratsgegenstandes (OLG Frankfurt FamRZ 81, 375) und unterliegen wie der Gegenstand selbst der Verteilung nach den Regeln und Maßstäben der HausrVO, so z. B. der Herausgabeanspruch, der aus dem Eigentum am Hausrat abgeleitet wird (BayObLG FamRZ 65, 331), der Schadensersatzanspruch wegen Verlusts des Hausratsgegenstandes (Rolland Rdn. 12), der Anspruch nach § 1368 ff BGB wegen unwirksamer Verfügung über Hausrat, der Anspruch aus Geschäften unter Eigentumsvorbehalt, der Anspruch aus einem Versicherungsvertrag wegen Beschädigung oder Verlustes von Hausrat (Rolland Rdn. 13; MüKo/Müller-Gindullis Rdn. 15), öffentlich-rechtliche Ansprüche auf Hausratshilfe nach dem SHG oder LAG (KG FamRZ 60, 239, 241; Rolland aaO u. Erman/Ronke Rdn. 15).

51 Nicht zum verteilbaren Hausrat (als Surrogat) gehören Schadensersatzansprüche des einen Ehegatten gegen den andern (OLG Frankfurt NJW 63, 594; KG FamRZ 74, 195; OLG Hamm FamRZ 71, 31; RGRK/Scheffler Anm. 18). Schadensersatzansprüche zwischen Ehegatten nach ihrer Trennung oder anläßlich ihrer Scheidung in Bezug auf Hausratsgegenstände sind keine Familiensache und müssen vor dem Prozeßgericht geltend gemacht werden (BGH FamRZ 80, 45 und 80, 988; s. a. Rdn. 22 zu § 18 a).

IV. Maßgeblicher Zeitpunkt

52 Der maßgebliche Zeitpunkt für die Zuteilung der Ehewohnung und des Hausrats ist im isolierten Verfahren die **Rechtskraft des Scheidungsurteils** (OLG Zweibrücken FamRZ 85, 819), weil dieses erst das Recht auf Auseinandersetzung gibt. Bei Geltendmachung im Verbund ist der Zeitpunkt der letzten mündlichen Verhandlung maßgebend (Rolland Rdn. 12). Darunter ist – wie beim Unterhalt – die der Rechtskraft des Scheidungsausspruchs nächstgelegene mündliche Verhandlung und damit, solange der Scheidungsausspruch nicht gesondert rechtskräftig geworden ist, die **letzte mündliche Verhandlung vor dem Tatrichter** in der Hausratssache zu verstehen (BGH FamRZ 85, 357, 359 unter Bezugnahme auf BGH FamRZ 82, 892, beide zum Begriff „Zeitpunkt der letzten mündlichen Verhandlung" im Verbundverfahren betr. Unterhalt).

Die am Stichtag vorhanden gewesenen Stücke sind zu verteilen, auch wenn ihr späterer Verbleib umstritten ist (OLG Zweibrücken FamRZ 85, 819). Ist aber überhaupt kein gemeinsamer Hausrat mehr vorhanden, so ist eine Verteilung im Hausratsverfahren begrifflich nicht mehr möglich (s. Rdn. 22 zu § 18 a).

53 Die Änderung des Wortlauts „nach der Scheidung" in „anläßlich der Scheidung" (s. oben Rdn. 1) trägt nur der Möglichkeit gleichzeitiger Geltendmachung

mit der Eheschließung im Verbund Rechnung und führt nicht zu einer Vorverlegung des maßgeblichen Zeitpunktes. Der Zeitpunkt der Trennung soll nach vereinzelt gebliebener Ansicht (Palandt/Diederichsen Anm. 2d) deshalb maßgebend sein, weil sonst auch **das nach der Trennung** für die getrennte Lebensführung **Angeschaffte** mit zur Verteilung komme. Dem ist entgegenzuhalten, daß Haushaltsgegenstände, die gerade für das Getrenntleben der Ehegatten bestimmt sind (und das sind in der Regel die erst nach der Trennung angeschafften), nicht zum ehelichen Hausrat gehören, weil sie von vornherein nicht für die Ehewohnung, die Hauswirtschaft und das Zusammenleben der Familie bestimmt waren; sie unterliegen dem Zugewinnausgleich, soweit sie dem Ehegatten am maßgeblichen Stichtag gehörten (BGH FamRZ 84, 144). Selbst wenn diese Gegenstände zum ehelichen Hausrat zählten, ließe sich die Zuweisung dieser für eine neue Lebensführung erworbenen Gegenstände an den anderen Teil durch sachgerechte Anwendung des §9 Abs. 1 HausrVO vermeiden (Rolland Rdn. 12).

Besondere Bedeutung kommt dem maßgeblichen Zeitpunkt dann zu, wenn **Hausratsgegenstände nicht mehr vorhanden** sind. Ersatzstücke, die vor dem maßgeblichen Zeitpunkt (Rechtskraft des Scheidungsurteils im isolierten Verfahren, letzte mündliche Verhandlung vor dem Tatrichter im Verbundverfahren, s. oben Rdn. 52) erworben wurden, treten an die Stelle der ursprünglich vorhandenen (zur Eigentumsvermutung im gesetzl. Güterstand der Zugewinngemeinschaft vgl. §1370 BGB). Sind durch den Verlust eines Hausratsgegenstandes Ansprüche gegen Dritte gegeben, so treten sie an seine Stelle (s. oben Rdn. 50). **54**

Von einem Ehegatten **beiseite geschaffter Hausrat** verliert durch das Verstecken oder Verheimlichen nicht seine Eigenschaft als Hausrat (SchlHOLG SchlHA 57, 207). Der Hausratsrichter kann ihn bei der Verteilung anrechnen. Er kann ihn aber auch dem anderen Ehegatten, wenn der großen Wert darauf legt, zuteilen und es ihm überlassen, im Prozeßwege oder im Zwangsvollstreckungsverfahren gemäß §883 ZPO den Gegenstand zu erlangen (KG FamRZ 74, 195). Zur Vereinfachung des Verfahrens kann es sich empfehlen, den Gegenstand und – falls nicht mehr vorhanden – einen Eventualanspruch auf Schadensersatz gegen den anderen Ehegatten zuzuteilen (KG aaO). **55**

Während des Getrenntlebens sind – über den Wortlaut des §1361 a BGB hinaus – nicht nur Herausgabeansprüche eines Ehegatten aufgrund Alleineigentums an Hausrat und Nutzungsstreitigkeiten hinsichtlich im Miteigentum der Ehegatten stehender Hausratsgegenstände dem Verfahren der HausrVO unterworfen, sondern auch Streitigkeiten anderer Art, die daraus entstehen, daß sich getrenntlebende Ehegatten über die Benutzung oder den Besitz von Hausratsgegenständen nicht einigen können, so z. B. der Anspruch auf Rückschaffung eigenmächtig aus der Ehewohnung entfernten Hausrats (BGH FamRZ 82, 1200 = JZ 83, 73 m. Anm. Walter JZ 83, 54; zur „eigenmächtigen Hausratsteilung" s. unten Rdn. 19 zu §18a). Zur Wohnungszuteilung während des Getrenntlebens bei schwerer Härte vgl. §1361 b BGB (s. unten Rdn. 23ff zu §18a). **56**

57 Umstritten ist, ob bei „eigenmächtiger Hausratsteilung" der betroffene Ehegatte nicht nur einzelne, zur Haushaltsführung benötigte Gegenstände gemäß § 1361 a BGB, sondern wegen verbotener Eigenmacht gemäß § 861 BGB die Rückschaffung aller entzogenen Gegenstände verlangen kann (so OLG Frankfurt FamRZ 81, 184; OLG Düsseldorf FamRZ 83, 164). Billigt man dem betroffenen Ehegatten einen Besitzschutzanspruch zu, der auf Wiederherstellung der früheren Besitzverhältnisse geht (so wohl BGH FamRZ 82, 1200 unter Hinweis u.a. auf OLG Frankfurt FamRZ 81, 184; Soergel/Lange Rdn. 10 zu § 1361 a BGB; Palandt/Bassenge Anm. 6e zu § 861 BGB), so müssen alle entzogenen Gegenstände zurückgeschafft werden. Eine einstweilige Anordnung auf Rückschaffung gem. §§ 18a, 13 Abs. 4 HausrVO sollte allerdings die dem Eigenmächtigen zur Deckung seines nötigsten Bedarfs sogleich wieder zuzuweisenden Hausratsgegenstände ausklammern (RGRK/Wenz Rdn. 30 zu § 1361 a BGB). Eine solche einstweilige Anordnung auf Rückschaffung ist überhaupt abzulehnen, wenn unter Berücksichtigung der Regelungsmaßstäbe der §§ 1361 a BGB, 2, 8 und 9 HausrVO der antragstellende Ehegatte mit den ihm verbliebenen Hausratsgegenständen immer noch einen abgetrennten Einzelhaushalt führen kann (OLG Koblenz FamRZ 85, 931).

58 Nicht zuständig ist der Hausratsrichter, wenn Hausratsgegenstände **im Besitz eines Dritten** sind und die Eheleute auch darüber streiten, ob der Dritte Eigentümer dieser Sachen ist. Die Entscheidung über das Eigentum des Dritten obliegt dem Prozeßgericht (LG Bonn FamRZ 63, 366).

59 **V. Verhältnis zu anderen Verfahrensordnungen, § 1 Abs. 2**

Während nach der alten Fassung des § 1 Abs. 2 HausrVO in Hausratssachen ausschließlich die Vorschriften dieser VO anwendbar waren, mußte die mit dem 1. EheRG notwendig gewordene Neufassung dem Umstand Rechnung tragen, daß Hausratssachen als Familiensachen nunmehr auch den einschlägigen Vorschriften der ZPO unterstehen (s. dazu Vorbem. vor § 11 und Rdnrn. 2ff zu § 13). So ist das zuständige Familiengericht nach den Vorschriften der ZPO zu bestimmen, bei isoliertem Hausratsverfahren über § 11 Abs. 2 HausrVO, bei nachträglichem anderweitigem Anhängigwerden der Ehesache ist dorthin abzugeben, Abs. 3 der VO.

60 **Auf § 985 BGB gestützte Klagen** eines Ehegatten gegen den anderen auf Herausgabe der Ehewohnung oder von Hausrat **sind unzulässig** (BGHZ 67, 217 = FamRZ 76, 691 m. Anm. Bosch = NJW 77, 43 = MDR 77, 210 = JZ 77, 64 und Anm. Johannsen in LM § 985 BGB Nr. 28; s.a. unten Rdn. 6 zu § 18a). Werden gleichwohl solche auf Eigentum gestützte Herausgabeansprüche eines Ehegatten gegen den anderen vor dem Prozeßgericht anhängig gemacht, ist die Sache an das zuständige Familiengericht abzugeben (Rolland Rdn. 16). Zur Abgabe in der Rechtsmittelinstanz vgl. § 18 Rdn. 8ff.

61 Ist in einem früheren Rechtsstreit rechtskräftig das Eigentum eines Ehegatten an einer Sache festgestellt worden, so hat der Hausratsrichter bei der Beurteilung dieser Vorfrage die Rechtskraft zu beachten (Rolland Rdn. 16).

§2. Grundsätze für die rechtsgestaltende Entscheidung

Soweit der Richter nach dieser Verordnung Rechtsverhältnisse zu gestalten hat, entscheidet er nach billigem Ermessen. Dabei hat er alle Umstände des Einzelfalls, insbesondere das Wohl der Kinder und die Erfordernisse des Gemeinschaftslebens, zu berücksichtigen.

I. Allgemeines

Die Bestimmung sah in ihrer ursprünglichen Fassung (Satz 2) auch die Berücksichtigung der **„Ursachen der Eheauflösung"** vor. Dadurch sollte der Hausratsrichter aber nicht schlechthin an den Schuldausspruch des Scheidungsurteils gebunden sein. Deshalb wurde nicht von der Schuld an der Scheidung, sondern allgemeiner von den „Ursachen der Eheauflösung" gesprochen (amtl. Erläuterungen DJ 44, 278). 1

Durch das 1. EheRG sind im Satz 2 der Vorschrift bei der Aufzählung der zu berücksichtigenden Umstände die an dritter Stelle genannten „Ursachen der Eheauflösung" gestrichen worden. Mit der beispielhaften Aufzählung wollte der Verordnungsgeber 1944 übrigens nicht die wesentlichen Gesichtspunkte im einzelnen anführen, sondern „nur allgemeine Hinweise" für die Ermessensentscheidung geben (amtl. Erläuterungen aaO). Nach der Begründung des Regierungsentwurfs (Rechtsanwenderbroschüre S. 396) erschien es unangebracht, angesichts der Aufgabe des Verschuldensprinzips „für den Bereich der Hausratsverordnung weiterhin maßgeblich auf die Ursachen der Eheauflösung abzustellen".

Das Wort „maßgeblich" = entscheidend könnte eine gewisse Einschränkung enthalten, so daß es schon von daher nicht ausgeschlossen erscheint, die „Ursachen der Eheauflösung" weiterhin in krassen Fällen neben allen anderen Gesichtspunkten **auch** mit zu berücksichtigen (vgl. a. die amtl. Erläuterungen aaO: nur allgemeine Hinweise, keine Einzelaufzählung der wesentlichen Gesichtspunkte). Es ist jedenfalls nicht einzusehen, warum – nachdem die Rechtsprechung und nun auch der Gesetzgeber beim Unterhalt ein **schwerwiegendes und klar bei einem Ehegatten liegendes evidentes Fehlverhalten** trotz Abschaffung des Verschuldensprinzips als **beachtlich** anerkannt haben (s. unten §9 Rdn. 13 und §20 Rdn. 9) – der Hausratsrichter davor sollte die Augen verschließen müssen. Wenn er „alle Umstände des Einzelfalles" berücksichtigen soll, um nach billigem Ermessen zu entscheiden, kann er eine auf der Hand liegende, einseitige Verursachung des Scheiterns bei seiner Billigkeitsentscheidung nicht ausblenden (ähnlich Palandt-Diederichsen Anm. 2: im allgemeinen braucht der unschuldige Ehegatte dem ehebrecherischen Ehegatten und dessen neuen Partner nicht zu weichen). 2

II. Beschränkung auf rechtsgestaltende Entscheidungen 3

Der Anwendungsbereich der Vorschrift ist begrenzt. Sie gilt nur für die rechtsgestaltenden Entscheidungen des Richters. Soweit er im Rahmen der HausrVO nicht Rechtsverhältnisse gestaltet, sondern darüber entscheidet, ob ein bestimmtes Recht, z. B. das Eigentum, besteht oder nicht besteht, hat er nicht die freie Stellung, die ihm § 2 verleiht (amtl. Erläuterungen DJ 44, 279).

4 Rechtsverhältnisse gestaltet der Hausratsrichter allerdings auch dann, wenn er einen Antrag auf Änderung des Rechtszustandes ablehnt, oder wenn er die Benutzung von Gegenständen regelt, ohne neue Rechtsverhältnisse zu begründen (Rolland Rdn. 2).

5 **III. Billigkeitsentscheidung**

1. Grundlage

Um nach billigem Ermessen gerecht und zweckmäßig entscheiden zu können, muß der Hausratsrichter klären, welche Hausratsgegenstände vorhanden sind (BGH LM Nr. 2 zu § 1 HausrVO, Anm. Johannsen zu BGHZ 18, 143 = NJW 55, 1355 = JZ 55, 706), und zwar im maßgeblichen Zeitpunkt (s. § 1 Rdn. 52 ff). Über diesen Gesamtbestand hat er einheitlich zu entscheiden (BGHZ 18, 143, 146; s. § 1 Rdn. 27), darf also keine Teilentscheidung treffen (OLG Zweibrücken FamRZ 83, 1148).

2. Billigkeitsgesichtspunkte im einzelnen

6 **a)** Bei seiner Ermessensentscheidung hat der Hausratsrichter **alle Umstände des Einzelfalles** zu berücksichtigen, die das Verhältnis der Ehegatten zueinander, ihre gegenwärtigen Lebensbedingungen und ihre Beziehungen zu den einzelnen Gegenständen betreffen, soweit diese irgendwie bedeutsam für die Beurteilung sein können, was in dem Einzelfall billig, gerecht und zweckmäßig ist (BGHZ 18, 143, 148).

7 Allerdings verlangt die umfassende Prüfung nicht die Wiedergabe der vielfältigen, möglicherweise in Betracht zu ziehenden Gesichtspunkte und ihre Abwägung in den Beschlußgründen. Der Richter genügt seiner Aufgabe, wenn er sich in den Gründen mit den wesentlichen Umständen befaßt (BGH aaO). Damit wollte der Bundesgerichtshof zahlreichen unbegründeten Beschwerden vorbeugen und zur Entlastung der Beschwerdegerichte beitragen: Trotz Nichterwähnung einzelner Details in den Beschlußgründen kann davon ausgegangen werden, daß der Richter sich seiner umfangreichen Prüfungspflicht bewußt war (Johannsen LM Nr. 2 zu §1 HausrVO in der Anmerkung zu BGHZ 18, 143).

Zwei maßgebliche Umstände hebt die VO hervor. Es sind aber nur Anhaltspunkte (Rolland Rdn. 3), allgemeine Hinweise (amtl. Erläuterungen DJ 44, 278), einzelne Gesichtspunkte unter vielen möglichen (Hoffmann/Stephan Rdn. 4).

8 **b) Wohl der Kinder**

Sind minderjährige Kinder vorhanden, so wird es besonders darauf ankommen, welche Regelung für die Kinder am geeignetsten ist; in der Regel (amtl. Erläuterungen aaO) wird die Wohnung dem sorgeberechtigten Ehegatten zuzuweisen sein, und auch vom Hausrat wird er das erhalten müssen, was für die Kinder nötig ist. Den Kindern sollte nach Möglichkeit ihre Umwelt erhalten werden (OLG Karlsruhe FamRZ 81, 1087). Ohne Bedeutung ist es, ob es sich um gemeinschaftliche Kinder oder um Kinder eines Ehegatten handelt, ob sie minderjährig oder volljährig sind (Hoffmann-Stephan Rdn. 4), wobei allerdings bei volljährigen Kindern mit ihrem Älterwerden dieser Gesichtspunkt an Bedeutung verlieren wird. Zwar ist in den amtlichen Erläuterungen (DJ 44, 278) nur von minderjährigen Kindern und vom Sorgeberechtigten die Rede, woraus geschlossen werden könnte, daß der Verordnungsgeber nur das Wohl minderjähriger gemeinschaftlicher Kinder besonders berücksichtigt sehen wollte (z. B. sind auch die Unterhaltsbestimmungen der §§ 1570, 1579 BGB auf die gemeinschaftlichen Kinder begrenzt). Da aber alle Umstände des Einzelfalles zu berücksichtigen sind, können die Interessen volljähriger und nicht gemeinschaftlicher Kinder auch dann in die Entscheidung einfließen, wenn sie nicht unter den besonders hervorgehobenen Kindeswohlbegriff der Vorschrift fallen.

c) Erfordernisse des Gemeinschaftslebens 9

Gemeint ist nicht das durch die Scheidung und schon durch die Trennung endende Gemeinschaftsleben der Eheleute, sondern das Gemeinschaftsleben in der Umwelt (BayObLGZ 57, 33, 36 m. w. Hinw.). Als Beispiel nennen die amtlichen Erläuterungen (DJ 44, 278) zunächst, daß derjenige Ehegatte die Wohnung erhält, der aus beruflichen Gründen auf sie angewiesen ist. Ob das streng genommen ein Gesichtspunkt ist, der zu den Erfordernissen des Gemeinschaftslebens gehört, oder ob es ein den jeweiligen Ehegatten berührender, allgemeiner Umstand ist (so Rolland Rdn. 3), kann letztlich dahinstehen. Jedenfalls gehört er zu den berücksichtigungsfähigen Gesichtspunkten, und die Bedeutung im Einzelfall hat der Hausratsrichter in der Gesamtschau aller Umstände zu werten.

Zu den Erfordernissen des Gemeinschaftslebens gehört auch ein möglichst 10
gedeihliches Verhältnis des Mieters **zum Hauseigentümer** und Vermieter (BayObLGZ 57, 33). Ferner ist (nach den amtlichen Erläuterungen) „wesentlich, welcher Ehegatte sich besser in die Hausgemeinschaft einfügt". Dagegen wird geltend gemacht, solche eheunabhängigen Beziehungen eines Ehegatten zu seiner Umwelt dürfe der Richter nicht zum Maßstab machen, da er nicht zu einem sozialen (Un-) Werturteil über eine Person aufgerufen sei (AK/Derleder Rdn. 2). Die in den amtlichen Erläuterungen vorgegebene Anwendung der Vorschrift knüpft aber nicht „an die nationalsozialistische Gemeinschaftsideologie" (so AK/Derleder aaO) an (s. a. Vorbem. vor § 1, Anm. 4). Das „Gemeinschaftsleben" ist keine Erfindung des Nationalsozialismus, seine Berücksichtigung daher nicht zu beanstanden. Es ist auch nicht einzusehen, warum z. B. bei der Wohnungszuweisung außer Betracht bleiben sollte, daß ein Ehegatte durch einen Selbstmordversuch mit Gas (vgl. den vom OLG Hamm JMBl NRW 51,

214 entschiedenen Fall) oder ein Alkoholiker durch ständiges Randalieren eine erhebliche Belastung für die Hausgemeinschaft darstellt.

11 **d) Ursachen der Eheauflösung**

Die Ursachen der Eheauflösung können in krassen, einseitigen Fällen bei der Gesamtwürdigung aller Umstände weiterhin berücksichtigt werden, obwohl sie seit dem 1. EheRG im Verordnungstext (S. 2) nicht mehr besonders genannt sind (s. oben Rdn. 2, ferner Rdn. 13 zu § 9 und Rdn. 9 zu § 20).

12 **e) Andere zu berücksichtigende Umstände**

Alle wesentlichen Gesichtspunkte sind zu berücksichtigen, so unter anderem:

– die wirtschaftliche Leistungsfähigkeit bei der Wohnungszuweisung (dazu die amtl. Erläuterungen DJ 44, 278: Es wäre z. B. bedenklich, eine teuere Wohnung einem Ehegatten zuzuweisen, der einen hohen Mietzins voraussichtlich nicht bezahlen kann);

– die Tatsache, daß einer von beiden Ehegatten die Wohnung schon vor der Ehe bewohnt hat (amtl. Erläuterungen DJ 44, 279);

– der Umstand, daß der eine Ehegatte schwerer eine neue Wohnung finden kann (OLG Stuttgart OLG Z 68, 124, 125, 128);

– die Hilfsbedürftigkeit und Leistungsfähigkeit der Ehegatten, ihr Alter und Gesundheitszustand (Soergel/Häberle Rdn. 4; Erman/Ronke Rdn. 7);

– die engere Beziehung eines Ehegatten zu bestimmten Hausratsgegenständen, die er etwa ausschließlich benutzt oder aus eigenen Ersparnissen angeschafft hat (Vlassopoulos S. 89); auch bei Haustieren wird die engere Beziehung ausschlaggebend sein;

– die Möglichkeit, aus eigenen Mitteln Ersatz zu beschaffen;

– der Anteil der gemeinsam aufgebrachten Mittel und Eigenleistungen zum Aufbau der Mietwohnung (OLG Hamm JMBL NRW 51, 214; Vogel HW 49, 50);

– der größere Wohnraumbedarf eines Ehegatten infolge Wiederverheiratung (OLG Stuttgart OLG Z 68, 124).

13 Auch die **Verteilungswünsche der Parteien** sind zu berücksichtigen, binden aber das Gericht nicht (amtl. Erläuterungen DJ 44, 279; Bergerfurth, Ehescheidungsprozeß, Rdn. 162).

14 Nicht zu berücksichtigen ist der Umstand, daß ein Ehegatte seine Eltern in die Wohnung mit aufgenommen hat (Hoffmann/Stephan, Rdn. 8). Ebenfalls nicht zu berücksichtigen ist das Interesse der Freundin, die mit ihrem Kind beim Ehemann in der bisherigen Ehewohnung lebt (OLG Köln FamRZ 85, 498).

ZWEITER ABSCHNITT

Besondere Vorschriften für die Wohnung

Vorbemerkungen

Bei der Wohnungszuweisung sind folgende Fälle zu unterscheiden:

1. Die Ehewohnung befindet sich in einem Haus, dessen **Eigentümer einer der Ehegatten allein** oder gemeinsam mit einem Dritten ist, § 3 HausrVO. Um in die Eigentumsverhältnisse nicht mehr als unbedingt notwendig einzugreifen, bestimmt § 3 Abs. 1, daß der Eigentümer-Ehegatte grundsätzlich auch das Recht zur Benutzung der Wohnung haben soll (amtl. Erläuterungen DJ 44, 279), es sei denn, darin läge für den anderen Ehegatten eine unbillige Härte. Dann kann die Ehewohnung dem anderen Ehegatten zugewiesen werden, ohne daß damit aber Wohnungseigentum begründet werden kann (OLG Hamm JMBl NRW 58, 103). 1

2. Die Ehewohnung befindet sich in einem Haus, das **im Miteigentum beider Ehegatten** steht. Dem steht es gleich, daß beiden Ehegatten gemeinsam der Nießbrauch, das Erbrecht, ein dingliches Wohnrecht am Grundstück (amtl. Erläuterungen DJ 44, 279) oder das Wohnungseigentum zusteht (§ 60 WEG). In diesem Fall entscheidet der Richter nach freiem Ermessen im Rahmen des § 2 HausrVO (amtl. Erläuterungen aaO, s. dazu unten Rdn. 3 zu § 3). 2

3. Die Ehewohnung ist eine **Dienst- oder Werkwohnung,** § 4 HausrVO. Sie muß wegen des besonderen Charakters der Wohnung grundsätzlich dem Ehegatten verbleiben, der das Dienst- oder Arbeitsverhältnis eingegangen ist. Dem anderen Ehegatten „soll ... nur“, d. h. darf nur (s. unten Rdn. 6 zu § 4) die Wohnung zugewiesen werden, wenn der Dienstherr (der gem. § 7 HausrVO zu beteiligen ist) einverstanden ist. 3

Ist das Arbeitsverhältnis mit beiden Ehegatten gemeinsam eingegangen (z. B. Hauswartsstelle), so wird es auch in diesem Falle darauf ankommen, ob der Arbeitgeber mit der Zuteilung an den Ehegatten einverstanden ist (amtl. Erläuterungen DJ 44, 279 zu § 4), d. h. mit wem er das Arbeitsverhältnis fortsetzen will (Bergerfurth, Eheprozeß, Rdn. 165). 4

4. Bei der Ehewohnung handelt es sich um eine **gewöhnliche Mietwohnung,** § 5 HausrVO, der in der Praxis häufigste Fall. Hier entscheidet der Hausratsrichter ohne die Beschränkungen der §§ 3 und 4 nach billigem Ermessen im Rahmen des 5

§ 2 HausrVO. Er kann bestimmen, daß ein von beiden Ehegatten eingegangenes Mietverhältnis von einem Ehegatten allein fortgesetzt wird, oder daß ein Ehegatte anstelle des anderen in ein von diesem eingegangenes Mietverhältnis eintritt. Der Vermieter ist zwar zu hören, aber seine Zustimmung ist nicht erforderlich (Ausnahme: § 12 HausrVO), so daß auch gegen seinen Willen entschieden werden kann (Weimar BlGBW 81, 53/54).

6 **5.** Schließlich hat der Hausratsrichter die Möglichkeit, in geeigneten Fällen anzuordnen, daß **die Wohnung zwischen den Ehegatten geteilt** wird, § 6 HausrVO.

7 **6.** Den **ideellen Miteigentumsanteil** eines Ehegatten **an** der gemeinsamen **Eigentumswohnung** kann der Hausratsrichter nicht auf den anderen übertragen. Er kann nur die Nutzungs- und Mietverhältnisse an der Ehewohnung regeln, nicht aber in die Eigentumsrechte der Parteien eingreifen (OLG Hamm JMBl NRW 58, 103; OLG Schleswig SchlHA 55, 25, 27; OLG Oldenburg FamRZ 65, 277; KG FamRZ 86, 72; Palandt-Diederichsen Anm. 3, Soergel/Häberle Rdn. 1, beide zu § 3 HausrVO).

8 **7.** Über die Nutzungsentschädigung während des Getrenntlebens – wenn ein Ehegatte die im Miteigentum beider stehende Immobilie allein nutzt – ist nicht im Hausratsverfahren zu befinden; in der Regel ist dieser Wohnwertvorteil über den Unterhaltsanspruch auszugleichen, sofern nicht schon ein Ausgleich durch die Alleinübernahme der Hauskosten (insbes. Kredittilgungen) erfolgt (BGH EBE 86, 93 unter Zurückweisung der Revision gegen OLG Schleswig Fam RZ 84, 1228; vgl. a. BGH EBE 86, 95).

§ 3. Wohnung im eigenen Hause eines Ehegatten

(1) Ist einer der Ehegatten allein oder gemeinsam mit einem Dritten Eigentümer des Hauses, in dem sich die Ehewohnung befindet, so soll der Richter die Wohnung dem anderen Ehegatten nur zuweisen, wenn dies notwendig ist, um eine unbillige Härte zu vermeiden.

(2) Das gleiche gilt, wenn einem Ehegatten allein oder gemeinsam mit einem Dritten der Nießbrauch, das Erbbaurecht oder ein dingliches Wohnrecht an dem Grundstück zusteht, auf dem sich die Ehewohnung befindet.

I. Allgemeines

1 Die HausrVO in der alten Fassung sprach in § 3 Abs. 1 (ebenso wie in § 5 Abs. 2 S. 1, § 6 Abs. 1 S. 1) von den „bisherigen" Ehegatten. Das 1. EheRG hat durch Art. 11 Nr. 3 Buchst. d das Wort „bisherigen" in allen diesen Vorschriften gestrichen, weil es auf eine Durchführung des Hausratsverfahrens **nach** der Scheidung

abzielte. Da die Entscheidungskonzentration zur Folge hat, daß die Ehegatten zum Zeitpunkt der Entscheidung über Wohnung und Hausrat noch verheiratet sind, war die Änderung erforderlich.

Die Bestimmung verstößt nicht gegen die Eigentumsgarantie des Art. 14 GG; 2
die Zuweisung der Wohnung an den anderen Ehegatten ist kein enteignender Eingriff (BayObLG FamRZ 77, 467, 472).

II. Anwendungsbereich: Eigentum und beschränktes dingliches Recht

Nach Abs. 1 muß ein Ehegatte allein oder gemeinsam mit einem Dritten **Ei- 3
gentümer** des Hauses sein. **Dem steht** es nach Abs. 2 **gleich,** wenn einem Ehegatten allein oder gemeinsam mit einem Dritten **der Nießbrauch, das Erbbaurecht oder ein dingliches Wohnrecht** an dem Grundstück zusteht. Als dingliches Wohnrecht ist nicht nur das Wohnungsrecht nach § 1093 BGB, sondern auch das Wohnrecht nach § 1090 BGB zu verstehen (OLG Düsseldorf FamRZ 80, 171; Palandt/Diederichsen Anm. 2; Rolland, Rdn. 2, beide zu § 3 HausrVO). Auch bei Wohnungseigentum, Wohnungserbbaurecht und Dauerwohnrecht gem. § 60 WEG sind die Bestimmungen der HausrVO anzuwenden, und zwar gleichgültig, ob nur einer oder beide Ehegatten dinglich berechtigt sind (Weimar BlGBW 81, 53).

Steht beiden Ehegatten das gleiche dingliche Recht zu, „so kann der Richter die 4
Wohnung nach seinem Ermessen dem einen oder anderen Teil zuweisen" (amtl. Erläuterungen DJ 44, 279); das bedeutet, daß er nicht durch § 3 eingeschränkt wird, sondern nach freiem Ermessen im Rahmen des § 2 entscheidet (AmtsG Berlin-Charlottenburg, FamRZ 80, 1136).

III. Verhältnis des Abs. 2 zu Abs. 1 („Das gleiche gilt ...")

Umstritten ist der Entscheidungsspielraum, **wenn beide Ehegatten verschie- 5
dene dingliche Rechte innehaben,** so etwa, wenn der eine Ehegatte als Eigentümer in seinem Hause dem anderen Ehegatten ein dingliches Wohnrecht einräumt. Das OLG Düsseldorf (FamRZ 80, 171) hat das Wohnrecht gleichsam als das „stärkere" Recht angesehen (ebenso Soergel/Häberle Rdn. 6), während Rüffer in der Anm. zu der genannten Entscheidung (aaO) in Abs. 1 der Vorschrift, die auf das Eigentum am Grundstück abhebt, die stärkere Privilegierung sieht, so daß zu prüfen gewesen wäre, ob für den (dinglich) Wohnberechtigten, wenn er weichen müßte, eine unbillige Härte entstünde. Nach dem Wortlaut der Vorschrift („Das gleiche gilt ...") sind bei der Frage der Zuteilung der Wohnung bestimmte dingliche Rechte dem Eigentum gleichgestellt worden; sie sind – durch die Eingriffslegitimation der unbilligen Härte – in gleichem Maße privilegiert. Es ist daher, wie in den anderen Fällen (s. oben Rdn. 4), in denen beide Ehegatten in bezug auf die Ehewohnung dinglich berechtigt sind, die Zuweisung unter Berücksichtigung aller Umstände nach § 2 HausrVO vorzunehmen.

IV. Feststellung der dinglichen Berechtigung

6 Bevor der Hausratsrichter nach § 3 entscheidet, muß er klären, wer Eigentümer bzw. dinglich Berechtigter ist.

Die widerlegbare **Vermutung des § 8 Abs. 2 findet keine Anwendung,** da sie nur den Hausrat betrifft. Auch auf Wohnwagen, Wohnwagenanhänger, Behelfsheime o. ä., die nach den allgemeinen BGB-Vorschriften als bewegliche Sachen gelten, ist die Eigentumsvermutung des § 8 Abs. 2 HausrVO nicht anwendbar (BGH LM Nr. 1 zu § 3 HausrVO; Soergel/Häberle Rdn. 1; Hoffmann/Stephan Rdn. 4). Sind die Mittel für Anschaffung und Ausbau von beiden Ehegatten beigesteuert worden, so kann aber davon ausgegangen werden, daß für beide Miteigentum erworben werden sollte, sofern das überhaupt (z. B. bei Errichtung nur für die Dauer des Pachtverhältnisses) möglich ist (OLG Hamburg MDR 48, 477).

V. Zuweisung, keine Eigentumsübertragung

7 Der Richter kann die Ehewohnung **nur zuweisen,** d. h. zur Benutzung zuteilen. Teilt er die Wohnung dem anderen, nicht dinglich berechtigten Ehegatten zu, so kann er eine Nutzungsentschädigung festsetzen; das ist allerdings nicht erforderlich, wenn der Nutzungswert bereits bei der Unterhaltsbemessung berücksichtigt worden ist (AmtsG Berlin-Charlottenburg FamRZ 80, 1136). Ist im Unterhaltsverfahren streitig, welchen Wohnwert die vom Unterhaltspflichtigen zur Verfügung gestellte Eigentumswohnung hat, so muß er die Festsetzung des Mietzinses nach §§ 3, 5 HausrVO erstreben (OLG Karlsruhe FamRZ 84, 1019; vgl. a. Graba in FamRZ 85, 657, 660; zum Nutzungsentgelt für Mit-Eigentumswohnung bei Getrenntleben vgl. BGH EBE 86, 93 und 95).

8 Der Hausratsrichter kann auch nach § 5 Abs. 2 HausrVO ein **Mietverhältnis begründen** und den Mietzins festsetzen (Rolland Rdn. 5). Auch eine (einmalige) Ausgleichszahlung an den weichenden Ehegatten kann festgesetzt werden, und zwar zu dem Zweck, damit die gemeinsame Aufbringung der Mittel zum Aufbau der Wohnung auszugleichen (OLG Hamm JMBl NRW 51, 214; ablehnend MüKo/Müller-Gindullis Rdn. 8). Dem (Eigentümer-)Ehegatten kann der Richter eine Räumungsfrist bewilligen (OLG Karlsruhe NJW 59, 342). Eine Gestaltung der Eigentumsverhältnisse oder der dinglichen Beteiligungsrechte ist ihm versagt (OLG Hamm JMBl NRW 58, 103; OLG Oldenburg FamRZ 65, 277).

Der Richter kann die Wohnung aber aufteilen, § 6 HausrVO.

VI. Unbillige Härte

9 Eine unbillige Härte liegt nur dann vor, wenn die Zuweisung notwendig ist, um eine **ungewöhnlich schwere Beeinträchtigung des anderen,** nicht dinglich berechtigten Ehegatten **zu vermeiden** (OLG Düsseldorf FamRZ 80, 171; Rolland Rdn. 4). Die Möglichkeit des nicht dinglich berechtigten Ehegatten, die

Ehewohnung zur Vermeidung einer unbilligen Härte zugeteilt zu bekommen, ist auch schon im Ehescheidungsverfahren selbst bei Anwendung der Härteklausel des § 1568 Abs. 1 BGB zu berücksichtigen, so daß das Interesse an der Erhaltung der Ehewohnung (im Rahmen des § 1568 Abs. 1 BGB) an Gewicht verliert im Hinblick auf die Zuteilungsmöglichkeit nach der HausrVO (BGH FamRZ 84, 559 = NJW 84, 2353).

Eine unbillige Härte kann vorliegen, wenn ein Ehegatte formell als Alleinei- 10 gentümer eingetragen worden ist, die öffentlichen Mittel für den Bau des Hauses aber für die kinderreiche Familie gewährt worden sind und der sorgeberechtigte Elternteil mit den Kindern auf die Weiterbenutzung der Ehewohnung dringend angewiesen ist (amtl. Erläuterungen zu § 3, DJ 44, 279; OLG Stuttgart OLG Z 68, 126, 128).

Auch die Entfernung zum Arbeitsplatz, die Erwerbsausübung in der Ehewoh- 11 nung oder die nur dort gewährleistete Kinderbetreuung können die Zuteilung an den anderen Ehegatten rechtfertigen. Dabei ist der **Ausnahmecharakter** dieser Regelung („nur") aber immer im Auge zu behalten (OLG Stuttgart aaO). Es genügt nicht, daß der andere Ehegatte die Wohnung dringender benötigt als der dinglich Berechtigte; es müssen immer noch weitere gewichtige Umstände hinzukommen (Rolland Rdn. 4). Diese können z. B. darin liegen, daß bei Entfernung der Praxis aus der Ehewohnung der unterhaltspflichtige Ehegatte viele Kunden bzw. Patienten verlieren würde, weil in der näheren Umgebung keine geeigneten Räume vorhanden sind (ähnlich MüKo/Müller-Gindullis Rdn. 7).

Schließlich fällt auch ins Gewicht, ob der Eigentümer-Ehegatte selbst auf die Wohnung angewiesen ist (OLG Stuttgart OLG Z 68, 126, 128).

§ 4. Dienst- und Werkwohnung

Eine Wohnung, die die Ehegatten auf Grund eines Dienst- oder Arbeitsverhältnisses innehaben, das zwischen einem von ihnen und einem Dritten besteht, soll der Richter dem anderen Ehegatten nur zuweisen, wenn der Dritte einverstanden ist.

I. Allgemeines

Die Vorschrift, die durch das 1. EheRG nicht geändert worden ist, trägt dem 1 besonderen Charakter der Dienst- oder Werkwohnung Rechnung. Es bestehen **keine verfassungsmäßigen Bedenken** gegen die Weitergeltung der Vorschrift. Sie verstößt insbesondere nicht gegen den Grundsatz der Gleichberechtigung, Art. 3 Abs. 2 GG, weil sie keinerlei Vorrechte des Mannes gegenüber der Frau begründet, sondern unterschiedslos den Dienstherrn bzw. Arbeitgeber begünstigt, gleichgültig, welcher von beiden Ehegatten das maßgebliche Arbeitsverhältnis innehat (OLG Frankfurt ZMR 55, 179; BayObLG FamRZ 72, 467). Die Wahrung des Arbeitgeberinteresses an der fortbestehenden Zweckbindung der Dienst- oder Werkwohnung verstößt auch nicht gegen Art. 6 GG (BayObLG aaO).

II. Dienst- oder Arbeitsverhältnis als Grundlage

2 Die Dienst- oder Werkwohnung muß vom Arbeitgeber oder Dienstherrn den Ehegatten nur **im Hinblick auf das Dienst- oder Arbeitsverhältnis** mit einem von ihnen (oder mit beiden, s. nachstehend Rdn. 7) **überlassen** worden sein. Unerheblich ist, ob das Recht, die Wohnung zu benutzen, sich nach Mietrecht richtet oder – wie z. B. bei Beamtendienstwohnungen – allein dem Dienst- oder Arbeitsverhältnis untersteht (Erman/Ronke, Rdn. 1; MüKo/Müller-Gindullis Rdn. 2). Der Arbeitgeber oder Dienstherr braucht nicht Eigentümer oder Vermieter der Räume zu sein; auch ein Dritter kann über die Wohnung verfügungsberechtigt sein, wenn er nur gegenüber dem Arbeitgeber/Dienstherrn sich zur Überlassung der Wohnung an Betriebsangehörige verpflichtet hat (BayObLGZ 71, 377, 380).

III. Maßgeblicher Zeitpunkt

3 Die Eigenschaft als **Dienst- oder Werkwohnung** muß **im Zeitpunkt der Entscheidung** vorliegen. Der Abschluß des Miet- oder sonstigen Überlassungsvertrages und der Abschluß des Dienst- oder Arbeitsvertrages brauchen aber zeitlich nicht zusammenzufallen. So kann die Wohnung erst überlassen worden sein, nachdem bereits ein Dienst-/Arbeitsverhältnis bestand, und es kann umgekehrt auch die bereits innegehabte Wohnung durch den Abschluß eines Dienst-/Arbeitsvertrages erst nachträglich den Charakter einer Dienst-/Werkwohnung erhalten, wenn dies die Beteiligten so vereinbaren. Die Tatsache, daß der Hauseigentümer gleichzeitig der Inhaber des Betriebes ist, rechtfertigt für sich allein aber noch nicht die Annahme einer solchen Vereinbarung (RGRK/Scheffler Anm. 3). Ist aber im Zeitpunkt der Entscheidung das Dienst- oder Arbeitsverhältnis bereits beendet, so ist das Abhängigkeitsverhältnis von Miet- und Arbeitsverhältnis aufgelöst und damit die besonders schutzwürdige Eigenschaft als Dienst- oder Werkwohnung weggefallen. Für die Anwendung des § 4 HausrVO ist dann kein Raum mehr (MüKo/Müller-Gindullis Rdn. 2; RGRK/Scheffler Anm. 4).

4 Ist im Miet- oder Überlassungsvertrag bestimmt, daß die Wohnung **nur für eine bestimmte Zeit** als **Dienst- oder Werkwohnung** gelten soll, so ist nach Ablauf der Frist § 4 HausrVO unanwendbar; die Zuteilung erfolgt dann nach § 5 HausrVO (OLG Hamburg FamRZ 82, 939). Hatte nur der eine Ehegatte auf Grund seines Arbeitsverhältnisses den Mietvertrag abgeschlossen und kündigt dieser nach dem Zeitpunkt, von dem ab die Wohnung nicht mehr als Werkwohnung gilt, so kann der Richter mit rückwirkender Kraft das Mietverhältnis für den anderen Ehegatten begründen, wenn er diesem die Wohnung zuteilt, § 5 Abs. 2 S. 1 HausrVO. Auf den Eigenbedarf des Vermieters, der die Wohnung wieder als

Dienst- oder Werkwohnung vermieten möchte, kommt es nicht an (OLG Hamburg aaO).

Entsprechend anzuwenden ist die Bestimmung, wenn der Vermieter die Wohnung nur mit Rücksicht darauf überlassen hat, daß ein Ehegatte **in einer Schlüsselstellung der Industrie beschäftigt** war (OLG Frankfurt ZMR 55, 179), oder wenn die Ehewohnung in einer so engen räumlichen Beziehung zum Arbeitsverhältnis steht, daß der Vermieter ein ebenso schutzwürdiges Interesse wie bei einer Dienst- oder Werkwohnung hat (LG Wuppertal MDR 49, 170 betr. Ehewohnung in einem gepachteten Gut). 5

IV. Zwingende Vorschrift, kein Ermessen

Die Vorschrift ist zwingend (SchlH OLG in SchlHA 82, 197; RGRK/Scheffler, Anm. 6; **a. A.** BayObLG FamRZ 70, 33; OLG Hamm FamRZ 81, 183 m. w. Hinw.; Rolland, Rdn. 3; Erman/Ronke Rdn. 1; Soergel/Häberle Rdn. 3; MüKo/Müller-Gindullis Rdn. 3; Palandt/Diederichsen Anm. 1 und 2 unter Aufgabe der früheren Meinung, „soll nur" komme einem Verbot des Gegenteiligen gleich). Die Formulierung macht durch die Worte „nur ... wenn" deutlich, daß der Richter keinen – auch keinen erheblich eingeschränkten (so BayObLGZ 71, 377, 381) – Ermessensspielraum hat. Nach OLG Hamm FamRZ 81, 183 ist das Einverständnis des Arbeitgebers nur dann zwingendes Erfordernis für die Zuteilung, wenn diesem kraft Gesetzes (z. B. Gesetz zur Förderung des Bergarbeiterwohnungsbaus) die Überlassung an Nichtberechtigte verboten ist. Für diese Differenzierung bietet die VO keine Grundlage. Wenn in einer Vorschrift wie hier richterliches oder überhaupt behördliches Handeln geregelt wird, so werden durch das Wort „soll" nur die Folgen eines Verstoßes gegen die Sollvorschrift abgeschwächt (Aufhebbarkeit statt Nichtigkeit). Auch Sollvorschriften müssen aber von den Behörden und Gerichten grundsätzlich beachtet werden (Bay ObLG NJW 61, 1865; OLG Freiburg Rpfl 53, 523/524 zu § 13 Abs. 2 HausrVO; RGRK/Scheffler Anm. 6; für den Zivilprozeß Baumbach/Hartmann Einl. III 4 Ba; Rosenberg, Lehrbuch, 8. Aufl. § 7 VI 3). Zwar kann ausnahmsweise auch einer Sollvorschrift der Vorbehalt einer Abweichung in atypischen Fällen innewohnen (BayObLG aaO). Aus der amtl. Erläuterung der HausrVO ergibt sich aber, daß die Vorschrift zwingend zu verstehen ist. Denn es heißt dort (DJ 44, 279), nachdem der Grundsatz hervorgehoben worden ist, daß die Wohnung dem Ehegatten verbleiben muß, der das Dienst- oder Arbeitsverhältnis eingegangen ist: „Dem anderen Ehegatten **darf** die Wohnung nach § 4 **nur** zugewiesen werden, wenn der Dienstherr ... damit einverstanden ist" (Hervorhebungen hinzugefügt). Schließlich widerspräche es auch der Gesetzestechnik, mit der Fassung einer Norm als Sollvorschrift zum Ausdruck zu bringen, daß der Richter eine Ermessensentscheidung treffen kann (RGRK/Scheffler Anm. 6). Wenn dies gewollt ist, dann hat es der Verordnungsgeber in der Verordnung deutlich gesagt, etwa in § 2 S. 1 (rechtsgestaltende Entscheidungen nach billigem Ermessen)- 6 oder in § 13 Abs. 2, wonach der Richter „in der Regel" mündlich verhandeln soll (s. a. Rdn. 9 zu § 10).

V. Beide Ehegatten als Arbeitnehmer

7 Haben beide Ehegatten gemeinsam das Arbeitsverhältnis begründet, etwa bei einer Hauswartsstelle, so „wird der Richter die Wohnung einem der Ehegatten zur alleinigen Benutzung nur zuweisen können, wenn der Arbeitgeber einverstanden ist" (amtl. Erläuterungen DJ 44, 279). Auch darin zeigt sich der zwingende Charakter der Vorschrift: Nicht nur bei fehlendem Arbeitsverhältnis, sondern sogar bei Vorhandensein eines beide Ehegatten „begünstigenden" Arbeitsverhältnisses muß die Zustimmung des Arbeitgebers zur Zuweisung an einen von beiden vorliegen. Wird das Arbeitsverhältnis von beiden Ehegatten fortgesetzt und trifft der Arbeitgeber keine Entscheidung, wem von beiden er sein Einverständnis erteilt, dann – und nur dann – darf der Richter im Rahmen seines Ermessens gem. § 2 HausrVO entscheiden (a. A. Rolland, Rdn. 2; MüKo/Müller-Gindullis Rdn. 5; Erman/Ronke Rdn. 1 und 3; nach ihnen soll es, wenn beide das Arbeitsverhältnis fortsetzen, nicht auf das Einverständnis des Arbeitgebers ankommen, sondern immer das billige Ermessen des Richters nach § 2 HausrVO maßgebend sein).

§ 5. Gestaltung der Rechtsverhältnisse

(1) Für eine Mietwohnung kann der Richter bestimmen, daß ein von beiden Ehegatten eingegangenes Mietverhältnis von einem Ehegatten allein fortgesetzt wird oder daß ein Ehegatte an Stelle des anderen in ein von diesem eingegangenes Mietverhältnis eintritt. Der Richter kann den Ehegatten gegenüber Anordnungen treffen, die geeignet sind, die aus dem Mietverhältnis herrührenden Ansprüche des Vermieters zu sichern.

(2) Besteht kein Mietverhältnis an der Ehewohnung, so kann der Richter zugunsten eines Ehegatten ein Mietverhältnis an der Wohnung begründen. Hierbei setzt der Richter den Mietzins fest. Ist dieser neu zu bilden, so soll der Richter vorher die Preisbehörde hören.

Übersicht

I. Allgemeines

Der Absatz 2 der Vorschrift ist durch das 1. EheRG geringfügig geändert worden. Da die alte Fassung auf eine Durchführung der Hausratsverfahren **nach** der Scheidung abzielte, während jetzt die Verbindung mit der Scheidungssache möglich ist, wurde das Wort „bisherigen“ vor Ehewohnung gestrichen (ebenso wie auch in §3 Abs. 1 und §6 Abs. 1 S. 1) und das Wort „Bestand...“ durch „Besteht...“ ersetzt. 1

Die Vorschrift verstößt **nicht gegen die Eigentumsgarantie** nach §14 GG, da die Eingriffsmöglichkeiten der HausrVO sich aus der allgemeinen Beschränkung des Eigentums und aus zulässigen sozialen Bindungen des Vermieters bzw. sonstigen Rechtsinhabers ergeben. Im übrigen stellt die HausrVO in den §§5 Abs. 1 S. 2, 7 und 12 ausreichend sicher, daß die gegenüber den Hauseigentümern und Vermietern bestehenden Eingriffsmöglichkeiten nicht mißbräuchlich gehandhabt werden (BayObLGZ 60, 379 = NJW 61, 317 = FamRZ 61, 123 L; zur Möglichkeit besonderer Anordnungen zur Sicherung des Vermieters vgl. amtl. Erläuterungen DJ 44, 279 und nachstehend Rdn. 18). 2

II. Mietwohnung, Absatz 1

Absatz 1 regelt den Fall der **Mietwohnung.** Grundsätzlich muß über die Ehewohnung ein Mietverhältnis zwischen einem Dritten und einem der Ehegatten 3 oder beiden Ehegatten begründet worden sein. Die streitige Wohnung bleibt aber trotz bereits erfolgter Auflösung des Mietverhältnisses noch Ehewohnung, solange ein Ehegatte noch darin wohnt (BayObLG Z56, 265 = NJW57, 62), also auch dann, wenn ein Ehegatte als Alleinmieter kündigt und auszieht.

4 Einem Mietverhältnis gleich stehen andere Rechtsverhältnisse, die zur entsprechenden Nutzung der Ehewohnung berechtigen, so z. B. die zur Nutzung dem Mitglied überlassene **Genossenschaftswohnung** (KG NJW55, 185 m. Anm. Jansen) oder das vom Kleingartenverein dem Mitglied überlassene, mit einer Wohnlaube bebaute Kleingartenland, sofern das Pachtgelände in einem wirtschaftlichen Zusammenhang mit der Wohnung steht und ihr gegenüber keine selbständige wirtschaftliche Bedeutung hat (OLG Hamburg MDR48, 477). In diesen Fällen steht die Tatsache, daß Errichtung und Benutzung der Wohnung an den Bestand besonderer Mitgliedschaftsrechte des einen Ehegatten bei einem Verein oder einer Genossenschaft geknüpft sind, nicht der Entscheidung und auch nicht der Zuteilung der Ehewohnung an den anderen Ehegatten entgegen (BGH LM Nr. 1 zu § 3 HausrVO). Allerdings ist die Mitgliedschaft im Rahmen der Ermessensentscheidung nach § 2 HausrVO zu berücksichtigen (KG NJW55, 185). In die Mitgliedschaftsverhältnisse innerhalb des Vereins kann der Hausratsrichter nicht eingreifen, das Mitgliedschaftsrecht des einen also nicht auf den anderen Ehegatten übertragen (BGH LM Nr. 1 zu § 3 HausrVO).

5 Die **Wohnungsbehörde** ist an die richterliche Regelung **gebunden** (OVG Münster ZMR 52, 235). Sie darf also dem weichenden Ehegatten die Räume nicht wieder zuweisen. Trotz der Bestimmungen des WoBindG kann der Familienrichter das Mietverhältnis mit einem Ehegatten begründen, auch wenn dieser in seiner Person allein keine Wohnberechtigung i. S. d. § 4 Abs. 2 i. V. m. § 5 WoBindG besitzt (Schettler ZMR83, 326).

6 Wurde die Mietwohnung mit einem **Aufbaudarlehen** nach dem LAG, das einem der Ehegatten zustand, errichtet, so hindert das ebenfalls nicht die Zuteilung an den andern (KG FamRZ67, 631), wie überhaupt die Zweckgebundenheit von Wohnraum nach öffentlichem Recht den Hausratsrichter grundsätzlich nicht hindert, die Rechtsverhältnisse an der Ehewohnung losgelöst davon nach billigem Ermessen zu regeln. Eine nach dem Gesetz zur Förderung des Bergarbeiterwohnungsbaus errichtete Werkswohnung kann aber, da dem Vermieter die Überlassung an Nichtberechtigte schlechthin verboten ist, auch vom Hausratsrichter – sofern ihm im Rahmen des § 4 HausrVO überhaupt ein Ermessensspielraum zusteht – nicht dem anderen Ehegatten zugeteilt werden (OLG Hamm FamRZ81, 183; s. dazu oben Rdn. 6 zu § 4).

7 Für den Antrag auf Zuteilung der Mietwohnung besteht grundsätzlich **keine zeitliche Begrenzung** (vgl. die Erläuterungen zu § 12 HausrVO). Er ist also auch noch Jahre nach der Scheidung zulässig, vorausgesetzt, daß ein früherer Ehegatte die Wohnung noch innehat (Brühl FamRZ83, 1025, Anmerkg. zu Nrn. 558/559).

Eine Verwirkung des Antragsrechts ist grundsätzlich nicht möglich (KG OLGZ 77, 427); trotzdem ist der andere Ehegatte gegenüber einer unangemessen späten Antragstellung geschützt (vgl. oben Rdn. 36 zu § 1), notfalls auch unter dem das gesamte Rechtsleben beherrschenden Grundsatz von Treu und Glauben.

Gegen den Willen des Vermieters kann der Richter die Wohnung dem anderen Ehegatten aber **nur** zuteilen, wenn der Zuteilungsantrag **innerhalb eines Jahres** nach Rechtskraft des Scheidungsurteils zugestellt wurde (Umkehrschluß aus § 12 HausrVO, vgl. BayObLGZ 56, 265 = NJW 57, 62). Der Vermieter ist am Verfahren materiell- und deshalb auch prozeßrechtlich beteiligt, er hat eine parteiähnliche Stellung und ein eigenes Beschwerderecht (BayObLG Z aaO). Dies gilt allerdings nicht im Verfahren der einstweiligen Anordnung nach § 620 S. 1 Nr. 7 ZPO bzw. im isolierten Wohnungszuweisungsverfahren nach § 13 Abs. 4 HausrVO (Lempp FamRZ 84, 14; a. A. Thalmann FamRZ 83, 548 ff, 553 unter III 8 und FamRZ 84, 15). **8**

War die Ehewohnung **von beiden Ehegatten gemietet,** so bestimmt der Richter unter Berücksichtigung aller Umstände (§ 2 HausrVO), mit welchem von beiden Ehegatten das Mietverhältnis fortgesetzt wird (sofern eine Teilung nach § 6 HausrVO nicht in Betracht kommt). Das Mietverhältnis wird zwar auf diesen einen Ehegatten beschränkt, aber nicht inhaltlich berührt. Das Gericht darf den Mietvertrag nicht zum Nachteil des Vermieters inhaltlich ändern, also z. B. nicht sein Kündigungsrecht einschränken; auch sonstige inhaltliche Eingriffe in das Vertragsverhältnis sind nur mit äußerster Zurückhaltung vorzunehmen, z. B. die zeitliche Begrenzung des Mietvertrages (BayObLGZ 56, 265 = NJW 57, 62). **9**

War die Ehewohnung nur **von einem Ehegatten gemietet** und will der Richter sie dem andern zuweisen, so bestimmt er, daß dieser an Stelle des bisherigen Mieters in das Mietverhältnis eintritt. Mit der Rechtskraft dieser Entscheidung (vgl. § 16 HausrVO) erlischt das Mietverhältnis mit dem weichenden Ehegatten, und es entsteht das Mietverhältnis mit dem andern Ehegatten, bzw. es wird, wenn beide Ehegatten den Mietvertrag abgeschlossen hatten, isoliert mit dem Zuweisungsempfänger fortgesetzt. **10**

Bei der **Kündigung** des Mietverhältnisses **durch einen Ehegatten** ist zu unterscheiden:

War die Ehewohnung **von beiden Ehegatten gemietet,** so ist die Kündigung durch einen von ihnen ohne Einverständnis des Vermieters unwirksam, selbst wenn sich die Ehegatten im Innenverhältnis geeinigt hatten, daß der andere allein das Mietverhältnis fortsetzt (OLG Karlsruhe FamRZ 81, 182; AmtsG Flensburg FamRZ 83, 1024 m. Anm. Brühl). Ist ein Ehegatte ausgezogen, so reicht die Entgegennahme der Miete von dem in der Ehewohnung verbliebenen anderen Ehegatten schwerlich aus, ein Einverständnis des Vermieters bzgl. Aufhebung des Mietverhältnisses des weichenden Mieters anzunehmen (BayObLG FamRZ 83, 701). Allerdings kann der endgültige Auszug des Mitmieter-Ehegatten als Antrag an den Vermieter auf Abschluß eines Aufhebungsantrages gesehen werden (Schettler ZMR 83, 326). Im übrigen kann das Einverständnis des in der Woh- **11** nung verbliebenen Ehegatten, den andern aus der Verpflichtung des Mietvertrages zu entlassen, selbst dann nicht angenommen werden, wenn die Ehegatten schon jahrelang einverständlich getrennt leben (BayObLG aaO S. 702).

12 Haben sich die Ehegatten ausdrücklich, aber nur im Innenverhältnis geeinigt, daß der eine „den Mietvertrag übernimmt" und den andern von allen Verpflichtungen aus dem Vertrag freistellt, so kann der andere, nachdem er vom Vermieter in Anspruch genommen wird, seine Ansprüche aus der Freistellungsvereinbarung nicht im Hausratsverfahren geltend machen, da Ansprüche **aus Verträgen** über die Auseinandersetzung von Ehewohnung und Hausrat keine Familiensachen sind (BGH FamRZ79, 789; Brühl FamRZ83, 1026 Anm.). Daß der angebliche **Miet-Freistellungsanspruch** des einen Ehegatten gegen den anderen die eheliche Unterhaltspflicht beeinflussen kann, reicht nicht aus, um die Zuständigkeit des Familiengerichts zu begründen (KG11 AR29/84 v. 13.9.84). Anders aber, wenn der klagende Ehegatte seinen Freistellungsanspruch nicht nur auf § 426 BGB, sondern ausdrücklich auch auf die gesetzliche Unterhaltspflicht des Beklagten ihm gegenüber sowie auf eine im Rahmen der Verteilung ehelicher Pflichten getroffene Vereinbarung stützt; in diesem Fall ist, da eine Prozeßtrennung ausscheidet, das Familiengericht zuständig (KG11 AR35/85 v. 8.7.85).

13 Ist der **Vermieter nicht einverstanden** mit der zwischen den Ehegatten intern vereinbarten Fortsetzung des Mietverhältnisses durch einen von ihnen, so ist ein Wohnungszuweisungsverfahren nach der HausrVO gleichwohl noch zulässig und erforderlich, um durch gestaltende Entscheidung des Hausratsrichters das Mietverhältnis mit einem Ehegatten zu begründen und die Entlassung des anderen aus dem Mietvertrag zu erreichen (OLG Frankfurt FamRZ80, 170; Bay ObLG NJW61, 317). Allerdings kann den Vermieter als Beteiligten nach § 7 HausrVO ein Kostenrisiko treffen, wenn er ohne ausreichenden Grund die Zustimmung zur Einigung der Ehegatten verweigert und dadurch zusätzliche Kosten verursacht (BayObLG MDR68, 934; s. dazu Rdn. 10 zu § 20).

14 Das **Vermieterpfandrecht** an den Sachen des weichenden Mieters erlischt im Zeitpunkt der Rechtskraft der Entscheidung des Familienrichters (Schettler ZMR83, 326). Ist die Einjahresfrist des § 12 HausrVO abgelaufen, so kann der Familienrichter gleichwohl noch im Innenverhältnis zwischen den Ehegatten dem einen die Ehewohnung zuteilen und ihm aufgeben, den anderen von der ihn als Gesamtschuldner treffenden Mietzinsforderung des Vermieters freizustellen (Brühl in der Anm. FamRZ83, 1025).

15 Durch **das gemeinsame Anmieten** der Wohnung wird zwischen den Eheleuten keine BGB-Gesellschaft begründet (KG MDR60, 586; OLG Hamm FamRZ84, 1017; a. A. Brühl FamRZ83, 1026 u. Fußnote 8 daselbst m. w. Hinw.). Im Gegensatz zur nichtehelichen Lebensgemeinschaft, bei der in solchen Fällen eine BGB-Gesellschaft angenommen wird (de Witt/Huffmann, Nichteheliche Lebensgemeinschaft, München 1983, Rdn. 403), ergibt sich bei Ehegatten aus dem Wesen der Ehe **ein rein familienrechtliches Verhältnis** und die gegenseitige Verpflichtung, die Mitbenutzung der ehelichen Wohnung zu gestatten. Auch die

Vorschriften über die BGB-Gemeinschaft, §§741 ff, insbes. §745 Abs. 2 BGB, sind nicht anwendbar, so daß der aus der gemeinsam gemieteten Ehewohnung ausgezogene Ehegatte nicht nach Gemeinschaftsrecht Nutzungsentschädigung verlangen kann (OLG Hamm FamRZ 84, 1016, wobei offengelassen wurde, ob nach der HausrVO oder aus unterhaltsrechtlicher Sicht Nutzungsentschädigung zu gewähren sein kann).

Erst wenn eine wirksame **erschöpfende Regelung** über die Wohnung getroffen worden ist, wird eine gerichtliche Entscheidung nach § 5 HausrVO überflüssig (OLG Hamm FamRZ 83, 911). Wirklich erschöpfend ist eine Wohnungsregelung aber nur dann, wenn sich die Ehegatten nicht nur über die Fortsetzung des Mietverhältnisses geeinigt haben und der Vermieter zugestimmt hat, sondern wenn sie im Falle gemeinsamen Ausbaus der Wohnung auch vereinbart haben, welche Abfindung dem weichenden Ehegatten zu zahlen ist (OLG Hamm aaO). **16**

War die Ehewohnung **nur von einem Ehegatten gemietet,** und hat dieser (oder auch der Vermieter) das Mietverhältnis bereits wirksam gekündigt, so daß es vor der Entscheidung im Hausratsverfahren bereits beendet war, so ist § 5 Abs. 1 HausrVO nicht anwendbar. Denn die richterliche Anordnung, „daß ein Ehegatte an Stelle des anderen in ein von diesem eingegangenes Mietverhältnis eintritt", setzt voraus, daß das mit dem anderen abgeschlossene Mietverhältnis im Zeitpunkt der Entscheidung noch besteht. Entsprechend § 5 Abs. 2 HausrVO – der ohne ein bisheriges Mietverhältnis die erstmalige Begründung eines solchen zuläßt – kann der Hausratsrichter aber rückwirkend auf den Zeitpunkt, in dem das alte Mietverhältnis endete, das neue Mietverhältnis mit dem anderen Ehegatten begründen (BayObLG NJW 61, 317; OLG Hamburg FamRZ 82, 939). Er sollte es dann nicht tun, wenn zu erwarten ist, daß der Vermieter das neue Mietverhältnis alsbald kündigen werde. **17**

Der Hausratsrichter kann besondere **Anordnungen zur Sicherung des Vermieters** treffen. War der Mietvertrag mit beiden Ehegatten abgeschlossen worden, so haftet statt beider Ehegatten nur noch einer für den Mietzins. Hatte nur ein Ehegatte gemietet, so tritt nun an die Stelle dieses – in der Regel zahlungskräftigeren – Mieters bei Zuteilung an den anderen ein ggf. wirtschaftlich schwächerer. Außerdem nimmt der Weichende den ihm gehörenden und ihm zugeteilten Hausrat mit, und das Vermieterpfandrecht für künftige Mietrückstände und Forderungen reduziert sich auf den verbleibenden Hausrat. Ein Pfandrecht wegen bereits entstandener Rückstände bleibt bestehen; für diese haftet aber der neue Mieter nicht (BGHZ 36, 265). Deshalb kann es angezeigt sein, den in der Wohnung bleibenden Ehegatten „zugunsten des Vermieters zur Sicherheitsleistung zu verpflichten" oder etwa eine selbstschuldnerische Bürgschaft des weichenden Ehegatten, sofern er unterhaltspflichtig ist, zu begründen (amtl. Erläuterungen DJ 44 S. 279). **18**

Der Richter kann das Mietverhältnis **zeitlich begrenzen,** etwa dann, wenn ein gedeihliches Zusammenleben zwischen Hauseigentümer und neuem Mieter nicht zu erwarten ist (BayObLG Z 56, 265 = NJW 57, 62; BayObLG FamRZ 74, 17). **19**

Er soll den weichenden Ehegatten zur Räumung verurteilen, § 15 HausrVO; dabei kann er eine Räumungsfrist nach billigem Ermessen gewähren (OLG Karlsruhe NJW 59, 342).

III. Es besteht kein Mietverhältnis, Abs. 2

20 Absatz 2 der Vorschrift regelt den Fall, daß **kein Mietverhältnis** über die Wohnung besteht, etwa weil das Haus (oder die Eigentumswohnung) beiden Ehegatten oder einem von ihnen oder auch nahen Verwandten gehört. Auch bei Teilung einer Wohnung nach § 6 HausrVO besteht kein Mietverhältnis über die nunmehr selbständigen Wohnungsteile. In allen diesen Fällen kann der Richter ein Mietverhältnis oder ein Nutzungsverhältnis neu begründen. Das ist (im Wege einstweiliger Anordnung) auch zur vorläufigen Sicherung des Rechts eines Ehegatten, die dem andern gehörende Ehewohnung zu benutzen, möglich (OLG Düsseldorf FamRZ 85, 1153).

21 Bei **Ehewohnung im gemeinschaftlichen Haus** beider Ehegatten ist zu prüfen, ob ein Mietverhältnis oder nur ein Nutzungsverhältnis hinsichtlich der Miteigentümergemeinschaft nach §§ 741 ff BGB angemessen ist (BayObLG NJW 73, 2299).

22 „Notwendig ist in jedem Fall, daß der Richter den Mietzins festsetzt" (amtl. Erläuterungen DJ 44, 279) bzw. eine Nutzungsentschädigung festsetzt. Bei Miteigentum beider Ehegatten ist der **Miteigentumsanteil** auch **Maßstab für die Festsetzung der Miete** (s. Rdn. 24) bzw. Nutzungsentschädigung (BayObLG NJW 73, 2299). Ausnahmsweise kann die Festsetzung dann unterbleiben, wenn in einem rechtskräftig abgeschlossenen Unterhaltsverfahren die Höhe des Wohnbedarfs bereits ziffernmäßig festgestellt und bei der Bemessung des Unterhalts berücksichtigt worden ist (AmtsG Berlin-Charlottenburg FamRZ 80, 1136). Der unterhaltsberechtigte Ehegatte kann auch gegen den Mietzinsanspruch aufrechnen, der unterhaltspflichtige Ehegatte hingegen kann seine etwaigen Mietzins- oder Nutzungsentschädigungsansprüche nicht zur Aufrechnung stellen, § 394 BGB i. V. m. § 850 b Abs. 1 Nr. 2 ZPO (Hoffmann/Stephan Rdn. 20). Die Höhe der Miete kann aus Billigkeitsgesichtspunkten unter dem Mietwert liegen (OLG Düsseldorf FamRZ 85, 1153).

23 In der Regel wird der Richter die **Begründung eines Mietverhältnisses** vorziehen, weil sonst wesentliche Rechtsfragen offenbleiben (Soergel/Häberle Rdn. 11). Zieht während des Getrenntlebens einer der Ehegatten aus dem gemeinsamen Haus aus, so kommt eine **Neuregelung der Verwaltung und Benutzung** des Hauses gem. § 745 Abs. 2 BGB in Betracht etwa dergestalt, daß der Ehegatte, der fortan das Haus allein nutzt, dessen Lasten sowie die Verzinsung und Tilgung der für das Haus aufgenommenen Darlehen übernimmt (BGH FamRZ 83, 795 = JZ 83, 852 m. Anm. Frank).

24 Ein **Nutzungsverhältnis** kann angezeigt sein, um dem Miteigentümer-Ehegatten die Verwertung seines Grundstücksanteils (im Hinblick auf §§ 57 ff ZVG)

nicht zu erschweren (AmtsG Berlin-Charlottenburg FamRZ80, 1136). Bei der **Festsetzung des Mietzinses** wird sich der Richter an der ortsüblichen Miete orientieren; etwaige Mietpreisbindungen sind zu beachten (Rolland Rdn. 7a). Die **Nutzungsentschädigung** bestimmt sich bei Miteigentum zur Hälfte grundsätzlich nach dem halben Mietwert (BayObLG FamRZ74, 22; s.a. oben Rdn. 22). Beschränkt sich die richterliche Gestaltung auf die Festsetzung des Mietzinses, so gelten im übrigen die allgemeinen Vorschriften der §§535ff BGB (BayObLG FamRZ74, 22).

Auch bei der Neubegründung eines Miet- oder Nutzungsverhältnisses nach **25** Abs. 2 ist eine **zeitliche Begrenzung möglich** (OLG Düsseldorf FamRZ85, 1153: für die Zeit des Getrenntlebens). Im übrigen unterliegt das neubegründete Mietverhältnis der Sozialklausel des sozialen Mietrechts nach §556b BGB, nicht jedoch auch dem Bestandsschutz des Art. 1 §2 WoRKSchG (BayObLG NJW73, 2295).

Die richterliche Begründung eines Miet- oder Nutzungsverhältnisses wird **26** nicht dadurch gehindert, daß der Vermieter bereits einen Mietvertrag über die Wohnung mit dem anderen Ehegatten abgeschlossen hat. Der **Vermieterwille** ist insoweit **grundsätzlich unbeachtlich;** nur dann, wenn er mit großer Wahrscheinlichkeit das gegen seinen Willen zustande gekommene Mietverhältnis alsbald wirksam kündigen könnte, soll sich der Richter nicht darüber hinwegsetzen (LG Mannheim FamRZ66, 450 = NJW66, 1716; Habscheid FamRZ67, 357, 362; Schettler ZMR83, 328; s.a. oben Rdn. 17). Während des Getrenntlebens kann im Wege **einstweiliger Anordnung** gem. §13 Abs. 4 HausrVO das Recht eines Ehegatten gesichert werden, die dem andern gehörende Ehewohnung zu benutzen, und zwar durch Begründung eines Mietverhältnisses, wobei die Miete nach Billigkeit zu bemessen ist und unter dem Mietwert liegen kann (OLG Düsseldorf FamRZ85, 1153).

IV. Ausgleichszahlungen

Eine **Ausgleichszahlung** kann der Richter sowohl im Falle des §5 Abs. 1 wie **27** auch Abs. 2 festsetzen. Sie ist zwar nur bei der Hausratsteilung vorgesehen, §8 Abs. 3 HausrVO, wird aber in entsprechender Anwendung dieser Vorschrift **auch bei der Wohnungszuteilung** allgemein für **zulässig** gehalten (OLG Hamm JMBl NRW51, 214; BayObLG NJW60, 102 und FamRZ65, 513; OLG Hamm FamRZ83, 911). Eine Ausgleichszahlung muß insbesondere dann erwogen werden, wenn die Ehegatten gemeinsam die Mittel zum Auf- und Ausbau der bisherigen Ehewohnung aufgebracht haben; sie kann aber auch zum Ausgleich der Umzugskosten oder zur Beschaffung einer ausreichenden Ersatzwohnung der Billigkeit entsprechen. Im Falle des §5 Abs. 2 HausrVO stellt sich die Ausgleichszahlung, die dem anderen Ehegatten als Allein- oder Miteigentümer zugestanden werden kann, als Nutzungsentschädigung dar, nicht als geldliche Abfindung seines Eigentums oder Eigentumsanteils (SchlH OLG in SchlHA55, 25; OLG Hamm JMBl NRW58, 103).

V. Räumungstitel bei Nichtauszug

28 Hatte der Hausratsrichter das Mietverhältnis mit einem Ehegatten nur auf eine bestimmte Übergangszeit befristet (s. oben Rdn. 25), und zieht dieser nach Fristablauf nicht aus, so muß der Vermieter den Räumungstitel im Prozeßwege erstreiten; das Hausratsverfahren ist ihm verschlossen, da im Rahmen des § 15 HausrVO immer nur die Herausgabe der Wohnung an einen der beiden Ehegatten angeordnet werden kann (BayObLG Z 56, 265 = NJW 57, 62).

§ 6. Teilung der Wohnung

(1) Ist eine Teilung der Wohnung möglich und zweckmäßig, so kann der Richter auch anordnen, daß die Wohnung zwischen den Ehegatten geteilt wird. Dabei kann er bestimmen, wer die Kosten zu tragen hat, die durch die Teilung und ihre etwaige spätere Wiederbeseitigung entstehen.

(2) Für die Teilwohnungen kann der Richter neue Mietverhältnisse begründen, die, wenn ein Mietverhältnis schon bestand, an dessen Stelle treten. § 5 Abs. 2 Sätze 2 und 3 gelten sinngemäß.

I. Allgemeines

1 Die Ehegatten haben keinen Anspruch darauf, daß einem von ihnen die Ehewohnung zur alleinigen Nutzung zugewiesen wird. Ist eine Teilung der Wohnung möglich und zweckmäßig, so kann der Richter die Teilung anordnen.

2 Die Vorschrift gilt sowohl für Mietwohnungen wie für Wohnungen im eigenen Haus eines oder beider Ehegatten (amtl. Erläuterungen DJ 44, 279). Der Anwendungsbereich der §§ 3–6 HausrVO geht ineinander über, so daß z. B. die gleichzeitige Anwendung der §§ 3, 5 und 6 HausrVO möglich ist (Schwab, Rdn. 864 u. Fußnote 5 daselbst). In Zeiten des Wohnungsmangels hatte die Möglichkeit der Wohnungsteilung erhebliche Bedeutung (Hoffmann/Stephan Rdn. 1). Heute findet die Vorschrift nur noch selten Anwendung, nicht zuletzt wegen der Schwierigkeiten der praktischen Ausführung (s. nachstehend Rdn. 3 ff und RGRK/Scheffler Anm. 1).

II. Teilungsvoraussetzungen

3 Die **Teilung** der Wohnung **muß möglich sein,** d. h., sie muß sich **nach den räumlichen Verhältnissen** und ggf. durch Vornahme baulicher Veränderungen (Trennmauer, Umgestaltung eines Nebenraumes zur Küche, vgl. RGRK/Scheffler Anm. 1) durchführen lassen. Zwar kann eine große Wohnung mit zwei Eingängen, Badezimmern, Toiletten etc. auch ohne bauliche Veränderungen geteilt werden. Wenn aber Umbauten erforderlich sind, bedürfen sie i. d. R. baupolizei-

licher Genehmigung, die wiederum einen fachkundigen Entwurf z. B. durch einen Architekten erfordert. Erst wenn der Hausratsrichter diese Vorfragen geklärt hat, kann er die Teilung der Wohnung unter Berücksichtigung der baupolizeilichen Bestimmungen und Auflagen anordnen.

Zweckmäßig ist die Teilung nur dann, wenn die räumliche Trennung sich so durchführen läßt, daß ein erträgliches Zusammenleben der geschiedenen Ehegatten unter einem Dach erwartet werden kann (SchlH OLG in SchlHA 57, 125) und nicht die Gefahr ständiger Streitigkeiten begründet wird (Soergel/Häberle Rdn. 1). 4

Die Teilung der Wohnung darf **nur zwischen den Ehegatten** erfolgen, also nicht etwa zwischen einem von ihnen und dem Hauseigentümer (BayObLG NJW 61, 317) oder sonstigen Dritten, etwa den Kindern (Soergel/Häberle Rdn. 1). 5

Die **Kosten der Teilung,** also insbes. der Planung und der baulichen Veränderungen, soll der Richter (vgl. amtl. Erläuterungen DJ 44, 279) auch dem Vermieter auferlegen können, „dem die Teilung vielleicht letzten Endes zugute kommt" (ebenso Hoffmann/Stephan Rdn. 6). Nach h. M. kann der Richter dagegen die Kosten der Teilung und der späteren Wiederbeseitigung der Umbauten nur entweder einem Ehegatten allein oder beiden Ehegatten anteilig auferlegen, **nicht dem Vermieter** (MüKo/Müller-Gindullis Rdn. 3; Soergel/Häberle Rdn. 3; RGRK/Scheffler Anm. 2; Rolland Rdn. 2; Erman/Ronke Rdn. 2). Allenfalls bei der Festsetzung der Miete für die neuen Teilwohnungen kann der Richter die wirtschaftlichen Vorteile berücksichtigen, die der Umbau dem Vermieter bringt (Soergel/Häberle Rdn. 3). 6

III. Neubegründung von Mietverhältnissen, Abs. 2

Nach Abs. 2 der Vorschrift kann der Richter für die Teilwohnungen neue Mietverhältnisse begründen. Im Interesse der Rechtssicherheit sollte das geschehen. Mit der Rechtskraft der Teilungsanordnung und der Neugestaltung der Vertragsbeziehungen erlischt das alte Mietverhältnis. Bei Neubegründung des Mietverhältnisses ist der Mietzins, orientiert am Marktpreis und an etwaigen Mietpreisregelungen (Schwab Rdn. 863), vom Hausratsrichter gem. §6 Abs. 2 S. 2 i. V. m. §5 Abs. 2 S. 2, 3 HausrVO festzusetzen. 7

Auch bei Untermietverhältnissen ist die Teilungsanordnung gem. §6 HausrVO möglich (Hoffmann/Stephan Rdn. 5; Rolland Rdn. 3). 8

Statt der Neubegründung von Mietverhältnissen über die Teilwohnungen kann der Richter den alten Mietvertrag bestehen lassen und **nur die Benutzung** der Wohnung **und die Verpflichtung zur Mietzahlung im Innenverhältnis** zwischen den Ehegatten **regeln** (KG NJW 61, 78; BayObLG Z 55, 202). Dies kann dann angezeigt sein, wenn die Einjahresfrist des §12 HausrVO bereits verstrichen ist. 9

IV. Rechtskraftwirkungen

10 Mit der Rechtskraft der Entscheidung wird die Teilungsanordnung wirksam. Sie bindet Gerichte und Verwaltungsbehörden, § 16 Abs. 1 HausrVO. Die Teilungsanordnung wirkt gegenüber allen Beteiligten (s. a. Rdn. 6 zu § 7). Die Zwangsvollstreckung richtet sich nach den Vorschriften der ZPO, § 16 Abs. 3 HausrVO.

§ 7. Beteiligte

Außer den Ehegatten sind im gerichtlichen Verfahren auch der Vermieter der Ehewohnung, der Grundstückseigentümer, der Dienstherr (§ 4) und Personen, mit denen die Ehegatten oder einer von ihnen hinsichtlich der Wohnung in Rechtsgemeinschaft stehen, Beteiligte.

Literatur: Schettler, Die Stellung des Vermieters bei der gerichtlichen Regelung der Rechtsverhältnisse an der Wohnung geschiedener Ehegatten, ZMR 83, 325

I. Allgemeines

1 Die Vorschrift räumt den Beteiligten eine **„parteiähnliche" Stellung** ein und grenzt sie von interessierten Auskunftspersonen ab (amtl. Erläuterungen DJ 44, 279/280). Sie stellt klar, daß die in § 7 genannten Personen Rechte (und Pflichten) haben, die durch die Regelung der Rechtsverhältnisse an der Ehewohnung unmittelbar berührt werden können.

2 **Wenn** ihre materielle Stellung im Einzelfall beeinträchtigt wird, sind sie zur Beschwerde befugt, § 20 FGG.

3 Obwohl im Gesetz nicht zwingend vorgeschrieben (§ 13 Abs. 2 HausrVO: „soll"), ist es nach den amtl. Erläuterungen (DJ 44, 280) „selbstverständlich, daß der Richter, der den Sachverhalt aufzuklären hat, in erster Linie sich an die Beteiligten wendet und diese anhört" (s. dazu Rdn. 11).

4 Zweck der Vorschrift ist neben der Sachaufklärung die **Gewährung rechtlichen Gehörs** für alle, die von der Entscheidung betroffen werden können. Deshalb genügt es z. B. nicht, daß die Eheleute eine in anderem Zusammenhang abgegebene frühere Stellungnahme des Vermieters überreichen; er muß vielmehr im Hausratsverfahren gehört werden (BayObLG FamRZ 70, 36). Die Anhörung kann allerdings auch im Beschwerdeverfahren nachgeholt werden, da § 7 HausrVO für das gesamte Verfahren gilt (BayObLG aaO S. 37). Der Vermieter braucht sich bei dieser Anhörung nicht anwaltlich vertreten zu lassen (Schwab Rdn. 850; s. a. oben Vorbem. vor § 1, Rdn. 9, und nachstehend Rdn. 14).

5 Bei den Beteiligten sind zu unterscheiden

– die Ehegatten, denn nur sie sind befugt, das Verfahren durch einen entsprechenden Antrag in Gang zu setzen (BayObLG FamRZ 70, 36; Breetzke in DRiZ 56, 170);
– die übrigen, in §7 Genannten, die dieses Antragsrecht nicht besitzen.

Beteiligte i. S. des §7 **sind:** 6
– der Vermieter der Ehewohnung; dies kann z. B. eine „Wohnungsfürsorge AG" (BayObLG Z 55, 202) oder eine Genossenschaft (Wohnungsbauverein) sein (BGH LM Nr. 1 zu §3 HausrVO; BayObLG Z 53, 208), wobei die Wohnung aufgrund eines sog. „Nutzungsvertrages" überlassen sein kann (OLG Oldenburg NiedersRPfl 52, 153), oder auch eine ungeteilte Erbengemeinschaft (KG HW 54, 172);
– der Verpächter, z. B. eines Behelfsheimes (OLG Schleswig SchlHA 55, 25 = FamRZ 55, 139 L);
– **bei Untermietverhältnissen**

a) der (die) Hauptmieter, wenn die Ehewohnung in Untermiete innegehabt wurde, und der Vermieter (i. d. R. Grundstückseigentümer), denn in ihrer beider Rechte kann eingegriffen werden (Hoffmann/Stephan Rdn. 2; RGRK/Scheffler Anm. 2);

b) der (die) Untermieter, wenn die Ehegatten als Hauptmieter einen oder mehrere Räume untervermietet haben (BayObLG Z 55, 202; OLG Celle NiedersRpfl 61, 228);

– der Grundstückseigentümer, auch wenn er nicht Vermieter ist (OLG Celle NiedersRpfl 61, 228; Rolland Rdn. 2);
– der Nießbraucher, dessen Nießbrauchsrecht sich auf die Ehewohnung erstreckt (OLG Celle NiedersRpfl 61, 228; OLG Stuttgart OLG Z 68, 126), oder ein ähnlich dinglich Berechtigter;
– der Arbeitgeber bei Dienst- oder Werkwohnungen, §4 HausrVO;
– der Sorgerechtspfleger, wenn das Personensorgerecht über minderjährige Kinder den Eltern entzogen wurde, wobei der Hausratsrichter die Stellungnahme des Sorgerechtspflegers ohne weitere Überprüfung als gegebene Tatsache seiner rechtsgestaltenden Entscheidung zugrunde legen kann (BayObLG ZMR 55, 177; kritisch BayObLG FamRZ 77, 467);
– Personen, mit denen beide Ehegatten oder einer von ihnen hinsichtlich der Ehewohnung in Rechtsgemeinschaft stehen (zum Begriff der Rechtsgemeinschaft BayObLG FamRZ 77, 467), z. B. der neue Ehegatte, der in der Ehewohnung lebt (Soergel/Häberle Rdn. 3);
– nahe Angehörige, die in Wohngemeinschaft mit einem Ehegatten leben und nach allgem. Lebenserfahrung in einer Rechtsgemeinschaft mit ihm stehen; das kann etwa bei Eltern der Fall sein (OGH 1, 13), insbesondere, wenn sie wegen Pflegebedürftigkeit o. ä. in die Wohnung aufgenommen worden sind.

Nicht Beteiligte i. S. d. §7 **sind:** 7
– minderjährige eheliche Kinder ohne eigentums- oder schuldrechtliche Besitz-

rechte an der Wohnung (umstritten, bejahend Thalmann FamRZ 83, 548 ff, 553 und FamRZ 84, 16; verneinend BayObLG FamRZ 77, 467; Schwab Rdn. 850; Lempp FamRZ 84, 14/15); da das Gesetz nur in Verfahren betreffend die Personen- und Vermögenssorge die Kindesanhörung vorschreibt, § 50 b FGG, und Kindern vom vollendeten 14. Lebensjahr an nur in allen seine Person betreffenden Angelegenheiten ein Beschwerderecht einräumt, § 59 FGG, gehören mdj. Kinder, auch wenn sie mit dem sorgeberechtigten Elternteil in der Wohnung leben, mangels eines eigenständigen Rechts an der Wohnung (BayObLG FamRZ 77, 467) nicht zum Personenkreis des § 7 (vgl. a. § 620 a Abs. 3 ZPO für das Verfahren der einstw. Anordnung: nur im Sorgerechts-, Umgangsregelungs- und Kindesherausgabeverfahren nach § 620 Nr. 1, 2 und 3 ZPO ist die Anhörung des Kindes vorgeschrieben);
– das Jugendamt; es ist aus den vorgenannten Gründen ebenfalls nicht Beteiligter (Lempp FamRZ 84, 15);
– der Heimstättenausgeber (OLG Braunschweig OLGZ 74, 354);
– der Konkursverwalter über das Vermögen eines der Ehegatten, da der Anspruch auf Wohnungszuteilung ein unpfändbares Recht ist (OLG Celle MDR 62, 416).

8 Die **Beteiligung** erfolgt **kraft Gesetzes;** eines Antrags des Beteiligten oder einer Entscheidung des Gerichts über die Beteiligteneigenschaft etwa durch besonderen Beiladungsbeschluß bedarf es nicht (AmtsG Berlin-Charlottenburg MDR 79, 583).

9 Die **Beteiligung** am Verfahren erfolgt **durch Zustellung der Antragsschrift** und aller die Wohnungszuweisung betreffenden Schriftsätze, vgl. § 624 Abs. 4 S. 1 ZPO für das Verbundverfahren und §§ 621 a Abs. 1 S. 2, 329 Abs. 2 und 3 ZPO für das isolierte Verfahren.

10 **Der Beteiligte** hat zwar kein Recht, im Verfahren förmliche Anträge zu stellen, aber er **ist** vor der Entscheidung **zu hören,** auch zu den nicht in seiner Gegenwart gewonnenen Ermittlungsergebnissen (Schettler ZMR 83, 327). Im Rahmen seiner Amtsermittlungspflicht wird der Familienrichter z. B. auch dem Beweisantritt des Vermieters nachzugehen haben, sein Mietpreisanspruch oder der Hausfriede lasse bestimmte richterliche Gestaltungsakte nicht zu (Schettler aaO).

11 Nach § 13 Abs. 2 HausrVO soll der Richter **mit den Beteiligten** in der Regel **mündlich verhandeln.** Das gilt grundsätzlich auch für die Beschwerdeinstanz (BayObLG Z 51, 449), wobei in der Beschwerdeinstanz aber von nochmaliger mündlicher Verhandlung mit den Beteiligten abgesehen werden kann, wenn der Sachverhalt bereits völlig aufgeklärt erscheint und ein neuerlicher Einigungsversuch keine Aussicht auf Erfolg verspricht (BayObLG Z aaO S. 452 und BayObLG ZMR 55, 177).

12 Ist ein Beteiligter entgegen § 7 HausrVO **nicht** in das Verfahren **einbezogen** worden, so ist dies im Rechtsmittelverfahren auch ohne Rüge **von Amts we-**

gen zu beachten, da es sich um ein Amtsverfahren handelt (OLG Celle NdsRpfl 61, 228).

Sieht der Familienrichter einen Dritten als Beteiligten an und stellt ihm demgemäß Antragsschrift, Schriftsätze und Terminsladungen zu, so können diese Verfügungen als solche nicht gesondert angefochten werden (KG FamRZ 84, 66). Umgekehrt soll allerdings die einfache Beschwerde nach §19 FGG zulässig sein, wenn einem materiell Beteiligten die Zulassung als Verfahrensbeteiligter verweigert wird (OLG Düsseldorf NJW 71, 1567). Wird einem Beteiligten lediglich die abschließende Entscheidung zugestellt, ohne daß er zuvor am Verfahren beteiligt war, so kann er ebenfalls Beschwerde einlegen (Schettler ZMR 83, 327). 13

Anwaltszwang besteht im Verfahrensverbund nach der Neufassung des §78 Abs. 2 ZPO nicht mehr für beteiligte Dritte. Es genügt (auch im Rahmen des §13 Abs. 2 HausrVO), die Beteiligten ohne Anwalt zu hören (Schwab Rdn. 850; Soergel/Häberle Rdn. 3 zu §13 HausrVO). Dies kann auch schriftlich geschehen (Hoffmann/Stephan Rdn. 5). Dritte Beteiligte (außer den Ehegatten) brauchen sich also im Hausrats-Verbundverfahren (und im isolierten Verfahren) nicht anwaltlich vertreten zu lassen (vgl. a. Vorbem. vor §1 Rdn. 9 und oben Rdn. 4). Tun sie es trotzdem, so haben sie auch die dadurch entstandenen außergerichtlichen Kosten selbst zu tragen, wenn etwa die Ehegatten den Antrag auf Wohnungszuteilung wieder zurücknehmen (AmtsG Berlin-Charlottenburg MDR 79, 583), oder wenn z. B. der Vermieter ohne ausreichenden Grund die Zustimmung zur Einigung der Ehegatten verweigert und dadurch zusätzliche Kosten verursacht (s. §5 Rdn. 13 und §20 Rdn. 10). 14

Einigen sich die Ehegatten, wer von ihnen die Wohnung übernimmt, so bedarf dies zwar zur Wirksamkeit der Zustimmung aller Drittbeteiligten. Ein entsprechendes schriftliches oder sogar ein stillschweigendes Einverständnis derselben wird aber ggf. für ausreichend erachtet (BayObLG Z 53, 328, 332; LG Hamburg NJW 60, 391 m. Anm. Keidel aaO: strenge Anforderungen). Insbesondere bei geplanter einverständlicher Scheidung empfiehlt es sich, den Vermieter zu einer entsprechenden schriftlichen Erklärung zu veranlassen (Göppinger, 4. Aufl., Rdn. 650). 15

Die **Folgen der Beteiligung** bestehen darin, daß 16
- die Beteiligten Anspruch auf rechtliches Gehör haben,
- den Beteiligten die Entscheidungen zuzustellen sind (BayObLG FamRZ 70, 36) und sie ein selbständiges Beschwerderecht haben, §20 FGG, wobei ihre Beschwerde aber nur zulässig ist, wenn sie im konkreten Fall beschwert sind,
- die Entscheidung im Hausratsverfahren erst wirksam wird, wenn sie allen Beteiligten gegenüber Rechtskraft erlangt hat.

Die **Zustellung an die Drittbeteiligten** ist im Verfahrensverbund von besonderer Bedeutung. Da ein Ehegatte – sofern kein wirksamer Verzicht auf eine Rechtsmittelanschließung zum Scheidungsausspruch und zum Antrag nach §629a ZPO vorliegt (vgl. BGH FamRZ 84, 467) – infolge der Einheitlichkeit der 17

Verbundentscheidung bei gegnerischer Rechtsmitteleinlegung in einer Folgesache sich sowohl dem Rechtsmittel mit dem Ziel der Anfechtung des Scheidungsausspruchs selbst (BGH FamRZ 80, 233 = NJW 80, 702) wie auch mit dem Ziel der Anfechtung einer anderen Folgesachenentscheidung des Verbundurteils (BGH FamRZ 82, 36, 38) nach dem bisherigen Recht zeitlich unbegrenzt anschließen konnte, wurden das Verbundurteil und insbesondere der **Scheidungsausspruch erst rechtskräftig, wenn** die mit der Zustellung beginnende **Rechtsmittelfrist für alle am Hausratsverfahren Beteiligten abgelaufen war,** sofern sie nicht wirksam auf Rechtsmittel verzichtet hatten (BGH FamRZ 80, 233 = NJW 80, 702; Rüffer FamRZ 79, 405, 410; Wolff MDR 79, 274; Heintzmann FamRZ 80, 112; Graßhof NJW 81, 437; Walter FamRZ 83, 1153/1154; derselbe in Der Prozeß in Familiensachen, 1985, VI 4 ff., VI 4 b; S. 192 ff, 196). Der durch das UÄndG neugeschaffene § 629 a Abs. 3 ZPO gibt die gesetzliche Grundlage dafür, daß nunmehr auch ohne Rechtsmittelverzichtserklärungen der Parteien der Scheidungsausspruch im Falle einer auf Folgesachen beschränkten Anfechtung des Verbundurteils vorzeitig rechtskräftig werden kann. Mit dem „nicht gerade einfachen System der zeitlichen Beschränkung der Anfechtung von Verbundurteilen" sind aber neue Zweifelsfragen entstanden (Jaeger FamRZ 85, 865, 869; Sedemud-Treiber FamRZ 86, 209, 212). Mit Recht weist Jaeger (aaO S. 870) darauf hin, daß der Vermieter möglicherweise nach der weiten Fassung des neuen § 629 a Abs. 3 ZPO eine unselbständige Anschlußbeschwerde im Hausratsverfahren innerhalb der vorgesehenen Fristen auch dann einlegen könne, wenn er nicht Gegner des ursprünglichen Hauptrechtsmittels sei. Die Beschränkung der Zulassung des unselbständigen Anschlußrechtsmittels auf die Fälle, in denen der sich Anschließende zugleich Gegner („potentiell Betroffener") des Angriffs des Hauptrechtsmittels ist (Jaeger aaO und Fußnote 60 daselbst), könnte dieses Auslegungsproblem sinnvoll lösen. Immerhin behält durch solche Unsicherheiten der Verzicht, der allerdings freiwillige Mitwirkung voraussetzt und im höheren Rechtszug besondere Rechtsanwaltskosten verursacht (Jaeger aaO S. 869), seine Bedeutung. Die Ehegatten können bereits **vor** (etwaiger) Einlegung eines Rechtsmittels in der Folgesache (das als Hauptrechtsmittel übrigens auch von einem Dritten ausgehen kann, vgl. BT-Drucks. 10/2888 S. 23 unter Hinweis auf OLG Hamm FamRZ 83, 823 ff) auf Anschlußrechtsmittel in der Scheidungssache verzichten:

> „Der Schutz der Ehegatten erfordert nicht, den Verzicht auf Anschlußrechtsmittel in der Scheidungssache erst nach Einlegung des Rechtsmittels in einer Folgesache zuzulassen. Haben die Ehegatten übereinstimmend auf Hauptrechtsmittel in der Scheidungssache verzichtet, so haben sie die Scheidungsfrage als zwischen ihnen geklärt rechtsmittelrechtlich ausgesondert. Dann aber besteht kein Grund, ihnen die Möglichkeit des Verzichtes auf eine Anschließung vorzuenthalten. Das in einem solchen Anschließungsverzicht liegende Risiko ist überschaubar. Es beschränkt sich darauf, daß die Ehegatten auf ein Rechtsmittel in einer Folgesache nur mit Angriffs- und Verteidigungsmitteln zu dieser Folgesache, nicht jedoch durch Anfechtung des Scheidungsaus-

spruchs reagieren können (vgl. BGH, Beschluß vom 15. Februar 1984 – IV b ZB 577/80 = FamRZ 1984, 467)."

Dieser Ansicht des Bundesrats (BT-Drucks. 10/2888 S. 45) hat sich die Bundesregierung angeschlossen (BT-Drucks. aaO S. 51 zu Nummer 12), und die vorgesehene Regelung, daß auf die Anschließung erst **nach** Einlegung des Rechtsmittels verzichtet werden kann, ist nicht Gesetz geworden.

Zu der Frage, ob die Rechtsmittelbegründung eines Hauptrechtsmittels im Verbund auch dem vom Rechtsmittelangriff nicht betroffenen Drittbeteiligten (z. B. Vermieter) zugestellt werden muß, ist eine ausdrückliche Regelung nicht für erforderlich gehalten und dies wie folgt begründet worden (BT-Drucks. 10/4514 S. 24/25):

„Im Verbundverfahren gilt allgemein der Grundsatz, daß die Drittbeteiligten von dem Prozeßstoff der Ehesache und der sie nicht berührenden Folgesachen ferngehalten werden sollen. Dies schützt die Intimsphäre und die informationelle Selbstbestimmung der Beteiligten, insbesondere der Ehegatten und der Kinder. Aus dem geltenden §624 Abs. 4 ZPO, der nach den Vorschlägen des Entwurfs nicht geändert werden soll, ergibt sich, daß eine Zustellung an nicht betroffene Drittbeteiligte nicht erforderlich ist; hierbei soll es verbleiben. Die Zustellung der Begründung eines Hauptrechtsmittels an den nicht betroffenen Drittbeteiligten wird künftig nicht dadurch erforderlich, daß die in §629a Abs. 3 ZPO-E vorgesehene Frist auch mit Wirkung gegen ihn zu laufen beginnt. Dem nicht betroffenen Drittbeteiligten kann zugemutet werden, von sich aus festzustellen, ob die Frist für die Anschließung noch läuft. Die Möglichkeit des Drittbeteiligten, entsprechende Feststellungen zu treffen, ist verfahrensrechtlich gewährleistet, da der Zeitpunkt der Zustellung an die anderen – materiell betroffenen – Beteiligten gemäß §213a ZPO auf Antrag durch die Geschäftsstelle zu bescheinigen ist."

Der Drittbeteiligte im Hausratsverfahren, der z. B. erwägt, die Wohnungszuteilung anzugreifen, wird sich also nach der Verbundentscheidung von der Geschäftsstelle bescheinigen lassen, wann die ggf. in anderen Folgesachen eingegangenen Rechtsmittelbegründungen an die verschiedenen Zustellungsempfänger einschließlich der in jenen Verfahren beteiligten Dritten zugestellt worden sind. Die zuletzt bewirkte Zustellung ist für den Beginn „seiner" Monatsfrist maßgebend. Innerhalb dieser Frist kann er sich schlüssig werden, ob er nun seinerseits eine Anschließung durchführen will (wobei für ihn auch noch die Möglichkeit einer Wiedereinsetzung in Betracht kommt, vgl. Sedemund-Treiber FamRZ 86, 211 u. Fußnote 15 daselbst). Die Anschließung eines anderen Beteiligten in einer anderen Folgesache würde für ihn zur Nachfrist von einem weiteren Monat führen, §629a Abs. 3 S. 2 ZPO (Sedemund-Treiber aaO.). Hier von einem „relativ einfachen System" zu sprechen, ist wohl sehr optimistisch. Die Praxis wird sich mit diesen Problemen noch schwer tun.

DRITTER ABSCHNITT

Besondere Vorschriften für den Hausrat

Vorbemerkungen

1 Die besonderen Vorschriften für den Hausrat, §§8–10, sind mit dem Grundgesetz vereinbar (BayObLG Z55, 56). Die nach diesen Bestimmungen möglichen Eingriffe des Hausratsrichters stellen **keine Enteignung** dar, sondern Maßnahmen, die sich im Rahmen der allgemeinen Beschränkungen des Eigentums und der zulässigen sozialen Bindungen halten. Denn der Richter hat gemeinsamen Hausrat auf beide Ehegatten gerecht und zweckmäßig zu verteilen und kann im übrigen durch die Zubilligung von Ausgleichszahlungen nach billigem Ermessen wirtschaftliche Nachteile für den Betroffenen weitgehend vermeiden (BGH FamRZ84, 144, 146).

2 **Zweck** der §§8–10 ist es, die nach Auflösung der Ehe erforderliche Vermögensauseinandersetzung für den Bereich der Hausratsgegenstände **in einem schnellen und den Bedürfnissen des Einzelfalles angepaßten Verfahren** zu vollziehen (BGH aaO).

3 Zu verteilen ist grundsätzlich nur der Hausrat, der beiden Ehegatten **gemeinsam** gehört, §8 Abs.1 HausrVO. Er ist gerecht und zweckmäßig dem einen oder anderen Ehegatten zu Alleineigentum zuzuweisen. Bei **Alleineigentum** eines Ehegatten gilt der Grundsatz, daß der Hausratsgegenstand diesem Ehegatten verbleibt; dies ist in der Entscheidung auszusprechen, falls der Gegner zu Unrecht das Alleineigentum bestreitet. Befindet sich der Hausratsgegenstand im Besitz des anderen Ehegatten, so ist anzuordnen, daß er an den Eigentümer herauszugeben ist.

4 Ausnahmsweise können im Alleineigentum eines Ehegatten stehende Gegenstände dem anderen Ehegatten zugewiesen werden, wenn dieser auf die Weiterbenutzung angewiesen ist und es dem Eigentümer zugemutet werden kann, §9 Abs.1. Diese Zuweisung kann gemäß §9 Abs.2 entweder unter Begründung eines Mietverhältnisses erfolgen, wobei gleichzeitig ein Mietzins für den zugewiesenen Hausrat festzusetzen ist, oder das Alleineigentum kann auf den andern übertragen werden, wenn eine endgültige Auseinandersetzung zwischen den Beteiligten notwendig ist. In diesem Fall ist ein angemessenes Entgelt festzusetzen, das aber nicht dem vollen Wert des Gegenstandes zu entsprechen braucht (BGH FamRZ84, 146).

5 Bevor der Hausratsrichter die Bestimmungen anwendet, muß er eine Reihe von

Vorfragen klären:

1. Der Richter hat als Vorfrage zunächst zu klären, ob es sich bei dem strittigen Gegenstand **überhaupt** um **Hausrat** handelt. Dazu können nach dem Lebenszuschnitt der Ehegatten auch Antiquitäten und wertvolle Kunstgegenstände gehören, dagegen keine reinen Objektsammlungen (BGH FamRZ 84, 575; s. a. oben § 1 Rdn. 40). Auch Gegenstände, die ausschließlich als Kapitalanlage oder dem Beruf eines Ehegatten dienen, sowie Gegenstände, die gerade für das Getrenntleben bestimmt sind, insbesondere die erst nach der Trennung angeschafften Haushaltsgegenstände, sind kein nach der Hausratsverordnung zu verteilender Hausrat (BGH FamRZ 84, 147; s. o. § 1 Rdn. 53). Sie sind – ebenso wie die im Alleineigentum eines Ehegatten stehenden Hausratsgegenstände – im Zugewinnausgleich zu berücksichtigen (BGH aaO).

Ein **Personenkraftwagen** kann nur unter besonderen Umständen als Haus- **6**
ratsgegenstand angesehen werden (BGH FamRZ 83, 794 unter Hinweis auf OLG Köln FamRZ 80, 249; OLG Zweibrücken FamRZ 83, 615; s. a. oben § 1 Rdn. 43); fehlt die „familiäre Zweckbestimmung", so ist das Prozeßgericht zuständig (BayObLG FamRZ 82, 399), ebenso, wenn die Ehegatten um den Verkaufserlös des gemeinsamen PKW streiten (BGH FamRZ 80, 45, 46).

Eine **Einbauküche,** deren Einbau bereits bei Errichtung des einem Ehegatten allein gehörenden Gebäudes geplant worden ist, ist wesentlicher Grundstücksbestandteil und kein gemeinsamer Hausrat (OLG Frankfurt FamRZ 82, 938). Auch die ausschließlich zum persönlichen Gebrauch eines Ehegatten bestimmte **Fotoausrüstung** ist kein Hausrat (OLG Zweibrücken FamRZ 82, 942).

2. Der Hausratsrichter muß, wenn dies streitig ist, feststellen, **welche Haus- 7**
ratsgegenstände tatsächlich **(noch) vorhanden** sind. Wird die von einem Ehegatten vorgelegte Hausratsliste von dem andern nicht bestritten, so kann er allerdings vom Vorhandensein aller aufgeführten Gegenstände ausgehen (BayObLG FamRZ 65, 331). In Zweifelsfällen darf er nicht zuteilen „soweit vorhanden". Er darf es nicht dem begünstigten Ehegatten überlassen, im Wege der Zwangsvollstreckung zu klären, ob und inwieweit die ihm zugewiesenen Sachen überhaupt noch da sind (MüKo/Müller-Gindullis Rdn. 17 zu § 8). Bei entschuldbarer Ungewißheit (z. B. infolge Strafhaft) soll ein Ehegatte gegen den andern einen **Anspruch auf Auskunft** über den vorhandenen Hausrat haben (KG FamRZ 82, 68). Dagegen wird geltend gemacht (OLG Düsseldorf FamRZ 85, 1152), für eine Auskunftsklage bestehe – auch in Fällen langer Trennung und entschuldbarer Unkenntnis über den Bestand des Hausrats – kein Rechtsschutzbedürfnis, da im Hausratsverfahren ein Sachantrag nicht erforderlich und der Bestand des Hausrats von Amts wegen aufzuklären sei. Diese Auffassung erscheint zu eng. Das Hausratsverfahren ist ein echtes Streitverfahren der freiwilligen Gerichtsbarkeit, und die Parteien sind trotz Amtsermittlungspflicht gehalten, die entscheidungserheblichen Tatsachen vorzutragen und Beweismittel beizubringen (s. Rdn. 12 zu § 13). Daher muß in Ausnahmefällen unverschuldeter Unkenntnis über den Bestand des

Hausrats ein Auskunftsanspruch bejaht werden, es sei denn, im langen Zuwarten und dem Gesamtverhalten der Parteien könnte der Verzicht auf Hausratsteilung oder eine faktische Einigung gesehen werden (s. dazu Rdn. 5 zu § 13). Zu den Ansprüchen bei beiseite geschafftem Hausrat s. oben § 1 Rdn. 55 und § 18a Rdn. 19).

8 **Geldforderungen gegen Dritte** (nicht gegen den anderen Ehegatten), die bestimmungsgemäß die Wiederbeschaffung von Haushaltsgegenständen ermöglichen, können wie Hausrat zugeteilt werden (BGH FamRZ 80, 45, 46), so etwa wegen Veräußerung ohne Einwilligung des andern Ehegatten gem. §§ 1369, 1368 BGB (BGH FamRZ 83, 794; zur Beweislast vgl. Baumgärtel/Laumen Bd. 2, Rdnr. 1–3 zu § 1369 BGB) oder aus einer Hausratsversicherung (RGRK/Wenz, Rdn. 13 zu § 1361a BGB). Schadensersatzansprüche eines (getrenntlebenden oder geschiedenen) Ehegatten gegen den andern wegen vergeblich herausverlangten Hausrats sind dagegen keine Familiensache und müssen vor dem Prozeßgericht geltend gemacht werden (Walter, Prozeß in Familiensachen, II 7 c und nachstehend Rdn. 12).

9 **3.** Als weitere Vorfrage hat der Hausratsrichter über die **Eigentumsfrage** mit zu entscheiden (amtl. Erläuterungen DJ 44, 278 zu § 1). Da sich seine die Vermögenslage ändernde Entscheidung grundsätzlich nur auf Hausrat erstreckt, der gemeinsames Eigentum der Ehegatten ist oder bei dem die Vermutung des § 8 Abs. 2 für gemeinschaftliches Eigentum streitet, muß der Hausratsrichter die Eigentumsverhältnisse klären (OLG Freiburg Rpfl 50, 569; LG Bonn FamRZ 63, 367), wobei allerdings Kleinlichkeit zu vermeiden ist (s. oben Vorbem. vor § 1, Rdn. 5). Er kann die Klärung dieser Vorfrage nicht dem Prozeßgericht überlassen (RGRK/Scheffler Anm. 5 zu § 8). Umgekehrt ist die Klage eines Ehegatten gegen den andern vor dem Prozeßgericht unzulässig, wenn darin die Klärung von Eigentums- und Besitzverhältnissen begehrt wird bezüglich solcher Objekte, die der Hausratsverordnung unterliegen (BGH FamRZ 76, 691 m. Anm. Johannsen LM § 985 BGB Nr. 28). Das gilt allerdings nur während des Getrenntlebens und während des Eheprozesses.

10 Leben die Ehegatten zusammen, ohne daß eine Ehesache anhängig ist, und wird von einem Ehegatten die **Feststellung seines Eigentums an einzelnen Hausratsgegenständen** begehrt, so ist für die Klage das Prozeßgericht zuständig, da es sich nicht um die Hausratsteilung, sondern ausschließlich um die Entscheidung einer Rechtsfrage handelt (Kuhnt AcP 150, 148; Hoffmann/Stephan, Vorbem. vor § 8, Rdn. 4; vgl. a. amtl. Erläuterungen zu § 1, DJ 44, 278: „Wird eine rechtskräftige Entscheidung allein über das Eigentum verlangt, so muß sie im Prozeß erstritten werden"). Allerdings wird einem solchen Klagebegehren auf Feststellung, da die Geltendmachung meistens in die Ehekrise fällt und die Auseinandersetzung vorbereiten soll, das Rechtsschutzinteresse dann regelmäßig fehlen, mindestens das Interesse an alsbaldiger Feststellung gemäß § 256 Abs. 1 ZPO (Hoffmann/Stephan aaO).

11 Wird die Ehesache anhängig oder auch nur eine Regelung bei Getrenntleben gemäß § 1361a BGB begehrt (Schwab Rdn. 845), so ist der beim Prozeßgericht

anhängige Rechtsstreit an das Familiengericht abzugeben; das Verfahren wird dann eine Angelegenheit der freiwilligen Gerichtsbarkeit, §§18, 18a, 11, 13 HausrVO. Dazu gehören – über den wörtlichen Anwendungsbereich des §1361a BGB hinaus, der an eine bestimmte Eigentumslage anknüpft und nur von den Herausgebeansprüchen eines Ehegatten aufgrund Alleineigentums am Hausrat und von Nutzungsstreitigkeiten hinsichtlich im Miteigentum stehender Hausratsgegenstände spricht – auch die Fälle, in denen sich getrennt lebende Ehegatten über Benutzung oder Besitz von Hausrat nicht einigen können und (nur) die Wiederherstellung der früheren Besitzverhältnisse verlangt wird (BGH FamRZ82, 1200 = JZ83, 73 m. Anm. Walter JZ83, 54; dagegen OLG Frankfurt FamRZ81, 184, das für den possessorischen Anspruch gegenüber „eigenmächtiger Hausratsteilung" nicht das Familiengericht für zuständig hält – kritisch dazu Vogel FamRZ81, 839; s.a. Rdn. 19ff zu §18a). Die Zuständigkeit des Familiengerichts für solche Besitzschutzansprüche ergibt sich aus dem Sinn und Zweck der Bestimmungen der §§1361a BGB, 18a HausrVO, der dahin geht, Streitigkeiten über die Benutzung von Ehewohnung und Hausrat bereits im Falle des Getrenntlebens bei denjenigen Gerichten zu konzentrieren, die diesen mit der Ehesache aufs engste verknüpften Angelegenheiten sachlich und örtlich am nächsten stehen (BGHZ67, 217 = FamRZ76, 691 m. Anm. Bosch = NJW77, 43; vgl. a. LG Bochum FamRZ83, 166; Walter, Prozeß in Familiensachen, II7daa, S. 58ff; die Zuständigkeit des Familiengerichts verneinend OLG Düsseldorf FamRZ83, 164; OLG Frankfurt FamRZ81, 184 und bei ausschließlich auf Eigentum gestütztem Verfügungsanspruch OLG Frankfurt FamRZ81, 479).

Ergibt sich allerdings, daß der herausverlangte Gegenstand **nicht mehr vorhanden** ist, und geht der (getrenntlebende oder geschiedene) Ehegatte nunmehr vom Herausgabe- auf den Schadensersatzanspruch über, so liegt keine Familiensache mehr vor (Walter, Prozeß in Familiensachen, II7daa (3), S. 61); denn Schadensersatzansprüche eines Ehegatten gegen den andern sind vor dem Prozeßgericht geltend zu machen (BGH FamRZ80, 45; BGH FamRZ80, 988 = NJW80, 2476; OLG Düsseldorf FamRZ80, 1036; OLG Frankfurt FamRZ81, 375; OLG Koblenz FamRZ82, 507). **12**

Kommt ein **Dritter** als **Eigentümer eines Hausratsgegenstandes** in Betracht, so darf der Hausratsrichter diese Vorfrage nicht entscheiden, denn im Rahmen der §§8–10 darf er nicht in die Rechte Dritter eingreifen. In diesem Falle muß er die Entscheidung dem Prozeßgericht überlassen und kann zu diesem Zweck sein Verfahren aussetzen (Hoffmann/Stephan, Vorbem. vor §8, Rdn. 5, ferner Rdn. 3 zu §8 und Rdn. 18 zu §13; RGRK/Scheffler, Anm. 5 zu §8 m. w. Hinw.). Die dadurch eintretende Verzögerung kann es rechtfertigen, bei Geltendmachung der Hausratssache im Verbund dieselbe gemäß §628 Abs. 1 Nr. 3 ZPO abzutrennen („unter Berücksichtigung der Bedeutung der Folgesache"). Außerdem kann der Richter die Folgen der Verzögerung durch einstweilige Anordnungen gemäß §13 Abs. 4 HausrVO mildern. Zweckmäßig kann es auch sein, den potentiellen Eigentümer gemäß §12 FGG anzuhören, um festzustellen, ob er sich überhaupt **13** gegen den Herausgabeanspruch des Ehegatten wehren will (RGRK/Scheffler Anm. 5 zu § 8); denn wenn er die Sache alsbald herausgibt, ist das Hindernis für die Fortführung des Hausratsverfahrens beseitigt.

14 Abgesehen vom Eigentum darf der Familienrichter bei der Hausratsverteilung auch nicht in **sonstige Rechte Dritter** eingreifen, also z. B. ein Mietverhältnis oder einen Leasingvertrag über einen Hausratsgegenstand, wenn von einem Ehegatten begründet, nicht auf den andern übertragen (RGRK/Scheffler Anm. 7 zu § 8).

15 Die **Entscheidung über die Vorfrage des Eigentums erwächst nicht in Rechtskraft** (amtl. Erläuterungen zu § 1, DJ 44, 278; h. M.). Dagegen ist geltend gemacht worden (Dölle Bd. I § 41 V 2, S. 637/638 unter Bezugnahme auf OLG Bremen FamRZ 63, 366), wenn der Hausratsrichter eine feststellende Entscheidung darüber treffen könne, ob eine bindende Einigung der Ehegatten vorliege, müsse er auch eine feststellende Entscheidung darüber treffen können, wem die Sachen gehören. Das widerspricht aber dem in den amtlichen Erläuterungen zum Ausdruck gekommenen Willen des Verordnungsgebers, der diese weitreichende Wirkung gerade nicht wollte.

§ 8. Gemeinsames Eigentum beider Ehegatten

(1) Hausrat, der beiden Ehegatten gemeinsam gehört, verteilt der Richter gerecht und zweckmäßig.

(2) Hausrat, der während der Ehe für den gemeinsamen Haushalt angeschafft ist, gilt für die Verteilung (Absatz 1) auch dann, wenn er nicht zum Gesamtgut einer Gütergemeinschaft gehört, als gemeinsames Eigentum, es sei denn, daß das Alleineigentum eines Ehegatten feststeht.

(3) Die Gegenstände gehen in das Alleineigentum des Ehegatten über, dem sie der Richter zuteilt. Der Richter soll diesem Ehegatten zugunsten des anderen eine Ausgleichszahlung auferlegen, wenn dies der Billigkeit entspricht.

Übersicht

I. Allgemeines

Nach §753 BGB erfolgt die Aufhebung der Gemeinschaft durch Verkauf des gemeinschaftlichen Gegenstandes. Das führte vor Entstehung der Hausratsverordnung häufig zu dem unerwünschten Ergebnis, daß weder der eine noch der andere Ehegatte die Möbel erhielt. §8 gibt dem Richter **Gestaltungsmöglichkeiten, um die Auseinandersetzung befriedigend zu lösen** (amtl. Erläuterungen vor §1, DJ 44, 278). Dabei spielt es keine Rolle, ob das gemeinsame Eigentum der Ehegatten an dem zu verteilenden Hausrat nach Bruchteilen besteht, wie es z. B. im gesetzlichen Güterstand der Zugewinngemeinschaft der Fall ist, wenn Hausrat für den gemeinsamen Haushalt erworben worden ist, oder ob eine Gesamthandsgemeinschaft wie z. B. beim Gesamtgut der Gütergemeinschaft besteht (amtl. Erläuterungen aaO S. 280). Maßgeblich ist allein die Feststellung, daß gemeinsames Eigentum vorliegt. Diese Feststellung wird erleichtert durch die gesetzliche Vermutung des §8 Abs. 2 HausrVO, die für alle Güterstände gilt (Schwab Rdn. 860) und auch zur Feststellung gemeinsamen Eigentums im Rahmen des §1361a BGB heranzuziehen ist (Baumgärtel/Laumen Bd. 2, §1361a BGB Rdn. 2). 1

2 **Veräußert ein Ehegatte** ihm gehörende **Haushaltsgegenstände,** so kann der andere seine nach § 1369 Abs. 1 BGB erforderliche Zustimmung versagen, wenn durch die Genehmigung sein Anspruch auf eine gerechte und zweckmäßige Hausratsteilung gefährdet würde (BayObLG FamRZ 80, 1001).

3 Die Vorschrift ist **nur** anwendbar, **wenn gemeinsames Eigentum der Ehegatten** vorliegt. Ist ein Ehegatte zusammen mit einem Dritten Eigentümer, so kann das Eigentum an dem Hausratsgegenstand nicht übertragen werden, da in die Rechte Dritter bei der Hausratsteilung nicht eingegriffen werden darf. Zweifelhaft ist, ob in solchen Fällen der Miteigentumsanteil des einen Ehegatten auf den andern übertragen werden kann. Soweit Rechte des Dritten nicht berührt werden, z. B. wenn über den Anteil des Dritten ohne seine Zustimmung rechtswirksam verfügt werden kann, erscheint dies zulässig, dürfte aber nur in seltenen Fällen zweckmäßig sein (Rolland Rdn. 2 zu § 9).

4 Die Frage, ob ein Hausratsgegenstand im gemeinsamen Eigentum beider Ehegatten oder im Alleineigentum eines von beiden steht, ist häufiger Streitpunkt im Hausratsverfahren. Vor Inkrafttreten der Hausratsverordnung war der Richter gehalten, „Beweise zu erheben in einem Umfang, der manchmal nicht in rechtem Verhältnis zu dem Wert der einzelnen im Streit befindlichen Sachen stand" (amtl. Erläuterungen zu § 8, DJ 44, 280); die Länge der seit dem Erwerb verflossenen Zeit stand einer Klärung außerdem entgegen. Um diese Schwierigkeiten zu beseitigen, schafft **§ 8 Abs. 2** die **gesetzliche Vermutung,** daß Hausrat, der während der Ehe für den gemeinsamen Haushalt angeschafft worden ist, als gemeinsames Eigentum beider Ehegatten gilt, sofern nicht das Alleineigentum eines Ehegatten feststeht.

5 Bei der Verteilung des Hausrats wird sich der Richter vor Augen halten, daß die Hausratsteilung in einem schnellen und den Bedürfnissen des Einzelfalls angepaßten Verfahren zu vollziehen ist (BGH FamRZ 84, 144, 146, s. a. Vorbem. vor § 8 Rdn. 2); das Auseinandersetzungsverfahren sollte **nach Möglichkeit nicht** durch **zeitraubende Aufklärungen** darüber, wer nach dem BGB-Vorschriften Eigentümer der einzelnen Gegenstände ist, aufgehalten werden (Baumgärtel/Laumen, Bd. 2, § 1361 a BGB Rdn. 3). Er wird die Darlegungs- und Beweisregeln in einer dem wirtschaftlichen Gewicht der streitigen Gegenstände angemessenen Weise handhaben und Kleinlichkeit vermeiden (s. oben Vorbem. vor § 1 Rdn. 5); es genügt, wenn er sich in den Gründen des Beschlusses mit den wesentlichen, im Einzelfall in Betracht kommenden Umständen befaßt (Johannsen LM Nr. 2 zu § 1 HausrVO in der Anm. zu BGHZ 18, 143 = NJW 55, 1355, s. oben § 2 Rdn. 7).

II. Die Vermutung gemeinsamen Eigentums, Abs. 2

6 **Grundsätzlich** ist während der Ehe für den gemeinsamen Haushalt angeschaffter Hausrat bei der Hausratsteilung gemäß § 8 Abs. 2 **als gemeinsames Eigentum anzusehen.** Gegen diese gesetzliche Vermutung ist geltend gemacht worden, sie schaffe nicht nur „Disharmonien", und letztlich handele es sich „um eine Korrektur des ehelichen Güterrechts" (Gernhuber § 29 II 4, S. 381; ähnlich Rei-

nicke NJW 55, 1359 Anm.), sondern es entspreche auch „eher dem vermutlich regelmäßigen Willen der Ehegatten", im Zweifel einen auf Alleineigentum gerichteten Erwerbswillen anzunehmen, zumal das im Einklang mit dem System der Gütertrennung stehe, das den gesetzlichen Güterstand beherrsche (Vlassopoulos S. 126/127). Darin liegt aber schon deshalb kein unlösbarer Widerspruch, weil die Vermutung des gemeinsamen Eigentums auf den Bereich des gemeinsamen Haushalts begrenzt wird. Außerdem ist es im Hinblick auf die gewandelten Auffassungen (vgl. OGH Z 3, 372, 377/78 und LG Göttingen NJW 55, 1359 m. Anm. Reinicke) lebensnaher, anzunehmen, „daß der Ehegatte, der während der Ehe Gegenstände für den gemeinsamen Haushalt anschafft, sie im allgemeinen für das Ehepaar erwerben will" und nicht für sich allein. „Solange das Verhältnis der Ehegatten zueinander nicht getrübt ist, wird er in der Regel gar nicht die Absicht haben, an dem Gegenstand Alleineigentum für sich oder den andern Ehegatten zu begründen" (amtl. Erläuterungen DJ 44, 280). Der Hinweis auf das „System der Gütertrennung" beim gesetzlichen Güterstand der Zugewinngemeinschaft verliert auch deshalb an Gewicht, weil der Gesetzgeber mit dem Prinzip der Gütertrennung nicht etwa einem vermuteten, generell auf Alleineigentum gerichteten Erwerbswillen der Handelnden Rechnung tragen wollte. Der Gesetzgeber des Gleichberechtigungsgesetzes hatte andere Gründe für die Wahl der Zugewinngemeinschaft als gesetzlichen Güterstand. An sich wäre die angemessene Beteiligung der Hausfrau am Vermögenserwerb am konsequentesten in der Errungenschaftsgemeinschaft verwirklicht worden; wegen der rechtstechnischen Schwierigkeiten dieses Güterstandes entschied sich der Gesetzgeber für die Zugewinngemeinschaft als gesetzlichem Güterstand, bei dem ebenfalls die Teilhabe realisiert wird, allerdings erst bei Beendigung des Güterstandes (vgl. Schwab Rdn. 730–732). Auch aus der Sicht des Gleichberechtigungsgesetzes bestehen daher keine Bedenken gegen die Miteigentumsvermutung des §8 Abs. 2 (v. Olshausen in FamRZ 84, 339 gegen Vlassopoulos S. 125 ff) und gegen die dafür gegebene Begründung in den amtlichen Erläuterungen (DJ 44, 280).

Während also beim handelnden Ehegatten grundsätzlich davon auszugehen ist, 7
daß er **nicht die Absicht** hat, an dem erworbenen Hausrat **Alleineigentum für sich zu begründen** (OLG Celle NiedersRpfl 60, 231; OLG München NJW 72, 542), finden auf den Veräußerer mangels gegenteiliger Anhaltspunkte die Grundsätze des Geschäfts „wen es angeht" Anwendung (Thiele FamRZ 58, 115, 118). Ihm ist es in der Regel gleichgültig, wer Eigentum erwirbt, der handelnde Ehegatte oder beide (OGH Z 3, 372 = NJW 50, 593; KG DJ 41, 829). Auch ohne die gesetzliche Vermutung führt also im Grunde schon die „verständige Interpretation" (Bosch FamRZ 54, 149, 154; ähnlich Thiele FamRZ 58, 115, 118) zu dem gleichen Ergebnis des Hausratserwerbs zu gemeinsamem Eigentum (insoweit zustimmend auch Beitzke FamRZ 54, 156, 157, der für gemeinsam gebrauchte oder während der Ehe gemeinsam angeschaffte Gegenstände das Bewußtsein gemeinsamen Eigentums bejaht; vgl. a. OLG Hamburg FamRZ 80, 250 im Falle einer vom Ehemann gekauften und bezahlten Waschmaschine).

8 Nach alledem wird die Vermutung des § 8 Abs. 2 nicht schon durch den Nachweis widerlegt, der Ehegatte habe den streitigen Hausratsgegenstand während der Ehe gekauft und **aus seinen Mitteln bezahlt.** Er muß außerdem noch beweisen, daß er den Gegenstand **für sich erwerben wollte** (OLG Freiburg Rpfl 50, 569; OLG Celle Nieders Rpfl 60, 231; Hoffmann/Stephan Rdn. 4; Baumgärtel/Laumen, Bd. 2, Rdn. 4 zu § 1361 a BGB).

9 Dagegen versagt die Vermutung gemeinsamen Eigentums beim sogenannten **Surrogationserwerb** in der Zugewinngemeinschaft: das Ersatzstück wird gemäß § 1370 BGB Eigentum desjenigen Ehegatten, dem der frühere, abhanden gekommene oder wertlos gewordene Haushaltsgegenstand gehörte (KG FamRZ 68, 648; Baumgärtel/Laumen, Bd. 2, Rdn. 4 zu § 1361 a BGB; Palandt/Diederichsen, Anm. 1 zu § 1370 BGB), und zwar ohne Rücksicht darauf, wer von beiden Ehegatten es angeschafft hat, mit welchen Mitteln es bezahlt wurde, und ob es wertvoller ist als der alte Haushaltsgegenstand (KG aaO; BayObLG FamRZ 70, 31).

10 Die **Miteigentumsvermutung** des § 8 Abs. 2 ist **bei allen Güterständen,** also insbesondere auch bei der Gütertrennung anzuwenden. Sie ist **aber auf das Verfahren der Hausratsverordnung beschränkt,** kann also nicht ausgedehnt werden auf sonstige Zivilprozesse wie etwa Erbstreitigkeiten, in denen die Frage des Miteigentums beider Ehegatten am Hausrat eine Rolle spielt (OGH Z 3, 372, 377; Hoffmann/Stephan Rdn. 4; weitergehend Baumgärtel/Laumen, Bd. 2, Rdn. 2 zu § 1365 BGB: die Vermutung des § 8 Abs. 2 HausrVO enthalte einen allgemeinen Rechtsgedanken, der auch bei intakter Ehe Beachtung finden müsse). Das schließt nicht aus, daß in solchen Fällen allgemein die Lebenserfahrung auf Grund gewandelter Anschauungen für den Hausratserwerb zu Miteigentum sprechen kann (vom OGH aaO S. 376 nur deshalb abgelehnt, weil bei Anschaffung der Gegenstände im konkreten Fall zwischen 1915 und 1939 eine derartige Lebenserfahrung noch nicht feststellbar war).

11 Die **Miteigentumsvermutung** des § 8 Abs. 2 **gilt entsprechend für die Hausratsverteilung nach § 1361 a BGB** (OLG Frankfurt MDR 60, 682; OLG Düsseldorf MDR 60, 850; Weimar MDR 62, 525; RGRK/Wenz Rdn. 12 zu § 1361 a BGB; Baumgärtel/Laumen Bd. 2, Rdn. 3 zu § 1361 a BGB; vgl. a. Gernhuber § 29 II 4, S. 381). Da es sich bei § 1361 a BGB nur um eine vorläufige Benutzungsregelung handelt, sind hier hinsichtlich der Eigentumsfrage keine zu strengen Anforderungen zu stellen (Baumgärtel/Laumen Rdn. 1 aaO; RGRK/Wenz aaO).

Die Vermutung des § 8 Abs. 2 setzt im einzelnen voraus:

12 Der Hausrat muß **angeschafft** sein, d. h., er muß entgeltlich erworben sein. Entgeltlichkeit bedeutet, daß Aufwendungen gemacht wurden, die im Verhältnis zum Gegenstandswert nicht ganz unbedeutend waren (OLG Düsseldorf NJW 59, 1046 L). Ererbter Hausrat ist nicht „angeschafft" (OLG Stuttgart FamRZ 82, 485). Auch zur Sicherung übereignete oder unter Eigentumsvorbehalt erworbene Gegenstände gehören dazu (BayObLG FamRZ 68, 319; RGRK/Wenz Rdn. 13 zu § 1361 a BGB; Hoffmann/Stephan Rdn. 5 zu § 8). Die Vermutung bezieht sich dann auf die Anwartschaft am Eigentum (Rolland Rdn. 6). Gemäß § 10 HausrVO

wird der Richter gleichzeitig mit der Zuteilung bestimmen, welcher Ehegatte die noch ausstehenden Zahlungen im Innenverhältnis zu leisten hat (OLG Schleswig FamRZ 56, 111 L).

Hausrat, den ein Ehegatte durch **Schenkung** eines Dritten erhält, **fällt nicht** 13
unter die Vermutung des Abs. 2. Bei Schenkungen von dritter Seite wird aber häufig gemeinsames Eigentum (Abs. 1) begründet, weil eine **tatsächliche Vermutung** auf Grund der Lebenserfahrung **für** eine **Schenkung an beide** Ehegatten spricht (Vlassopoulos S. 86). Das gilt auch für Hochzeitsgeschenke (MüKo/Müller-Gindullis Rdn. 6 m. w. Hinw.). Die Art des Gegenstandes, seine Zweckbestimmung, die Person des Schenkers und die Umstände der Schenkung können aber ergeben (vgl. Weimar MDR 62, 525), daß einer der Ehegatten Alleineigentum an dem geschenkten Hausratsgegenstand erworben hat. Die verwandtschaftlichen oder freundschaftlichen Beziehungen zu einem der Ehegatten lassen noch nicht den Schluß zu, daß dieser Alleineigentümer werden sollte (KG ROLG 15, 399). Schenken die Ehegatten einander Hausrat, so ist der Gegenstand „angeschafft" (Vlassopoulos S. 86 u. Fußnote 41 daselbst m. w Hinw.) und nach § 8 Abs. 2 gemeinsames Eigentum anzunehmen (OLG Celle NiedersRpfl. 60, 231). Bei Verlobungs- und Hochzeitsgeschenken des Bräutigams an die Braut soll diese dagegen Alleineigentum erwerben (Weimar MDR 62, 525). Schenkt ein Ehegatte Hausrat, der sich in der gemeinsamen Wohnung befindet, aber in seinem Alleineigentum steht, dem anderen Ehegatten, so kann die zur Übereignung erforderliche Übergabe gemäß § 930 BGB durch das auf Grund der Ehe bestehende Besitzmittlungsverhältnis ersetzt werden (BGHZ 73, 253, 256/57 = FamRZ 79, 282); auf diese Weise kann auch das gesamte, im Alleineigentum eines Ehegatten stehende Hausinventar eines gemeinsam bewohnten Einfamilienhauses auf den andern Ehegatten zu Alleineigentum übertragen werden (BGH aaO).

Bei **selbst angefertigten Hausratsgegenständen** ist im Hinblick auf § 950 14
BGB zu unterscheiden:

Ist der **Wert der Verarbeitung** oder Umbildung erheblich geringer als der Wert des Materials, so tritt der hergestellte Gegenstand an die Stelle der „angeschafften" Grundstoffe, d. h. die (widerlegbare) Vermutung des § 8 Abs. 2, die für die Grundstoffe galt, gilt nun auch für das Produkt.

Ist der Verarbeitungswert dagegen nicht erheblich geringer als der Materialwert, so ist das Endprodukt nicht „angeschafft", und die Vermutung des § 8 Abs. 2 ist nicht anwendbar (Hoffmann/Stephan Rdn. 7 zu § 8 und Erman/Ronke Rdn. 6 zu § 8, beide unter Hinweis auf OLG Düsseldorf NJW 59, 1946 L; Vlassopoulos S. 86 m. w. Hinw. in Fn. 39 daselbst; a. A. RGRK/Scheffler Rdn. 8, Soergel/Häberle Rdn. 7, Rolland Rdn. 6, MüKo/Müller-Gindullis Rdn. 8, die allen selbst angefertigten Hausrat ohne Rücksicht auf das Wertverhältnis zwischen Grundstoff und Verarbeitung als „angeschafft" ansehen, mithin immer die Vermutung des § 8 Abs. 2 eingreifen lassen).

Mangelnde Differenzierung kann hier zu unbilligen Härten führen: Der in unzähligen Freizeitstunden geknüpfte Wandteppich ist hinsichtlich der Eigentumsvermutung nicht gleichzustellen etwa dem – womöglich noch aus Fertigbauteilen – ohne viel Mühe zusammengebastelten Möbelstück.

15 Eine bei der Errichtung des Gebäudes eines Ehegatten eingefügte **Einbauküche** ist wesentlicher Bestandteil des Gebäudes und gehört deshalb zum Gebäude-Alleineigentum (OLG Frankfurt FamRZ 82, 938).

16 **Während der Ehe** muß der Hausrat angeschafft sein. Haben die Eheleute schon vor der Ehe einen gemeinsamen Haushalt geführt, so gilt die Vermutung nicht für die dafür angeschafften Sachen (RGRK/Scheffler Anm. 9). Hat einer der beiden zukünftigen Eheleute im Hinblick auf die Ehe Hausrat auf Raten gekauft, und sind diese Sachen ganz oder überwiegend erst während der Ehe bezahlt worden, so gilt nach h. M. die Miteigentumsvermutung (OLG Freiburg Rpfl 50, 568; LG Göttingen NiedersRpfl 55, 76; Erman/Ronke Rdn. 7; Hoffmann/Stephan Rdn. 10; Vlassopoulos S. 87). Anders ist es, wenn die Braut Gegenstände als Aussteuer kauft und während der Ehe aus ihren Mitteln bezahlt; hier entfällt der Gesichtspunkt, daß der wirtschaftliche Gegenwert für den Eigentumserwerb ganz oder überwiegend von beiden gemeinsam während der Ehe erbracht wurde (Kuhnt AcP 150, 138).

Mit Mitteln eines Ehestandsdarlehens von einem Ehegatten vor der Ehe gekaufter Hausrat steht aber i. allg. im Miteigentum beider Ehegatten (KG DJ 41, 829; Hoffmann/Stephan Rdn. 10).

17 Sind Haushaltsgegenstände erst **nach der Trennung** angeschafft worden, oder sind sie anläßlich der bevorstehenden Trennung erworben worden mit der Bestimmung, gerade für das Getrenntleben der Ehegatten zu dienen, so handelt es sich nicht um Hausrat i. S. d. HausrVO (BGH FamRZ 84, 144, 147; s. a. oben § 1 Rdn. 53). Es sind keine „für die Wohnung, die Hauswirtschaft und das Zusammenleben der Familie" bestimmten Gegenstände (BGH aaO S. 146; Vlassopoulos S. 87 u. Fn. 48 das.).

18 **Für den gemeinsamen Haushalt** muß die Anschaffung erfolgen. Das ist regelmäßig anzunehmen, wenn ein gemeinsamer Haushalt besteht (OLG Celle NiedersRpfl 60, 231) oder im Entstehen begriffen ist (OLG Schleswig SchlHA 53, 139), auch wenn die Ehegatten dann nie einen gemeinsamen Haushalt geführt haben (LG Münster JMBl NRW 56, 101).

19 Wird Hausrat erworben, **um das Getrenntleben zu ermöglichen** und zwei getrennte Haushalte führen zu können, so liegt Alleineigentum vor (BGH FamRZ 84, 147; s. vorstehend Rdn. 17 und § 1 Rdn. 53). Auch wenn die Ehegatten ohne Scheidungsabsicht dauernd getrennt leben und keinen gemeinsamen Haushalt (mehr) führen, erwerben sie Alleineigentum; denn die Anschaffung muß für den **gemeinsamen** Haushalt erfolgen. Leben die Ehegatten, obwohl sie die Ehe als gescheitert ansehen, noch in häuslicher Gemeinschaft, so muß aus den Umständen des Einzelfalles geschlossen werden, ob der Gegenstand für den gemeinsamen Haushalt angeschafft wurde oder nicht.

20 Die gesetzliche Vermutung des § 8 Abs. 2 geht nicht dahin, daß ein während der Ehe angeschaffter Hausratsgegenstand **für den gemeinsamen Haushalt ange-**

schafft worden sei; die Vermutung setzt vielmehr diese Feststellung voraus. Erst wenn (i. d. R. auf Grund der allgemeinen Lebenserfahrung, s. oben Rdn. 6, 7) festgestellt werden kann, daß der Hausrat für den gemeinsamen Haushalt angeschafft wurde, greift die Vermutung des gemeinsamen Eigentums Platz (RGRK/Scheffler, Anm. 10).

Die Vermutung nach §8 Abs. 2 **ist widerlegbar,** z. B. durch den Beweis surrogierenden Erwerbs gem. §1370 BGB (vgl. Baumgärtel/Laumen, Band 2, Rdn. 4 zu §1361 a BGB; s. oben Rdn. 9). Zum Nachweis des Alleineigentums genügt es aber nicht, daß der Ehegatte beweist, daß er den Gegenstand gekauft und mit eigenen Mitteln bezahlt hat. Er muß außerdem den von der Regel (s. oben Rdn. 7, 8) abweichenden Willen, Alleineigentum für sich erwerben zu wollen, nachweisen (OLG Celle NiedersRpfl 60, 231; OLG München NJW 72, 542; Baumgärtel/Laumen aaO). 21

Es genügt auch nicht, daß die Ehe gescheitert ist, wenn die Ehegatten gleichwohl (noch) in einem gemeinsamen Haushalt leben; denn die Vermutung stellt **entscheidend** auf die **gemeinsame Haushaltsführung** ab, **nicht** auf den **Zustand der Ehe** (Rolland Rdn. 8). „Feststeht" bedeutet mehr als „nachgewiesen". Das Alleineigentum steht einmal fest (vgl. amtl. Erläuterungen DJ 44, 280) bei Surrogation gem. §1370 BGB (KG FamRZ 68, 648; BayObLG FamRZ 70, 31), ferner auch dann, wenn ein Ehegatte bei Anschaffung ausdrücklich festgelegt hat, daß der Gegenstand ihm oder dem anderen Ehegatten allein gehört. Das bedeutet nicht, daß das Alleineigentum von vornherein feststehen, d. h. evident sein müsse; Beweise müssen erhoben werden. Nur sind an den Nachweis von Alleineigentum strenge Anforderungen zu stellen, er wird von der h. L. „ganz erheblich eingeengt" (Vlassopoulos S. 88). Möglich ist es aber z. B., daß ein Ehegatte sein Alleineigentum am gesamten Hausrat (das gesamte „Hausinventar") dem anderen Ehegatten zu Alleineigentum überträgt, wobei die Übergabe nach §930 BGB dadurch ersetzt wird, daß auf das gesetzliche Besitzmittlungsverhältnis der Ehe zurückgegriffen wird (BGHZ 73, 253, 256/57 = FamRZ 79, 282). 22

IV. Verteilungsmaßstäbe

Die **Verteilung** des gemeinsamen Hausrats hat der Richter **gerecht und zweckmäßig** durchzuführen. Dabei sind die Grundsätze des §2 (s. dort) zu beachten, d. h., es sind alle Umstände zu berücksichtigen, die das Verhältnis der geschiedenen Ehegatten zueinander, ihre gegenwärtigen Lebensbedingungen und ihre Beziehungen zu den einzelnen Gegenständen betreffen, soweit sie irgendwie bedeutsam für die Beurteilung sein können, was im Einzelfall billig, gerecht und zweckmäßig ist (BGHZ 18, 143, 148). Insbesondere sind das Wohl der Kinder und die Erfordernisse des Gemeinschaftslebens zu berücksichtigen (BGH FamRZ 84, 144, 146). Die Bedürfnisse der Ehegatten (Vlassopoulos S. 89), ihre Vermögens- und Einkommensverhältnisse (RGRK/Scheffler Anm. 13) sind ebenso zu beachten wie der Umstand, daß ein Ehegatte bestimmte Gegenstände 23 aus seinen Ersparnissen angeschafft hat oder bisher allein oder überwiegend benutzt hat (Palandt/Diederichsen, Anm. 3). Auch die unterschiedlichen Möglichkeiten der Ersatzbeschaffung bei dem einen oder anderen Ehegatten sind zu berücksichtigen (AK/Derleder Rdn. 6). Wenn der Richter danach zwar vielfältige Gesichtspunkte zu beachten hat, braucht er sich aber in seinen Entscheidungsgründen nur mit den wesentlichen Umständen zu befassen (BGHZ 18, 148; s. oben Rdn. 5).

V. Rechtskraft der Entscheidung

24 Mit der **Rechtskraft der Entscheidung** endet das gemeinsame Eigentum an dem Hausratsgegenstand, und der Zuweisungsempfänger wird Alleineigentümer, selbst dann, wenn der Gegenstand nicht, wie irrtümlich angenommen, im gemeinsamen Eigentum beider Ehegatten, sondern im Alleineigentum des andern stand (Rolland Rdn. 11; MüKo/Müller-Gindullis Rdn. 14). Unwirksam ist die Zuteilung aber dann, wenn der Gegenstand einem Dritten gehört; denn in Rechte Dritter, seien es dingliche oder obligatorische, darf der Richter bei der Hausratsverteilung nicht eingreifen (Vlassopoulos S. 89 u. Fn. 60 daselbst m. w. Hinw.).

25 Die Übertragung des Eigentums erfolgt unbedingt und unbefristet (Hoffmann/Stephan Rdn. 12; a. A. Rolland Rdn. 12). Allerdings kann der Familienrichter nach § 17 Abs. 1 bei wesentlicher Änderung der tatsächlichen Verhältnisse seine **Entscheidung ändern,** wenn es notwendig ist, um eine unbillige Härte zu vermeiden. Eine ähnliche Änderungsbefugnis hat der Gesetzgeber bei Sorgerechtsentscheidungen vorgesehen, wenn dies im Interesse des Kindes angezeigt ist, § 1696 Abs. 1 BGB. Wird die Entscheidung über die elterliche Sorge nachträglich geändert, so kann das ein Grund sein, auch die im Hausratsverfahren ergangene Entscheidung (unter den Voraussetzungen des § 17) nachträglich zu ändern (amtl. Erläuterungen zu § 17, DJ 44, 282).

26 Eine **Sachmängelhaftung** ist **ausgeschlossen.** Erhebliche Mängel der zugeteilten Sache können aber u. U. ebenfalls zu einer Änderung der Entscheidung nach § 17 Abs. 1 führen (Rolland Rdn. 12).

VI. Ausgleichszahlung

27 Eine **Ausgleichszahlung** soll der Richter dem begünstigten Ehegatten zugunsten des anderen auferlegen, wenn dies der Billigkeit entspricht. Auch bei der Festsetzung dieser Ausgleichszahlung sind alle Umstände des Einzelfalles (s. oben Rdn. 23) zu berücksichtigen. Bei der Bewertung der Haushaltsgegenstände sind die Verkehrswerte, nicht die Anschaffungswerte maßgeblich; bei gebrauchten Sachen entspricht dem Zeitwert der Wiederbeschaffungspreis für gebrauchte Sachen (Bergerfurth, Ehescheidungsprozeß, Rdn. 168 u. Fn. 42 das.). Allerdings sollte nicht ganz unberücksichtigt bleiben, daß der Gebrauchswert höher als der bloße Marktwert sein kann (AK/Derleder Rdn. 6). Der sog. Affektionswert bleibt

außer Betracht, wenngleich der Richter bemüht sein sollte, Gegenstände, an denen ein Ehegatte besonders hängt, diesem zuzuteilen (RGRK/Scheffler Anm. 13; Vlassopoulos S. 89/90).

Bei der Zuteilung von **Haustieren,** die auch der Hausratsteilung unterliegen 28
(s. oben §1 Rdn. 47), sofern sie nicht ausschließlich von einem Ehegatten gehalten werden oder Bestandteil des landwirtschaftlichen Inventars sind (Staudinger/Thiele Rdn. 16 zu §1369 BGB), wird bei der regelmäßig engen Beziehung zwischen Mensch und Tier häufig der reine Wiederbeschaffungswert oder der angenommene Zeitwert nicht dem Wert gerecht, den das Tier ggf. für beide Ehegatten hat. Dem wird durch eine entsprechend höhere Bewertung Rechnung zu tragen sein (zur Bewertung allgemein s. a. §21 Rdn. 6ff und §14 Rdn. 10ff).

Ähnlich wie etwa im Auskunftsverfahren nach §1379 BGB Kleinlichkeit zu 29
vermeiden ist und bei Sachgesamtheiten auf detaillierte Aufschlüsselung verzichtet werden kann (vgl. BGH FamRZ 84, 144, 145), wird auch hier eine **weitgehend pauschale, überschlägliche Berechnung** als Grundlage für die Festsetzung der Ausgleichszahlung ausreichen. Die Ausgleichszahlung selbst muß nicht den Betrag erreichen, welcher der Beteiligung der Ehegatten an den aufgeteilten Gegenständen vollkommen entspricht; die zu berücksichtigenden Umstände wie Sorgerecht und unterschiedliche wirtschaftliche Lage können sogar einem vollen Wertausgleich zwingend im Wege stehen (BGH aaO S. 146).

Die Ehegatten können die Ermessensfreiheit des Hausratsrichters **nicht** da- 30
durch beschränken, daß sie die **Teilung** des Hausrats **rein nach dem Wert** verlangen; der Richter kann dies aber im Rahmen seines Ermessens berücksichtigen (SchlH OLG in SchlHA 52, 187).

Als Ausgleichsleistung nach §8 Abs. 3 soll es zulässig sein, daß der Richter 31
bestimmt, daß der betreffende Ehegatte einen ihm (allein) gehörenden Gegenstand dem andern überläßt (BayObLG FamRZ 70, 31; Hoffmann/Stephan, Rdn. 14; Erman/Ronke Rdn. 12). Das ist bedenklich, wenn nicht die Voraussetzungen des §9 HausrVO vorliegen (so mit Recht Rolland Rdn. 13). Die Verordnung spricht in Absatz 3 nur von der Ausgleichszahlung, und in den amtl. Erläuterungen (DJ 44, 280) ist ebenfalls **nur** von einem **Ausgleich in Geld** die Rede. Außerdem ist die Zuteilung von Alleineigentum eines Ehegatten an den andern in der Ausnahmevorschrift des §9 HausrVO abschließend geregelt (so wohl auch Vlassopoulos S. 90/91).

Eine Ausgleichszahlung darf der Richter **nicht isoliert** anordnen, ohne daß 32
demjenigen, der die Zahlung erbringen soll, Hausrat zugeteilt wird (OLG Frankfurt FamRZ 83, 730).

Mit der Festsetzung des Ausgleichsbetrages wird der Richter zweckmäßig den 33
Zahlungsmodus regeln, also erforderlichenfalls Stundung oder Ratenzahlung gewähren und ggf. auch eine Verzinsung anordnen. Er kann auch Leistung Zug um Zug anordnen (Rolland Rdn. 14); dagegen kann er nicht die Eigentumsübertragung an den Sachen von der vollen oder teilweisen Entrichtung des Ausgleichsbetrages abhängig machen, da dies einer bedingten Zuteilung gleichkäme

(Soergel/Häberle Rdn. 15; gegenteiliger Ansicht Rolland Rdn. 14; widersprüchlich Hoffmann/Stephan Rdn. 12 und 14); außerdem entstünden durch richterliche Entscheidung unübersichtliche Eigentumsverhältnisse in einem Spannungsbereich, in dem jede Unklarheit vermieden werden muß.

34 Eine **Aufrechnung gegen** die Anordnung der **Ausgleichszahlung** ist im Hausratsverfahren noch **nicht möglich,** da die Forderung erst mit der Rechtskraft der Hausratsentscheidung entsteht (OLG Hamm FamRZ 81, 293).

35 Ein **Zurückbehaltungsrecht an Hausrat,** den der andere Ehegatte zugeteilt verlangt, wegen Verwendungen (§§ 1000, 273 Abs. 2 BGB) ist zulässig, sofern es nicht aus Billigkeitsgründen wegen dringenden Bedarfs des anderen (vgl. § 1361 a Abs. 1 S. 2 BGB) ausgeschlossen ist (KG FamRZ 60, 71); sonst darf das Verfahren, das aus Vereinfachungs- und Beschleunigungsgründen der freiwilligen Gerichtsbarkeit zugewiesen ist und nur die Rechtsverhältnisse am Hausrat und nicht an sonstigen Vermögensrechten regeln soll, nicht mit der Zurückbehaltungseinrede belastet werden (BayObLG Z 60, 370, 378/79 = FamRZ 61, 220 für den Fall angeblicher Darlehensforderungen; BayObLG FamRZ 75, 421 für den Fall angeblicher Zugewinnausgleichsansprüche gegenüber der Verpflichtung zur Räumung der Ehewohnung; LG Münster JMBl NRW 56, 101 im Falle angeblicher Zahlungsansprüche, die nicht unmittelbar mit den im Hausratsverfahren wegen Alleineigentum beanspruchten Hausratsgegenständen zusammenhingen; vgl. a. OLG Hamm FamRZ 81, 293 m. w. Hinw.; Hoffmann/Stephan Anm. 5 zu § 18 a; s. a. oben § 1 Rdn. 7).

36 **Verfügt ein Ehegatte über Hausrat, der dem andern zugeteilt** oder zugewiesen **worden ist,** so richtet sich die Wirksamkeit dieser Verfügung nach den allgemeinen bürgerlich-rechtlichen Vorschriften (Hoffmann/Stephan Rdn. 13). Ist der die Zuteilung oder Zuweisung aussprechende Beschluß noch nicht rechtskräftig, so kann der durch eine wirksame Verfügung benachteiligte Ehegatte unter Umständen Schadensersatz nach § 826 BGB verlangen. Zumeist wird die Verfügung unwirksam sein, da der gute Glaube des Dritten nicht geschützt wird; er muß sich beim Erwerb von Hausratsgegenständen Gewißheit darüber verschaffen, ob der andere verheiratet ist (bzw. noch verheiratet ist), und ob ggf. die Genehmigung seines Ehepartners voliegt; dies muß er darlegen und beweisen (Baumgärtel/Laumen, Bd. 2, Rdn. 1 zu § 1369 BGB). Eine etwa behauptete Gütertrennung muß er im Güterrechtsregister nachprüfen (Palandt/Diederichsen Anm. 4 zu § 1369 BGB). Die Unwirksamkeit der Verfügung kann gemäß §§ 1369 Abs. 3, 1368 BGB auch der benachteiligte Ehegatte gegen den Dritten geltend machen.

37 War der **Zuteilungsbeschluß** des Familienrichters **im Zeitpunkt der Verfügung bereits rechtskräftig** und der andere Ehegatte mithin bereits Alleineigentümer, so ist dessen Eigentum verletzt worden, und er hat gegen den verfügenden Ehegatten einen Schadensersatzanspruch aus § 823 Abs. 1 BGB (eventuell auch aus § 283 BGB, vgl. Hoffmann/Stephan Rdn. 13). Solche Schadensersatzansprüche gegen den anderen Ehegatten sind aber keine Familiensache (BGH

FamRZ 80, 45 und 80, 988 = NJW 80, 2476; BGH FamRZ 83, 794; vgl. a. Rdn. 22 a. E zu § 18 a).

Allerdings kann die Verfügung, insbesondere wenn es sich um erhebliche Werte handelte, die Möglichkeit eröffnen, die ergangene **Entscheidung über die Verteilung** gemäß § 17 HausrVO **abzuändern**. Bei besonders krasser Böswilligkeit einer solchen unbefugten Verfügung über den Hausrat ist darin sogar eine schwere Verfehlung i. S. des § 66 EheG gesehen worden, die zur Verwirkung des Unterhaltsanspruchs führt (LG Essen JR 49, 454). Dieses Verhalten kann jetzt auch nach § 1579 Nr. 4 BGB zur **Versagung des Unterhaltsanspruchs** führen, weil sich der Berechtigte über schwerwiegende Vermögensinteressen des Verpflichteten hinweggesetzt hat, wenn er einen wertvollen Teil des diesem rechtskräftig zugeteilten Hausrats veräußerte. Dieser Gesichtspunkt kann auch schon vor Rechtskraft des Hausratszuteilungsbeschlusses unterhaltsrechtlich ins Gewicht fallen. **38**

§ 9. Alleineigentum eines Ehegatten

(1) Notwendige Gegenstände, die im Alleineigentum eines Ehegatten stehen, kann der Richter dem anderen Ehegatten zuweisen, wenn dieser auf ihre Weiterbenutzung angewiesen ist und es dem Eigentümer zugemutet werden kann, sie dem anderen zu überlassen.

(2) Im Falle des Absatzes 1 kann der Richter ein Mietverhältnis zwischen dem Eigentümer und dem anderen Ehegatten begründen und den Mietzins festsetzen. Soweit im Einzelfall eine endgültige Auseinandersetzung über den Hausrat notwendig ist, kann er statt dessen das Eigentum an den Gegenständen auf den anderen Ehegatten übertragen und dafür ein angemessenes Entgelt festsetzen.

Übersicht

I. Allgemeines

1 Die durch das 1. EheRg unverändert gebliebene Vorschrift regelt die Zuteilung von **Hausrat, der einem Ehegatten allein gehört,** an den anderen Ehegatten. Grundsätzlich stehen die Einrichtungsgegenstände, die einem Ehegatten allein gehören, diesem Ehegatten nach Auflösung der Ehe zu (amtl. Erläuterungen DJ 44, 280). Darunter fallen auch der Hausrat, der gerade für das Getrenntleben bestimmt ist, und regelmäßig der erst nach der Trennung angeschaffte Hausrat (BGH FamRZ 84, 144, 147; s. oben § 8 Rdn. 17, 19 und § 1 Rdn. 53).

2 Es gibt aber Fälle, in denen der andere Ehegatte auf die Weiterbenutzung solcher nicht in seinem Eigentum stehender Hausratsgegenstände angewiesen ist, weil er die Sachen für sich und die Restfamilie (LG Berlin JR 49, 450; Rolland Rdn. 3) notwendig braucht und sie anderweitig nicht beschaffen kann. Für solche Fälle eröffnet § 9 dem Familienrichter die Möglichkeit, unter den Voraussetzungen, die in § 9 „eng umschrieben" sind (amtl. Erläuterungen DJ 44, 280), Teile des Hausrats, die im Alleineigentum des einen Ehegatten stehen, dem andern zuzuweisen.

3 Es handelt sich also um eine **Ausnahmevorschrift,** die **eng auszulegen** ist (MüKo/Müller-Gindullis Rdn. 1). Die Zuweisung an den andern darf nur unter der dreifachen Voraussetzung erfolgen, daß es sich um **notwendige Sachen** handelt, daß der Zuweisungsempfänger **auf** ihre **Weiterbenutzung angewiesen ist,** und daß die Zuweisung dem Alleineigentümer-Ehegatten **zuzumuten** ist (Kuhnt AcP 150, 130, 139).

4 Die Zuweisung bildet einen direkten staatlichen Eingriff in das Privateigentum und muß sich daher auf „seltene Ausnahmefälle" beschränken (Schwab Rdn. 861). Die Regelung rechtfertigt sich als Nachwirkung der ehelichen Lebensgemeinschaft (Gernhuber FamRZ 59, 465, 468; Hübner FamRZ 62, 1, 7) und **verstößt nicht gegen die Verfassung,** zumal sie nur ausnahmsweise die Übertragung eines Gegenstandes an den Nichteigentümer-Ehegatten gestattet und das dann festzusetzende Entgelt, das zwar nicht dem vollen Wert des Gegenstandes zu entsprechen braucht, einen gerechten Ausgleich sichert (BGH FamRZ 84, 144, 146/47).

II. Zuteilungsvoraussetzungen bei Alleineigentum, Abs. 1

5 Das Gesetz sagt „notwendige Gegenstände", meint dabei aber selbstverständlich notwendige **Hausrats**gegenstände (amtl. Erläuterungen DJ 44, 280).

6 **Keine Hausratsgegenstände** sind z. B. das Musikinstrument des Berufsmusikers und des Mobiliar des beruflich genutzten Arbeitszimmers (Schwab Rdn. 857), wohl aber nur, wenn es den Charakter eines reinen Arbeitszimmers hat

und die Einrichtung ausschließlich dafür genutzt wird. Bei besonders wertvollen Gegenständen und Kostbarkeiten scheidet die Zuteilung an den Nichteigentümer generell aus (Schwab aaO).

Auch ein **Haustier ist Hausrat** (s. oben §8 Rdn. 28, §1 Rdn. 47) und kann – 7
etwa weil die beim Nichteigentümer – Ehegatten lebenden Kinder besonders an dem Tier hängen – diesem zugeteilt werden; nicht Haustiere sind aber die dem persönlichen Gebrauch dienenden Tiere wie Jagdhunde etc. (Schwab aaO, Fn. 3 daselbst).

Als **Beispiele für notwendige Hausratsgegenstände** führen die amtlichen 8
Erläuterungen (DJ 44, 280) an: Betten, Tisch und Stühle, in begrenzter Menge Wäsche und Geschirr, dagegen nicht die Möbel für ein Herrenzimmer, ein Empfangszimmer und dergleichen. Die Notwendigkeit sei „vorwiegend nach objektiven Gesichtspunkten zu bestimmen, wobei freilich die besonderen Bedürfnisse, die die Ehegatten im Einzelfall haben, nicht schlechthin außer Betracht bleiben sollen". Möbel, die nur der Bequemlichkeit oder der Gastlichkeit dienen, z. B. Fremdenzimmer, gehören nicht zu den notwendigen Gegenständen (wenn sie beim anderen auch nur solchen Zweck erfüllen sollen). Ein Musikinstrument (z. B. ein Klavier) kann für den Nichteigentümer-Ehegatten dann notwendig sein, wenn er es für die Ausbildung des Kindes braucht (LG Berlin JR 49, 450, im konkreten Fall verneinend allerdings bei einem 5 1/2-jährigen Kind, für das erst in 5–6 Jahren Klavierunterricht in Frage kommt).

Ein gewisser **Anhaltspunkt** für das, was notwendig ist, können die Bestim- 9
mungen des **§811 Nr. 1–3 ZPO** sein (RGRK/Scheffler Anm. 2; Soergel/Häberle Rdn. 3). Dabei ist aber zu berücksichtigen, daß – anders als bei §811 ZPO – nicht der Sinn der Hausratsverordnung ist, dem geschiedenen Ehegatten den Unterhalt zu sichern (RGRK/Scheffler aaO).

Notwendigkeit setzt außerdem voraus, daß der Nichteigentümer-Ehegatte 10
auf Grund seiner wirtschaftlichen und sozialen Verhältnisse (oder – in Notzeiten – infolge einer derzeitigen Mangellage) **nicht selber in der Lage** ist, einen entsprechenden **Gegenstand zu beschaffen** (Rolland Rdn. 3; AK/Derleder Rdn. 1).

Hat der Nichteigentümer-Ehegatte die Hausratssache, wenn auch rechtsun- 11
wirksam, veräußert, so hat er damit zum Ausdruck gebracht, daß sie für ihn entbehrlich ist, und kann sie nun nicht gemäß §9 Abs. 1 zugeteilt verlangen (Bay ObLG FamRZ 65, 331, 333).

Zumutbar muß für den Alleineigentümer die Zuweisung des Gegenstandes an 12
den anderen Ehegatten sein. Auch das ist unter Berücksichtigung aller in Betracht kommenden Umstände zu prüfen. Dabei sind auf seiten des Betroffenen wirtschaftliche wie auch persönliche Gesichtspunkte in Betracht zu ziehen. Gegenstände, die für ihn einen **besonderen Gefühlswert** haben, sind in der Regel nicht dem anderen zuzuteilen. Umstritten ist die Frage der Zumutbarkeit dann, wenn der andere mit den geforderten Gegenständen den neuen Haushalt mit dem Ehebrecher einrichten will. Der Streit geht zurück auf die amtlichen Erläuterungen (DJ 44, 280 zu §9, 1. Abs.), wonach z. B. einer Frau, die von ihrem Mann betrogen

worden ist, nicht zuzumuten ist, „daß der Mann nach der Scheidung ihre Möbel mit der Ehebrecherin zusammen benutzt". Bei Getrenntlebenden haben die Gerichte das Herausgabeverlangen des „Ehebrechers" regelmäßig als treuwidrig angesehen und zurückgewiesen (LG Bonn NJW 60, 2243; LG Karlsruhe FamRZ 54, 223; LG Berlin FamRZ 56, 55). Trotz gewisser Unterschiede (Billigkeitsentscheidung im Rahmen einer vorläufigen Gebrauchsüberlassung einerseits, Eigentumsübertragung zwecks endgültiger Auseinandersetzung andererseits) sind diese Grundgedanken auch im Falle der Eigentumsübertragung nach § 9 angewandt worden und finden auch nach der Einführung des Zerrüttungsprinzips mit Recht Zustimmung (Soergel/Häberle Rdn. 4; Erman/Ronke Rdn. 2; Palandt/Diederichsen Anm. 2d); vor Einführung des Zerrüttungsprinzips bereits ebenso Hoffmann/Stephan Rdn. 2; RGRK/Scheffler Anm. 3 a. E.; a. A., d. h. die Zumutbarkeit bejahend, AK/Derleder Rdn. 1 und MüKo/Müller-Gindullis Rdn. 4; differenzierend Rolland Rdn. 4, der es nicht genügen lassen will, daß der Ehegatte die ihm zugewiesenen Gegenstände mit dem Ehebrecher benutzen wird, sondern noch zusätzliche Umstände verlangt, um die Unzumutbarkeit der Zuweisung zu begründen).

13 Das Zerrüttungsprinzip darf nicht dazu führen, daß der das Recht allgemein beherrschende **Grundsatz von Treu und Glauben mit den Elementen der Vorwerfbarkeit und Zumutbarkeit** unberücksichtigt und die Einzelfallgerechtigkeit auf der Strecke bleibt. Dieser auf das Unterhaltsrecht angewandte allgemeine Grundsatz (vgl. BT-Drucks. 10/2888 S. 11/12, 19/20), dessen Gültigkeit für das geltende Recht außer Zweifel steht (vgl. § 2 Rdn. 2 und 11; zum einseitigen, evidenten Fehlverhalten des Unterhalt begehrenden Ehegatten BGH FamRZ 79, 569, 570; FamRZ 79, 571, 573; FamRZ 80, 665, 666; FamRZ 81, 439, 440 ff; FamRZ 81, 752, 753; FamRZ 82, 463, 464; FamRZ 83, 670, 671; FamRZ 85, 267, 268 und **jetzt § 1579 Nr. 6 BGB),** muß auch für das Hausratsverfahren Anwendung finden. Er gilt insbesondere hier, wenn es um die Zumutbarkeit des Eingriffs in das Alleineigentum eines Ehegatten geht.

14 Das führt dazu, daß in Fällen, in denen das Scheitern der Ehe eindeutig auf einem schweren Fehlverhalten des unterhaltsberechtigten Ehegatten beruht, dieser keinen ihm nicht gehörenden Hausrat herausverlangen kann, es sei denn, ein bei ihm lebendes gemeinschaftliches Kind würde den Gegenstand unbedingt benötigen, weil die Belange des Kindes hier wie auch im Unterhaltsrecht besonders zu berücksichtigen sind (BVerfG 57, 361 ff, 383 = FamRZ 81, 745, 749; Hoffmann/Stephan Rdn. 2 a. E.)

III. Entgeltlichkeit der Zuweisung, Abs. 2

15 Sind die Voraussetzungen des Abs. 1 (s. oben) gegeben, so muß die Überlassung **entgeltlich** erfolgen. Ein Leihverhältnis kann der Richter nicht begründen (amtl. Erläuterungen DJ 44, 280, Abs. 3 zu § 9). Ebensowenig kann er das Eigentum unentgeltlich übertragen (OLG München MDR 51, 623 L; OLG Celle Nie-

ders Rpfl 49, 89). Hat er es unterlassen, ein Entgelt festzusetzen, so kommt u. U. eine Berichtigung oder Ergänzung seiner Entscheidung in Betracht, z. B. weil es sich um einen Schreibfehler, eine ähnliche offenbare Unrichtigkeit oder um die Ergänzung von Auslassungen handelt (RGRK/Scheffler Anm. 7 zu § 9 u. Anm. 22 zu § 13 HausrVO). Ist die Korrektur nicht möglich, und wird der **Beschluß ohne Zuerkennung eines Entgelts** rechtskräftig, so soll der darin angeordnete **Eigentumsübergang nicht** stattfinden, weil das Gesetz dem Richter eine solche Befugnis, Alleineigentum ohne Entgelt zu übertragen, nicht verliehen hat (RGRK/Scheffler Anm. 7 zu § 9). Dafür sprechen auch die amtl. Erläuterungen (DJ 44, 280, Abs. 3 zu § 9): Ein unentgeltliches Leihverhältnis „kann der Richter nicht begründen", er „kann ... nicht" den anderen Ehegatten zur unentgeltlichen Gebrauchsüberlassung verpflichten. Er hat nur die beiden, in S. 1 (Miete) und S. 2 (Eigentumsübertragung) normierten Möglichkeiten, die beide Entgeltlichkeit voraussetzen.

Nach dem Wortlaut des Abs. 2 und den amtlichen Erläuterungen soll die Be- **16**
gründung eines Mietverhältnisses die Regel sein, während „in besonderen Fällen aber auch das Eigentum" übertragen werden kann (amtl. Erläuterungen DJ 44, 280 Abs. 3 zu § 9, vgl. a. S. 2 des Verordnungstextes: „soweit im Einzelfall... notwendig"). Dem folgend wird in der Literatur die Übereignung nur für Ausnahmefälle befürwortet (Hoffmann/Stephan Rdn. 6; Erman/Ronke Rdn. 3). **In der Praxis** ist die **Eigentumsübertragung** aber **die Regel.** Viele Sachen eignen sich von vornherein nicht zur Vermietung (die amtlichen Erläuterungen nennen als Beispiel Wäsche, Eß- und Kochgeschirr). Bei anderen Haushaltsgegenständen ist Miete so unüblich, daß es schwerfällt, überhaupt einen Maßstab für ein angemessenes Entgelt zu finden. Außerdem widerstrebt es dem Zweck des Hausratsverfahrens, eine endgültige Auseinandersetzung der Ehegatten herbeizuführen, wenn durch ein Mietverhältnis neue rechtliche Bindungen geschaffen werden. Schließlich bestehen in der Regel bereits erhebliche Spannungen, wenn Ehegatten nicht in der Lage sind, sich über die Verteilung von Hausrat gütlich zu einigen. Diese Spannungen werden durch eine aufgezwungene neue vertragliche Bindung zwangsläufig erhöht und geben u. U. Anlaß zu neuen Rechtsstreitigkeiten (vgl. RGRK/Scheffler Anm. 4 und 6). Für solche Streitigkeiten aus dem Mietverhältnis wäre dann wieder das Prozeßgericht zuständig (Soergel/Häberle Rdn. 6). Nach alledem sollte die Eigentumsübertragung bevorzugt werden.

Entscheidet sich der Richter gleichwohl für die Begründung eines Mietverhält- **17**
nisses (etwa, weil er den Eingriff in das Eigentum möglichst gering halten möchte), so wird er zweckmäßig die **Dauer der Miete und** die **Kündigung regeln.** In jedem Fall muß er die **Höhe des Mietzinses** bestimmen.

Der Begriff **„Mietzins" bedeutet** in der Regel, aber nicht notwendig, **Geld** **18**
(Palandt/Putzo, Anm. 3a)aa) zu § 535 BGB). Der Verordnungsgeber hat aber in den amtlichen Erläuterungen zu § 8 (DJ 44, 280) in Abs. 6 durch die Worte „Ausgleich in Geld" und „Geldausgleich" deutlich gemacht, daß die Ausgleichszahlung von gemeinsamem Eigentum nur in Geld erfolgen kann. Warum dies bei Zu-

weisung von Alleineigentum anders sein sollte, ist nicht ersichtlich. Dafür spricht auch, daß nach den amtlichen Erläuterungen (aaO) der unterhaltsberechtigte Ehegatte mit seinem Unterhaltsanspruch gegen den Mietzinsanspruch des anderen aufrechnen kann (a. A. Soergel/Häberle Rdn. 7; RGRK/Scheffler Anm. 5). Bei langlebigen Wirtschaftsgütern wie etwa Möbeln soll die Jahresmiete etwa 10 bis 12% des geschätzten Wertes betragen, bei kurzlebigen Wirtschaftsgütern wird der Mietzins entsprechend höher festzusetzen sein (RGRK/Scheffler aaO)

19 Das bei Eigentumsübertragung festzusetzende angemessene **Entgelt** (Abs. 2 S. 2) **muß nicht dem vollen Wert** des Gegenstandes **entsprechen** (BGH FamRZ 84, 144, 146), sondern ist unter Berücksichtigung der gesamten Verhältnisse des Einzelfalles nach billigem Ermessen festzusetzen (Hoffmann/Stephan Rdn. 7). Dabei können u. a. Beitragsleistungen der Ehegatten zur gemeinsamen Haushaltsführung, Mitarbeit eines Ehegatten im Erwerbsgeschäft des anderen, Dauer und Gestaltung der Ehe, die unterschiedlichen Einkommens- und Vermögensverhältnisse sowie die Wohnungszuweisung und die Regelung der elterlichen Sorge Berücksichtigung finden (Hoffmann/Stephan Rdn. 9; RGRK/Scheffler Anm. 7). Eine nur symbolische Entschädigung ist nicht ausreichend (Rolland Rdn. 5).

20 Umstritten ist, ob **bei der Eigentumsübertragung** das festzusetzende **Entgelt auch aus anderen Vermögenswerten als Geld** bestehen kann. Die h. M. bejaht dies (OLG München MDR 51, 623 L; BayObLG FamRZ 70, 31; Hoffmann/Stephan Rdn. 7; MüKo/Müller-Gindullis Rdn. 7; einschränkend Erman/Ronke Rdn. 4: „ausnahmsweise"). Anders als beim Mietzinsanspruch, den der Verordnungsgeber nur als Geldanspruch gesehen hat (s. oben Rdn. 18), kann zwar das als Gegenwert für die Eigentumsübertragung zu leistende Entgelt auch in Sachwerten bestehen. Voraussetzung ist aber, daß die als Gegenwert zugeteilte Sache überhaupt zugeteilt werden darf, also die Zuteilungsvoraussetzungen des § 8 oder 9 HausrVO erfüllt. Alleineigentum des anderen Ehegatten, das nicht die Zuteilungsvoraussetzungen des § 9 Abs. 1 HausrVO erfüllt, kann also auch kein „Entgelt" i.S. des Abs. 2 sein (ebenso Rolland Rdn. 5).

21 Mit der Rechtskraft des Beschlusses geht der Gegenstand in das Eigentum des andern über. Mängelhaftung ist auch hier ausgeschlossen (RGRK/Scheffler Anm. 6; s. oben Rdn. 26 zu § 8). Veräußert der übernehmende Ehegatte sodann die Sache, so ist für eine spätere Abänderung nach § 17 kein Raum mehr, da es kein zweckgebundenes Eigentum ist und der Übernehmende an der Weiterveräußerung nicht gehindert ist (RGRK/Scheffler Anm. 8).

§ 10. Gläubigerrechte

(1) Haftet ein Ehegatte allein oder haften beide Ehegatten als Gesamtschuldner für Schulden, die mit dem Hausrat zusammenhängen, so kann der Richter bestimmen, welcher Ehegatte im Innenverhältnis zur Bezahlung der Schuld verpflichtet ist.

(2)Gegenstände, die einem der Ehegatten unter Eigentumsvorbehalt geliefert sind, soll der Richter dem anderen nur zuteilen, wenn der Gläubiger einverstanden ist.

I. Allgemeines

Häufig wird Hausrat auf Abzahlung unter Eigentumsvorbehalt gekauft, und **1** die Raten sind bei der Hausratsteilung noch nicht voll bezahlt. Da der Familienrichter in Gläubigerrechte Dritter an Hausratsgegenständen nicht eingreifen darf, gibt ihm die Vorschrift die Möglichkeit, das Innenverhältnis der Ehegatten anders zu gestalten, als es bisher war. So kann es gerechtfertigt sein, den Ehegatten, dem er einen bestimmten Gegenstand zuweist, zu verpflichten, die mit diesem Gegenstand zusammenhängende Schuld zu bezahlen, und den anderen von seiner Schuldverpflichtung zu befreien (amtliche Erläuterungen DJ 44, 281, Abs. 1 zu § 10). Ob solche Maßnahmen erforderlich sind, entscheidet der Richter gemäß § 2 HausrVO nach billigem Ermessen (BGH FamRZ 84, 144, 146; LG Mannheim WuM 72, 145).

II. Freistellung von Schulden im Innenverhältnis, Abs. 1

Schulden, die mit dem Hausrat zusammenhängen, sind außer Abzahlungs- **2** schulden (s. Rdn. 1) z. B. auch noch nicht beglichene Reparaturkosten für Hausratsgegenstände (amtl. Erläuterungen aaO), Instandhaltungskosten, Schulden aus Anschaffungsdarlehen und Versicherungen (Schmidt-Futterer MDR 71, 452), Schulden, für die Hausratssachen verpfändet worden sind (RGRK/Scheffler Anm. 1) und auch die Kosten eines um den Hausratsgegenstand geführten Prozesses (Kuhnt AcP 150, 143).

Die Bestimmung trägt dem **Grundsatz** Rechnung, **daß die Rechtsstellung** **3** **des Gläubigers nicht berührt werden darf.** Der Gläubiger soll den Ehegatten, der bisher sein Schuldner war, als Schuldner behalten. Hafteten beide Ehegatten als Gesamtschuldner, so sollen sie dem Gläubiger gegenüber Gesamtschuldner bleiben. Eine für den Gläubiger günstigere Regelung darf der Richter allerdings treffen, z. B. dadurch, daß er die Zuteilung davon abhängig macht, daß der betreffende Ehegatte den noch nicht fälligen Kaufpreisrest alsbald zahlt (amtliche Erläuterungen DJ 44, 281, Abs. 1 u. 2 zu § 10; **a. A.** AK/Derleder Rdn. 1: die Anordnung sofortiger Restkaufpreiszahlung überschreite die richterliche Regelungsbefugnis).

4 Ist der Gläubiger damit einverstanden, so kann der Richter **auch im Außenverhältnis** die Haftung neu regeln. Wenn die amtlichen Erläuterungen (aaO Abs. 2) in diesem Zusammenhang von dem Einverständnis der „an dem Rechtsverhältnis Beteiligten" sprechen, so bedeutet das nicht, daß der Gläubiger am Verfahren zu beteiligen wäre. Er ist allerdings beschwerdeberechtigt, wenn er durch die Entscheidung materiell beschwert ist (Rolland Rdn. 1; MüKo/Müller-Gindullis Rdn. 5).

5 Etwaige **Bürgschaften und Pfandrechte erlöschen** gegebenenfalls gemäß § 418 BGB, wenn der Bürge oder Verpfänder nicht in die Schuldübernahme einwilligt (Hoffmann/Stephan Rdn. 1; Soergel/Häberle Rdn. 2).

6 Eine **ohne Einverständnis des Gläubigers vorgenommene richterliche Neugestaltung** des Außenverhältnisses hat – da unzulässig – keine rechtliche Wirkung (RGRK/Scheffler Anm. 1). Da für den Gläubiger die Neuregelung des Innenverhältnisses zwischen den Ehegatten ohne Bedeutung ist, hat er sich an „seinen" Schuldner zu halten und muß ihn in Anspruch nehmen; auf die Freistellung im Innenverhältnis kann sich der Schuldner dem Gläubiger gegenüber nicht berufen (RGRK/Scheffler Anm. 1). Er kann allenfalls Leistungsklage gegen den anderen Ehegatten erheben (Palandt/Diederichsen Anm. 1). Hat der (im Innenverhältnis freizustellende) Ehegatte geleistet, so kann er von dem anderen Ehegatten Erstattung verlangen; dies kann im Hausratsverfahren durch einen Abänderungsantrag gemäß § 17 geschehen. Der Richter setzt statt der ursprünglich angeordneten Freistellung nunmehr den zu erstattenden Zahlungsbetrag fest; diese Entscheidung hat vollstreckbaren Charakter (Rolland Rdn. 2).

Eine Ausgleichszahlung nach § 10 HausrVO kann nur angeordnet werden, wenn demjenigen, der die Zahlung erbringen soll, Hausrat zugeteilt wird; eine isolierte Ausgleichsanordnung gibt es hier ebensowenig wie in den Fällen der §§ 8 und 9 HausrVO (BayObLG FamRZ 85, 1058 unter Hinweis auf OLG Frankfurt FamRZ 83, 730 und OLG Hamm FamRZ 80, 469).

III. Unter Eigentumsvorbehalt angeschaffter Hausrat, Abs. 2

7 Grundsätzlich gilt das, was die §§ 8 und 9 für die Zuteilung gemeinsamen und alleinigen Eigentums bestimmen, auch für die Fälle, in denen die Ehegatten oder einer von ihnen auf Grund eines Abzahlungsgeschäfts bedingtes Eigentum erworben haben (amtliche Erläuterungen DJ 44, 281, Abs. 3 zu § 10). Das **Anwartschaftsrecht kann** also grundsätzlich **genauso übertragen werden wie** das **Eigentum** (BayObLG FamRZ 68, 319, 321; OLG Schleswig FamRZ 56, 111 L = SchlHA 55, 365; Kuhnt AcP 150, 142; Soergel/Häberle Rdn. 4; MüKo/Müller-Gindullis Rdn. 4). Deshalb bestehen keine Bedenken, falls der Richter irrtümlich bei der Zuweisung eines Gegenstandes von dem Eigentum eines oder beider Ehegatten ausgegangen ist, dies in die Zuweisung der Anwartschaft umzudeuten (Soergel/Häberle Rdn. 4; MüKo/Müller-Gindullis Rdn. 6; a. A. OLG Saarbrüken OLG Z 67, 1 und RGRK/Scheffler Anm. 2).

Auch das durch **Sicherungsübereignungsvertrag** bedingte Eigentum des oder der Ehegatten fällt hierunter (OLG Schleswig SchlHA 55, 365, 366). 8

Eine wesentliche Einschränkung in Abs. 2 besteht aber darin, daß die **Zuteilung vom Einverständnis des Gläubigers abhängig** ist. Voraussetzung ist, daß der Gegenstand unter Eigentumsvorbehalt gekauft und bereits geliefert ist (RGRK/Scheffler Anm. 2). Nach dem Gesetzeswortlaut **soll** der Richter einen solchen Gegenstand dem anderen (nichtberechtigten) Ehegatten nur zuteilen, wenn der Gläubiger einverstanden ist. „Soll" bedeutet hier aber nicht, daß der Richter einen – wenn auch eingeschränkten – Ermessensspielraum hat (so allerdings die wohl h. M.: AK/Derleder Rdn. 1; Rolland Rdn. 1; Hoffmann/Stephan Rdn. 2; Erman/Ronke Rdn. 2; wohl auch Palandt/Diederichsen Anm. 2 und Bergerfurth, Ehescheidungsprozeß, Rdn. 170). In den amtlichen Erläuterungen (DJ 44, 281, Abs. 3 zu § 10) ist klargestellt, daß der Richter dem anderen Ehegatten nur zuteilen „darf", wenn der Gläubiger einverstanden ist. Das entspricht konsequent dem Grundsatz, daß die Rechtsstellung des Gläubigers nicht berührt werden darf. Hier – wie im Falle des § 4 HausrVO (s. dort Rdn. 6) – wird durch das Wort „soll" nur zum Audruck gebracht, daß ein Verstoß nicht die Nichtigkeit der Zuweisung zur Folge hat (Müko/Müller-Gindullis Rdn. 5). Im übrigen hätte der Verordnungsgeber, wenn er hätte Ausnahmen zulassen wollen, dies durch Formulierungen wie „in der Regel" (vgl. § 13 Abs. 2 HausrVO) o. ä. verdeutlicht (RGRK/Scheffler Anm. 2). 9

Hat ein Ehegatte **auflösend bedingtes Eigentum** erworben, so ist die Vorschrift entsprechend anzuwenden, z. B. wenn ein Dritter dem einen Ehegatten einen Hausratsgegenstand bis zur Bezahlung seiner Schuld sicherungsweise übereignet (Kuhnt AcP 150, 143; RGRK/Scheffler Anm. 3; Hoffmann/Stephan Rdn. 2). Hat dagegen ein Ehegatte (mit Zustimmung des andern gem. § 1369 BGB) einen **Hausratsgegenstand** an einen Gläubiger **verpfändet,** so bedarf es nicht des Einverständnisses des Gläubigers, wenn der Richter den Gegenstand oder genauer das Hausratsrecht in bezug auf diesen Gegenstand dem andern Ehegatten zuteilen will. Denn der Pfandgläubiger ist hinreichend gesichert, wenn er (vgl. § 1253 BGB) die Sache erst bei Tilgung seiner Forderung herauszugeben braucht (Soergel/Häberle Rdn. 6). 10

Notwendig ist das Einverständnis des Gläubigers in entsprechender Anwendung des Abs. 2 schließlich auch dann, wenn ein Dritteigentümer den Hausratsgegenstand **auf Grund von Nießbrauch, Miete oder Leihe einem Ehegatten überlassen** hat und die Zuweisung an den andern erfolgen soll (Kuhnt AcP 150, 142). 11

Haben sich die Parteien bereits anderweit über die Aufteilung des gesamten Hausrats geeinigt, so ist gleichwohl noch die **nachträgliche gerichtliche Regelung der Hausratsschulden** zulässig (LG Mannheim WuM 72, 145; Soergel/Häberle Rdn. 7). Sie ist häufig notwendig; denn nur die Einigung der Ehe- 12 gatten über die Hausratsgegenstände selbst muß nicht bedeuten, daß auch die mit den einzelnen Gegenständen verbundenen Schulden jeweils unter Freistellung des anderen Ehegatten mitübernommen wurden (LG Mannheim aaO; Schmidt-Futterer MDR 71, 452). Fehlt eine Einigung darüber, wer im Innenverhältnis die Schulden tilgt, so liegt die erforderliche alles umfassende Regelung über den Hausrat (vgl. BGH Z 18, 143, 146 mit Anmerkungen v. Johannsen LM Nr. 2 zu § 1 HausrVO, Keidel JZ 55, 706 und Beitzke MDR 56, 27) noch nicht vor.

VIERTER ABSCHNITT

Verfahrensvorschriften

Vorbemerkungen

Die Bestimmungen der §§ 11–18a HausrVO enthalten Verfahrensvorschriften. 1
Das Hausratsverfahren gehört gemäß § 23b Abs. 1 Nr. 8 GVG zu den Familiensachen. Nach § 621a Abs. 1 S. 1 ZPO (i. V. m. § 621 Abs. 1 Nr. 7 ZPO) bleibt das Hausratsverfahren dem FGG zugewiesen, wie es bisher schon nach § 13 Abs. 1 HausrVO der Fall war. Insofern hat § 621a Abs. 1 S. 1 ZPO nur „klarstellende Funktion" (Habscheid, Studienbuch § 50 V, S. 357). Seine Bedeutung liegt in der Einschränkung, daß die Verfahrensvorschriften der **HausratsVO und** des **FGG nur anwendbar** sind, **soweit sich aus der ZPO und dem GVG nichts Besonderes ergibt.** Das ist der Fall bei den Bestimmungen der §§ 621–621f ZPO (Verfahren in anderen Familiensachen, insbes. § 621e), der §§ 622–630 ZPO (Scheidungs- und Folgesachen) und des § 119 Abs. 1 Nr. 1 und 2 GVG (Zuständigkeit des OLG als Rechtsmittelgericht).

Außerdem treten gemäß § 621a Abs. 1 S. 2 ZPO an die Stelle bestimmter FGG-Verfahrensvorschriften die entsprechenden ZPO-Vorschriften. Soweit § 64k Abs. 3 S. 1 FGG und die §§ 1 Abs. 2, 13 Abs. 1 HausrVO ihrerseits auf die ZPO verweisen, sind es im Grunde überflüssige Doppelverweisungen (Brüggemann FamRZ 77, 1, 19; Habscheid Studienbuch S. 358).

Maßgebend sind also **in erster Linie** die besonderen Verfahrensvorschriften 2
der **§§ 11 ff HausrVO, danach die FGG-Verfahrensvorschriften,** die aber in allen Hausratssachen **eingeschränkt** werden **durch § 621a Abs. 1 S. 2 ZPO;** in Hausratssachen, die als Folgesachen anhängig sind, gelten außerdem die §§ 622–630 ZPO (vgl. S. 621 Abs. 1 S. 1 ZPO: „soweit sich aus diesem Gesetz ... nichts Besonderes ergibt").

Die unübersichtliche gesetzliche Regelung hat zu heftiger Kritik geführt (Brüg- 3
gemann FamRZ 77, 19: „Juristengesetz makabren Grades", MüKo/Müller-Gindullis Rdn. 1 zu § 13 HausrVO: „verwickelte und krause, z. T. doppelte Regelung", die dazu führe, daß in der Praxis „das Mischungssystem kaum korrekt zu handhaben sein" dürfte; Erman/Ronke, Rdn. 4 zu § 13 HausrVO: „Tiefstand der Gesetzgebungskunst"). Über die Durchführung des Verfahrens und die Anwendbarkeit einzelner ZPO-Vorschriften s. unten (Rdn. 10 ff zu § 13).

Das Hausratsverfahren gehört zu den sog. echten Streitsachen der freiwilligen 4

Gerichtsbarkeit, in denen sich die Beteiligten mit widerstreitenden Interessen gegenüberstehen und vom Richter die Entscheidung ihres Streits begehren (BGH FamRZ 79, 230). Das führt dazu, auch **über den Rahmen des § 621 a ZPO hinaus** im Hausratsverfahren **ZPO-Vorschriften entsprechend anzuwenden,** zumal die FGG-Verfahrensvorschriften nicht erschöpfend sind (Liermann NJW 82, 2229). Das FGG ist nur ein Rahmengesetz (OLG Hamm NJW 57, 1816 L; zur entsprechenden Anwendung von ZPO-Vorschriften im FGG-Verfahren vgl. Habscheid, Studienbuch, § 7 III 1 und 2, S. 37–39; Zöller-Philippi, Rdn. 8 ff zu § 621 a ZPO; Keidel/Kuntze/Winkler, FGG, Vorbem. vor § 8 Rdn. 3 ff; s. dazu unten Rdn. 10 zu § 13).

§ 11. Zuständigkeit

(1) Zuständig ist das Gericht der Ehesache des ersten Rechtszuges (Familiengericht).

(2) Ist eine Ehesache nicht anhängig, so ist das Familiengericht zuständig, in dessen Bezirk sich die gemeinsame Wohnung der Ehegatten befindet. § 606 Abs. 2, 3 der Zivilprozeßordnung gilt entsprechend.

(3) Wird, nachdem ein Antrag bei dem nach Absatz 2 zuständigen Gericht gestellt worden ist, eine Ehesache bei einem anderen Familiengericht rechtshängig, so gibt das Gericht im ersten Rechtszug das bei ihm anhängige Verfahren von Amts wegen an das Gericht der Ehesache ab. § 281 Abs. 2, 3 Satz 1 der Zivilprozeßordnung gilt entsprechend.

I. Allgemeines

1 Die Vorschrift regelt die sachliche und örtliche Zuständigkeit für Hausratssachen und die Abgabe bei Einleitung einer Ehesache anhängiger Hausratssachen an das Gericht der Ehesache. Die im 1. EheRG getroffenen Zuständigkeitsregelungen für isolierte und verbundene Familiensachen machten eine entsprechende Anpassung der Vorschrift erforderlich; außerdem ist durch die Vereinfachungsnovelle vom 3. 12. 1976 der Abs. 3 Satz 2 geändert worden (Verweisung auf § 281 ZPO statt des früheren § 276 ZPO).

2 **Sachliche und örtliche Zuständigkeit des Familiengerichts sind ausschließlich** (BGH Z 71, 264 = FamRZ 78, 582 m. Anm. Jauernig FamRZ 78, 675; dazu Walter, Prozeß, III 1 a–c, S. 89–92). § 23 b Abs. 1 GVG begründet nicht die sachliche Zuständigkeit des Amtsgerichts, sondern nur die Zuweisung an die Abteilungen für Familiensachen innerhalb der Amtsgerichte (Schwab Rdn. 3). Dabei handelt es sich um eine gesetzliche Geschäftsverteilung (BGH aaO, Habscheid Studienbuch § 50 IV 1, S. 355). Die sachliche Zuständigkeit des Amtsgerichts in Hausratssachen ergibt sich aus § 11 I, II HausrVO. Daß die Zuständigkeit

des Familiengerichts ausschließlich ist, folgt aus § 621 Abs. 1 Nr. 7 ZPO (Walter, Prozeß III 1c, S. 92). Die Ausschließlichkeit gilt auch für die örtliche Zuständigkeit, die in Abs. 1, 2 näher geregelt ist. Die Parteien können also nicht die Zuständigkeit eines örtlich nicht zuständigen Familiengerichts vereinbaren.

Stellt sich in einem streitigen Verfahren vor dem **Prozeßgericht** heraus, daß die Hausratsverordnung Anwendung findet, so hat dies **gem. § 18 HausrVO** (s. dort) die Sache an das nach § 11 HausrVO zuständige Familiengericht **abzugeben.** Die ausschließliche Zuständigkeit gilt auch für das Änderungsverfahren nach § 17 HausrVO und für Durchführungsmaßnahmen nach § 15 HausrVO, z. B. die Verlängerung einer zugebilligten Räumungsfrist nach Zuteilung der Ehewohnung (OLG München NJW 78, 548). 3

II. Gericht der Ehesache, Abs. 1

Abs. 1 regelt den Fall, daß eine **Ehesache anhängig** ist. Anhängig wird die Ehesache **durch Einreichung der Antragsschrift** (§ 622 Abs. 1 ZPO) bzw. durch Einreichung der Klage auf Aufhebung oder Nichtigerklärung der Ehe (MüKo/Müller-Gindullis Rdn. 4), denn diese Verfahren sind gleichgestellt, § 25 HausrVO, § 606 Abs. 1 ZPO. Solange die Ehesache anhängig ist, gleichgültig in welcher Instanz das Verfahren schwebt, ist für das Hausratsverfahren das Gericht der Ehesache des ersten Rechtszugs zuständig (zur Abgabe s. Rdn. 6). 4

III. Zuständigkeit bei gemeinsamer Ehewohnung, Abs. 2

Abs. 2 regelt die Zuständigkeit für den Fall, daß ein **Hausratsverfahren** anhängig gemacht wird, **ohne daß eine Ehesache schwebt.** Dies kann der Fall sein, weil die Ehesache bereits rechtskräftig abgeschlossen ist. Das Hausratsverfahren kann aber auch schon während des Getrenntlebens ausgelöst werden durch Streit der Eheleute über Besitz und Benutzung von Hausratsgegenständen und der Ehewohnung, § 18a HausrVO. So ist bei „eigenmächtiger Hausratsteilung" für den Anspruch auf Rückschaffung der Hausratsgegenstände in die Ehewohnung das Familiengericht zuständig (BGH FamRZ 82, 1200 = JZ 83, 73 m. Anm. Walter JZ 83, 54; LG Bochum FamRZ 83, 166; Walter, Prozeß II 7daa 1–3, S. 58–62; Vogel FamRZ 81, 839, der den Rückschaffungsanspruch allerdings auf die zur Haushaltsführung notwendigen Gegenstände beschränkt; s. a. Rdn. 19ff zu § 18a; a. A. OLG Düsseldorf FamRZ 83, 164: keine Familiensache). Zuständig für solche isolierten Hausratsverfahren ist das Gericht, in dessen Bezirk sich die gemeinsame Ehewohnung befindet; fehlt eine solche, so ist die Zuständigkeit nach § 606 Abs. 2 und 3 ZPO zu bestimmen. Für Ehesachen bestimmt § 606 Abs. 1 S. 2 ZPO, daß mangels eines gemeinsamen gewöhnlichen Aufenthalts der Ehegatten der Aufenthalt der Restfamilie die Zuständigkeit begründet. Für isolierte Hausratssachen gilt das also nicht. 5

IV. Abgabe bei nachträglichem Anhängigwerden einer Ehesache, Abs. 3

6 Abs. 3 regelt die Abgabe, falls nach Einleitung des Hausratsverfahrens (gem. § 18a HausrVO, § 1361 a oder § 1361 b BGB) die **Ehesache bei einem anderen Familiengericht anhängig** wird. In diesem Fall ist die Hausratssache, sofern sie noch im ersten Rechtszug anhängig ist, an das Gericht der Ehesache abzugeben. Die Abgabe ist ausgeschlossen, wenn die Hausratssache bereits in der zweiten Instanz anhängig ist. Eine Überleitung in diesem Fall hat der Gesetzgeber ausgeschlossen, weil sie prozeßwirtschaftlich nicht mehr sinnvoll wäre.

7 Die Abgaberegelung entspricht § 621 Abs. 3 S. 1 ZPO, § 64k Abs. 2 S. 1 FGG. **Die Abgabe ist unanfechtbar und bindend,** § 281 Abs. 2 ZPO. Keine Bindungswirkung entfaltet die Abgabe allerdings dann, wenn der Abgabebeschluß jeglicher Rechtsgrundlage entbehrt und sich als willkürlich erweist, oder wenn die Verweisung bzw. Abgabe an ein nach den prozessualen Vorschriften unzuständiges Gericht auf der Versagung des rechtlichen Gehörs gegenüber einem Verfahrensbeteiligten beruht (BGH Z 71, 69 = FamRZ 78, 402; Walter, Prozeß, III Cc, S. 97 ff).

8 Die Abgabe darf erst eingeleitet werden, wenn die Ehesache rechtshängig ist, § 261 ZPO. Die **Abgabevorschrift ist zwingend.** Der Gesetzgeber wollte die Konzentration beider Verfahren bei dem Gericht herbeiführen, bei dem die Ehesache als das bedeutendere Verfahren anhängig wird. Durch die Abgabe der Hausratssache an das Gericht der Scheidungssache tritt der Verfahrensverbund mit der Scheidungssache gemäß § 623 Abs. 1 ZPO ein (Schwab Rdn. 849). Allerdings muß die abgegebene Hausratssache bis zum Schluß der mündlichen Verhandlung erster Instanz in der Scheidungssache bei diesem Gericht anhängig werden, § 623 Abs. 2 ZPO. Ein förmlicher Antrag eines Ehegatten, nunmehr in der abgegebenen Hausratssache „eine Entscheidung für den Fall der Scheidung zu treffen" (§ 623 Abs. 1 S. 1 ZPO), ist nicht erforderlich (so allerdings Soergel/Häberle Rdn. 4: das abgegebene Verfahren bleibt selbständige Familiensache).

§ 12. Zeitpunkt der Antragstellung

Wird der Antrag auf Auseinandersetzung über die Ehewohnung später als ein Jahr nach Rechtskraft des Scheidungsurteils gestellt, so darf der Richter in die Rechte des Vermieters oder eines anderen Drittbeteiligten nur eingreifen, wenn dieser einverstanden ist.

I. Allgemeines

1 Das 1. EheRG hat die Bestimmung geringfügig geändert, weil nunmehr das Hausratsverfahren bereits mit dem Scheidungsverfahren eingeleitet werden kann.

Statt Antragstellung „nicht innerhalb eines Jahres" ist jetzt Voraussetzung für die Anwendung der Vorschrift die Antragstellung „später als ein Jahr" nach Rechtskraft des Scheidungsurteils.

Zweck des Hausratsverfahrens ist es, möglichst schnell die Rechtsverhältnisse am Hausrat zu regeln (BGH FamRZ 84, 144, 146; OLG Hamm FamRZ 81, 875, 877). Der **Antrag,** die Rechtsverhältnisse an der Wohnung und am Hausrat zu regeln, sollte **möglichst bald nach Scheidung** der Ehe gestellt werden (amtl. Erläuterungen DJ 44, 281). Zwar können triftige Gründe für eine spätere Antragstellung sprechen. Der Richter soll aber, soweit es sich um die Wohnung handelt, in die Rechte Dritter nur bei Antragstellung binnen eines Jahres nach Rechtskraft des Scheidungsurteils eingreifen können. Der Vermieter, der Grundstückseigentümer, der Mitmieter (vgl. amtl. Erläuterungen aaO), aber auch andere Beteiligte i. S. des § 7 HausrVO sollen mit einem Eingriff in ihre Rechtsstellung nur innerhalb dieser Jahresfrist zu rechnen haben. Wird die Frist versäumt, so darf der Richter die Verträge, die die Ehegatten oder einer von ihnen mit einem Dritten abgeschlossen haben, nur ändern, wenn der Dritte damit einverstanden ist. Die Beschränkung des § 12 gilt auch im Abänderungsverfahren nach § 17 (Rolland, Rdn. 1 a). **2**

II. Antragstellung

Der Antrag auf Hausratsteilung ist grundsätzlich nicht fristgebunden (Kuhnt AcP 150, 149; Dölle Familienrecht Bd. 1 S. 644; s. a. Rdn. 36 zu § 1 und Rdn. 4 ff zu § 13). Nur der Drittbeteiligte darf, wenn das Scheidungsurteil seit einem Jahr rechtskräftig ist, durch die Entscheidung hinsichtlich der Ehewohnung nicht mehr gegen seinen Willen in seinen Rechten beeinträchtigt werden. Die **Jahresfrist** läuft **von der Rechtskraft des Scheidungsurteils an** (zur Rechtskraft des Scheidungsurteils s. BGH FamRZ 80, 233 und 1108; BGH FamRZ 83, 461; BGH FamRZ 84, 467; OLG Düsseldorf FamRZ 85, 300 und 620; Rüffer FamRZ 79, 405 und in Anm. zu LSG Essen FamRZ 82, 1037; Wolff MDR 79, 274; Adelmann Rpfl 80, 264; Walter FamRZ 83; 1153 und Prozeß VI 4a–d, S. 192–200; Heintzmann in FamRZ 80, 112 und in NJW 81, 208; Graßhof NJW 81, 437 und **jetzt** Rdn. 17 zu § 7). **3**

Der **Antrag muß** binnen Jahresfrist **beim zuständigen Gericht** eingehen. Wird er beim unzuständigen Gericht gestellt, so ist die Frist versäumt, wenn er nicht noch innerhalb des Jahres an das zuständige Gericht gelangt (Hoffmann/Stephan Rdn. 3; Soergel/Häberle Rdn. 2). Die Klageerhebung vor dem unzuständigen Prozeßgericht wahrt die Frist, § 18 Abs. 2 HausrVO. Wird der Antrag zwar rechtzeitig gestellt, das Verfahren dann aber vom Antragsteller lange Zeit hindurch nicht betrieben, obwohl die Möglichkeit bestand, so gilt die Frist als verstrichen; denn der Antragsteller ist nicht nur gehalten, den Antrag zu stellen, sondern auch das Verfahren zu betreiben (LG Berlin HuW 49, 60; Vogel HuW 49, 51). Wird gem. § 17 die Änderung einer Entscheidung über die Wohnung später als ein **4**

Jahr nach Rechtskraft des Scheidungsurteils begehrt, wo darf auch bei dieser Abänderungsentscheidung in die Rechte Drittbeteiligter i. S. des § 7 nicht mehr eingegriffen werden (Rolland Rdn. 1a zu § 12 und Rdn. 8a zu § 17).

5 Das **Einverständnis des Vermieters** oder eines andern Drittbeteiligten **kann** grundsätzlich bis zur letzten Tatsachenentscheidung **widerrufen werden;** denn es handelt sich um die Einwilligung in die Abänderung eines Vertrages, die entsprechend § 183 BGB bis zur rechtsgestaltenden richterlichen Entscheidung widerrufen werden kann (BayObLG Z 57, 33, 38). Ist der Vermieter eine Erbengemeinschaft, so genügt das Einverständnis der Erben, die die Mehrheit der Erbanteile innehaben, §§ 2038 Abs. 2, 745 BGB (KG HuW 54, 172; Rolland Rdn. 2).

6 Das **Einverständnis** ist **an keine Form gebunden.** Es kann gegenüber einem Ehegatten oder gegenüber dem Gericht erklärt und widerrufen werden, und zwar jeweils **ohne Anwaltszwang,** auch wenn es sich um eine Folgesache handelt (zum geltenden und zum früheren Recht s. Vorbem. vor § 1 Rdn. 9). Wird das **Einverständnis nur für eine bestimmte Entscheidung** (Zuweisung an einen der Ehegatten) gegeben, so wird der Entscheidungsspielraum des Gerichts lediglich insoweit eingeschränkt, als es die Wohnung nicht dem andern Ehegatten zuweisen darf (LG Berlin MDR 60, 148). Im übrigen ist das Gericht frei; es kann also auch die Rechtsgestaltung nach den Wünschen des Vermieters ablehnen (KG FamRZ 60, 443 = NJW 61, 78; LG Berlin MDR 60, 148).

III. Eingriff in Rechte Drittbeteiligter

7 Ein Eingriff in die Rechte Dritter liegt vor, wenn die **Rechtsposition des Dritten durch die Entscheidung berührt** wird (Rolland Rdn. 3). Der Richter darf also nach Fristablauf ohne Einverständnis des Drittbeteiligten nicht die Wohnung teilen, es sei denn, es handelte sich um eine interne Benutzungsregelung, die über das Innenverhältnis der geschiedenen Ehegatten nicht hinausginge (BayObLGZ 55, 202, 204/205); ein Eingriff in die Rechtsposition des Vermieters liegt aber schon dann vor, wenn er die verhältnismäßig kleine Wohnung an eine Kleinfamilie vermietet hatte und nun auf Grund der richterlichen Teilungsanordnung zwei Haushaltsgemeinschaften hinnehmen müßte (BayObLG aaO). Ein Eingriff in die Rechtsposition des Vermieters läge auch dann vor, wenn der Mietvertrag geändert würde, wenn der Richter also anordnen würde, daß das von beiden Ehegatten begründete Mietverhältnis nur von einem fortzusetzen sei (SchlH OLG in SchlHA 55, 203).

8 Umstritten ist, ob das Gericht – unter Aufrechterhaltung des Mietvertrages im Außenverhältnis – mit Wirkung nur zwischen den Ehegatten im Innenverhältnis bestimmen kann, **daß der eine Ehegatte die Wohnung zu räumen und der andere die Miete zu zahlen hat.** Dies wird überwiegend bejaht unter Hinweis darauf, daß die Ehegatten sich auch im Innenverhältnis so einigen könnten und der

Vermieter keinen Anspruch darauf habe, daß die von beiden Ehegatten gemietete Wohnung auch von beiden genutzt werde (KG FamRZ 60, 443 = NJW 61, 78; LG Berlin FamRZ 63, 95; wohl auch BayObLG Z 55, 202, 204, wenngleich nicht auf diesen konkreten Fall bezogen; bejahend auch Hoffmann/Stephan Rdn. 4; Erman/Ronke Rdn. 2; Rolland Rdn. 4; MüKo/Müller-Gindullis Rdn. 4) Dagegen wird geltend gemacht, daß sich gleichwohl die Rechtsposition des Vermieters in haftungsrechtlicher Hinsicht verschlechtern könne, weil der ausgewiesene Ehegatte nicht mehr ohne weiteres für Beschädigungen der Mietwohnung für den andern haftbar zu machen sei (Habscheid FamRZ 60, 60ff, 65 und FamRZ 63, 77ff, 82; einschränkend auch Dölle, Familienrecht, Bd. 1, S. 644 Fn. 203: „m. E. bedenklich"). Außerdem mache es für den Vermieter einen Unterschied, ob die Obhutspflicht für die Mietsache auf freiwilliger Basis oder infolge Rechtszwang übernommen werde (LG Wiesbaden FamRZ 63, 94). Allgemeine Billigkeitserwägungen im Rahmen des §2 HausrVO werden als weiterer Grund gegen eine solche interne Regelung angeführt, durch die dem Vermieter faktisch die geringere Sicherheit des wirtschaftlich schwächeren Mieters und überhaupt ein ihm weniger genehmer Mieter zugemutet werden könne, wenn auch der Mietvertrag nach außen nicht berührt werde (LG Bremen WuM 54, 147).

Die Bedenken sind begründet. Die umfassende Prüfung aller Umstände nach billigem Ermessen, die der Richter vor rechtsgestaltender Entscheidung gemäß §2 HausrVO vorzunehmen hat, und der Schutzgedanke des §12 HausrVO **sprechen dagegen, im Innenverhältnis einem Ehegatten die Räumung und dem andern die Mietzahlung aufzugeben,** auch wenn das Außenverhältnis zum Vermieter dadurch nicht unmittelbar berührt wird (ebenso Soergel/Häberle Rdn. 5; ähnlich RGRK/Scheffler Anm. 2).

§13. Allgemeine Verfahrensvorschriften

(1) Das Verfahren ist unbeschadet der besonderen Vorschrift des §621a der Zivilprozeßordnung eine Angelegenheit der freiwilligen Gerichtsbarkeit.

(2) Der Richter soll mit den Beteiligten in der Regel mündlich verhandeln und hierbei darauf hinwirken, daß sie sich gütlich einigen.

(3) Kommt eine Einigung zustande, so ist hierüber eine Niederschrift aufzunehmen, und zwar nach den Vorschriften, die für die Niederschrift über einen Vergleich im bürgerlichen Rechtsstreit gelten.

(4) Der Richter kann einstweilige Anordnungen treffen.

(5) (gegenstandslos)

Übersicht

I. Allgemeines

1 Die Vorschrift ist in Abs. 1 neu gefaßt worden durch das 1. EheRG. Das Verfahren ist nach wie vor eine Angelegenheit der freiwilligen Gerichtsbarkeit. Der Gesetzgeber hat den eingeschobenen Satzteil „unbeschadet der besonderen Vorschrift des § 621 a der Zivilprozeßordnung“ zur Klarstellung für erforderlich gehalten. An sich ergibt sich schon aus § 621 a Abs. 1 S. 1 ZPO, daß das Hausratsverfahren dem FGG zugewiesen bleibt (s. Vorbem. vor § 11 Rdn. 1).

II. Angelegenheit der freiwilligen Gerichtsbarkeit, Abs. 1

1. Gesetzessystematik; anzuwendende Verfahrensvorschriften

Nach der Gesetzessystematik ist das Hausratsverfahren eine dem Familiengericht zugewiesene Familiensache (§ 23b Abs. 1 Nr. 8 GVG), für welche das Familiengericht ausschließlich zuständig ist (§ 621 Abs. 1 Nr. 7 ZPO), und auf welche, **soweit** sich aus der ZPO oder dem GVG nichts Besonderes ergibt, das FGG und die Verfahrensvorschriften der Hausratsverordnung anzuwenden sind (§ 621 a Abs. 1 S. 1 ZPO). Die speziellen Verfahrensregeln der HausrVO gehen dabei denen des FGG vor (§ 1 Abs. 2 HausrVO), aber immer nur unter dem Vorbehalt, daß sich aus § 621 a Abs. 1 ZPO nichts Besonderes ergibt. **2**

Viele Besonderheiten ergeben sich aus den Bestimmungen der §§ 622–630 ZPO, wenn das Verfahren im Verbund betrieben wird.

2. Antragstellung

Die Antragstellung ist Voraussetzung für die Einleitung jedes Hausratsverfahrens, § 1 Abs. 1 HausrVO. Der Antrag kann **nur von einem oder beiden Ehegatten** gestellt werden. **3**

Der Antrag auf Einleitung des Hausratsverfahrens ist **grundsätzlich** an **keine Frist** gebunden (s. oben Rdn. 36 zu § 1 und Rdn. 3ff zu § 12; bei Entscheidung als Folgesache im Verfahrensverbund muß allerdings der Antrag bis zum Schluß der mündlichen Verhandlung erster Instanz in der Scheidungssache anhängig gemacht sein, § 623 Abs. 2 S. 1 ZPO). **4**

Die Einjahresfrist des § 12 HausrVO bezieht sich nur auf die Ehewohnung und schließt auch insoweit eine spätere Antragstellung nicht aus, sondern nur den Eingriff gegen den Willen des Vermieters oder Drittbeteiligten. Allerdings ergibt sich aus dem **Sinn und Zweck des Verfahrens,** eine **baldige Regelung der Rechtsverhältnisse** der Ehegatten herbeizuführen – ein Anliegen, dem der Gesetzgeber jetzt auch durch den Verbund nach § 623ff ZPO Rechnung getragen hat – eine „natürliche Grenze" (Breetzke DRiZ 56, 172): Wenn ein **längeres Abwarten** der Beteiligten die Annahme nahelegt, daß sie den tatsächlichen Zustand als rechtlich begründet ansehen und ihn als endgültig beibehalten wollen, kann darin der **Verzicht auf Hausratsteilung** gesehen, zumindest aber aus Billigkeitsgründen die Antragstellung als unzulässig angesehen werden (Kuhnt AcP 150, 149; Hoffmann/Stephan Rdn. 4). Triftige Gründe, die die amtl. Erläuterungen (DJ 44, 281) ausdrücklich einräumen, können aber die Antragstellung zu einem späteren Zeitpunkt rechtfertigen. Bei Antragstellung nach unangemessen langer Zeit wird teilweise Verwirkung für möglich gehalten (LG Mannheim DWW 63, 256; Rolland Rdn. 3 zu § 13 und Rdn. 11 zu § 1; a. A. KG OLG Z 77, 427); meist wird es näherliegen, aus dem Gesamtverhalten der Ehegatten auf eine **faktische Einigung** zu schließen (KG aaO; RGRK/Scheffler Anm. 4). **5**

Der Antrag auf Einleitung des Hausratsverfahrens bedarf, wenn ein isoliertes Verfahren eingeleitet werden soll, keiner Form und kann zu Protokoll der Ge- **6** schäftsstelle erklärt werden. Der Antrag kann sich darauf beschränken, daß (nur) die Rechtsverhältnisse an der Ehewohnung oder (nur) am Hausrat geregelt werden sollen (BayObLG FamRZ70, 33; Rolland Rdn. 2). Aus dem solcherart eingeschränkten Antrag wird allerdings zu schließen sein, daß sich die Parteien im übrigen geeinigt haben (vgl. § 1 Abs. 1: „Können sich die Ehegatten anläßlich der Scheidung nicht darüber einigen ... so regelt der Richter"). Darauf sollten die Parteien, wenn sie einen derart eingeschränkten Verfahrensantrag stellen, hingewiesen werden. Zur Begrenzung bei Rechtsmittel s. unten Rdn. 10ff zu § 14.

3. Anwaltszwang, Ausnahmen

7 Anwaltszwang gilt im Hausratsverfahren dann, **wenn** es als **Folgesache** (§ 623 Abs. 1 ZPO) geltend gemacht wird, § 78 Abs. 2 Nr. 1 ZPO (s. oben Vorbem. vor § 1 Rdn. 9). Die Vollmacht für die Scheidungssache erstreckt sich auch auf das Verfahren nach der HausrVO, § 624 ZPO. Der Anwaltszwang bleibt auch bestehen, wenn nur die Hausratsentscheidung des Verbundurteils angefochten wird (BGH FamRZ 79, 232). Da die Beschwerdeschrift gemäß §§ 629a Abs. 2 S. 1, 621e Abs. 3 S. 1 ZPO beim Beschwerdegericht einzureichen ist, muß dies durch einen beim Beschwerdegericht zugelassenen Rechtsanwalt geschehen (BGH aaO; Bergerfurth, Anwaltszwang, Rdn. 349). Auch bei einer Abtrennung nach § 628 Abs. 1 S. 1 Nr. 3 ZPO – dessen Voraussetzungen jedoch bei Hausratssachen nur selten erfüllt sein werden (Schwab Rdn. 849) – bleibt der Anwaltszwang bestehen, da sich durch die Abtrennung am Charakter einer Folgesache nichts ändert (Bergerfurth aaO Rdn. 350).

8 Wird in der Folgesache Hausrat eine **einstweilige Anordnung** beantragt, so besteht insoweit **kein Anwaltszwang,** da der Antrag vor dem Urkundsbeamten der Geschäftsstelle erklärt werden kann, §§ 620a Abs. 2 S. 2, 78 Abs. 2 ZPO. Das gilt auch, wenn das Berufungsgericht für den Erlaß zuständig ist, § 620a Abs. 4 ZPO. Für das weitere Anordnungsverfahren (Stellungnahme des Gegners, mündliche Verhandlung, Vergleich, Beschwerde) erscheint dann allerdings anwaltliche Vertretung erforderlich, da das Verfahren Teil der Ehesache ist (Bergerfurth, Anwaltszwang, Rdn. 341 m. w. Hinw.).

9 Wird die Hausratssache **als isolierte Familiensache** anhängig, oder wird sie nach Rücknahme oder Abweisung des Scheidungsantrags als isolierte Familiensache fortgeführt (§§ 626 Abs. 2, 629 Abs. 3 S. 2 ZPO), so gilt vor dem Familiengericht und auch im Verfahren vor dem OLG **kein Anwaltszwang** (BGH FamRZ 78, 232 für den entspr. Fall des isolierten Sorgerechtsverfahrens). Auch die Beschwerde nach § 621e Abs. 1 ZPO braucht daher nicht durch einen beim Beschwerdegericht zugelassenen Rechtsanwalt eingelegt zu werden (Bergerfurth, Anwaltszwang, Rdn. 358–360; derselbe, Ehescheidungsprozeß, Rdn. 36–51; derselbe FamRZ 85, 546 u. Fußnote 14 daselbst; vgl. ferner oben Rdn. 9 in Vorbem. vor § 1; **a. A.** OLG München FamRZ 86, 85 m. Anm. Bosch).

4. Anwendung anderer Verfahrensvorschriften

Das Verfahren nach der HausrVO ist ein streitiges Verfahren. Im Interesse einer möglichst einheitlichen Gestaltung des Verfahrens vor dem Familiengericht bestimmt § 621 a Abs. 1 S. 2 ZPO, daß an die Stelle bestimmter FGG-Vorschriften (§§ 2 bis 6, 8 bis 11, 13, 16 Abs. 2, 3 und 17 FGG) die für das zivilprozessuale Verfahren maßgeblichen Vorschriften treten (vgl. dazu Zöller, Rdn. 8 ff und Baumbach-Albers Anm. 3 B, beide zur § 621 a ZPO). Darüber hinaus sind **weitere ZPO-Vorschriften entsprechend anwendbar,** da das FGG als Rahmengesetz das Verfahren nicht erschöpfend regelt (s. oben Vorbem. zu § 11 Rdn. 4; zur entspr. Anwendung der ZPO Keidel/Kuntze/Winkler, Vorbem. vor § 8 FGG, Rdn. 3). Aus der kaum zu übertreffenden „Verworrenheit des Verfahrensrechts in Familiensachen" (Bosch in der Anm. zu OLG Düsseldorf FamRZ 78, 359) lassen sich für das Hausratsverfahren folgende – teilweise umstrittene – Grundsätze und Regeln ableiten: 10

Das Hausratsverfahren ist **nicht öffentlich,** gleichgültig, ob es als isoliertes Verfahren oder im Verbund betrieben wird, § 170 S. 1 GVG. Die Parteien und die sonstigen **Beteiligten** i. S. d. § 7 HausrVO **haben das Recht,** an der Beweisaufnahme **teilzunehmen,** und sind zur Beweisaufnahme zu laden (RGRK/Scheffler Anm. 10; Hoffmann/Stephan Rdn. 14). Sie können Fragen stellen und Vorhalte machen (RGRK/Scheffler Anm. 5). 11

Gemäß § 12 FGG besteht **Amtsermittlungspflicht.** Das enthebt die Parteien aber nicht der Pflicht, die entscheidungserheblichen Tatsachen vorzutragen (OLG München Wertp Mitt 51, 477; BayObLG FamRZ 59, 504) und Beweismittel beizubringen (BGHZ 16, 378, 383/384; BayObLG FamRZ 65, 331) bzw. substantiierte Beweisanträge zu stellen (OLG Stuttgart FamRZ 80, 467). Eine Beweisführungslast (subjektive Beweislast) gibt es nicht, da der Richter die erforderlichen Ermittlungen von Amts wegen zu veranstalten hat (SchlH OLG in SchlHA 55, 203). Ein Beweisbeschluß ist nicht erforderlich (RGRK/Scheffler Anm. 11, 12). Läßt sich eine Behauptung, z. B. Alleineigentum, allerdings nicht feststellen, so geht das zu Lasten desjenigen, der daraus Rechte herleiten will (objektive Beweislast; zum Beweis des Alleineigentums vgl. Baumgärtel/Laumen, Beweislast Bd. 2, Rdn. 2 zu § 1363 BGB u. Fn. 11 daselbst). 12

Die **Verfahrensfähigkeit** der Beteiligten bestimmt sich nach den allgemeinen Vorschriften (s. oben Rdn. 26 zu § 1). § 607 Abs. 1 ZPO ist nicht anwendbar (Rolland Rdn. 3; RGRG/Scheffler Anm. 7). 13

Die **Erledigung der Hauptsache** kann eintreten (vgl. RGRK/Scheffler Anm. 16), wenn 14
- die Ehegatten eine entsprechende Erklärung gegenüber dem Gericht abgeben,
- der Verfahrensantrag zurückgenommen wird,
- ein Ehegatte während des Verfahrens stirbt.

Beim **Tod** eines Ehegatten muß der Streit mit den Erben vor dem Prozeßgericht ausgetragen werden. Nur wegen der Kosten kann das Hausratsverfahren mit 15 den Erben fortgesetzt werden, um die Kostenentscheidung nach § 20 HausrVO zu treffen (OLG Hamm FamRZ 69, 102; Rolland Rdn. 6; s. a. oben Rdn. 9–11 zu § 1). Auch wenn die **Hauptsache** von den Ehegatten **für erledigt erklärt** wird, ergeht die Kostenentscheidung nicht nach § 91 a ZPO, sondern nach § 20 HausrVO (Bay ObLG MDR 68, 934). Zur Kostenentscheidung bei Folgesachen s. unten Rdn. 3 zu § 20.

16 Über die **Beeidigung eines Zeugen oder Sachverständigen** entscheidet das Ermessen des Gerichts, § 15 Abs. 1 S. 2 FGG. Über die Rechtmäßigkeit einer Zeugnisverweigerung entscheidet es durch Beschluß (BGH FamRZ 84, 994 zum Zeugnisverweigerungsrecht des Arztes, auch nach dem Tode des Patienten). Beteiligte können zwecks Glaubhaftmachung einer Tatsachenbehauptung zur Versicherung an Eides Statt zugelassen werden, § 15 Abs. 2 FGG. Auch die **Beeidigung Beteiligter** ist zulässig (h. M.: BayObLG NJW 52, 789; OLG München JZ 52, 178; OLG Stuttgart NJW 52, 943; OLG Hamm NJW 57, 1816 L; RGRK/Scheffler Anm. 11 u. 12; Hoffmann/Stephan Rdn. 12; Rolland Rdn. 4; Keidel JZ 54, 564; Habscheid Studienbuch § 7 III 1, S. 40; **a. A.** BGH NJW 57, 1116 mit dem inzwischen überholten Hinweis, es handele sich um ein nichtstreitiges Verfahren, und Vogel JR 49, 430, 432; **a. A.** auch OLG Düsseldorf WertpMitt 51, 126 und OLG München WertpMitt 51, 477, die aber bei der Ablehnung des Parteieides auf die Besonderheiten des Wertpapierbereinigungsverfahrens abheben).

17 Allerdings muß bei **Beeidigung eines Ehegatten** analog § 448 ZPO für seine Behauptung eine gewisse Wahrscheinlichkeit sprechen, und andere Aufklärungsmöglichkeiten müssen erschöpft sein (BayObLG NJW 52, 789; Erman/Ronke Rdn. 4). Obwohl der **Urkundenbeweis** in § 15 Abs. 1 FGG nicht erwähnt ist, ist die Anwendbarkeit der Beweisregeln der ZPO (§§ 415 ff ZPO) zu bejahen (Keidel/Kuntze/Winkler Rdn. 104 zu § 12 FGG).

18 Die **Berichtigung oder Ergänzung** der ergangenen Entscheidung ist entsprechend §§ 319–321 ZPO zulässig.

19 Die **Endentscheidungen** im Hausratsverfahren erwachsen auch bei isolierten Verfahren **in materieller Rechtskraft** (OLG Hamm JZ 52, 634 L; Keidel/Kuntze/Winkler, Rdn. 20 zu § 31 FGG; Erman/Ronke, Rdn. 5 zu § 13 HausrVO).

20 Eine **feststellende Entscheidung** ist **analog § 256 ZPO** in FGG-Familiensachen zulässig. Der Zweck des § 621 a Abs. 1 S. 2 ZPO geht dahin, die vor das Familiengericht gelangenden Verfahren möglichst zu vereinheitlichen, und diesem Ziel entspricht es, eine feststellende Entscheidung zuzulassen (BGH FamRZ 82, 42 = NJW 82, 387 betr. Versorgungsausgleich m. Anm. Liermann NJW 82, 2229, der bei echten Streitsachen wie dem Versorgungsausgleichs- oder dem Hausratsverfahren diesen Charakter des Verfahrens als tragfähigere Begründung für die entsprechende Anwendung der ZPO-Vorschriften ansieht).

21 Der Verweisungsbeschluß eines Familiengerichts wegen **örtlicher Unzuständigkeit** ist für das andere (verwiesene) Familiengericht entsprechend § 281 ZPO bindend (BGH Z 71, 15 = FamRZ 78, 331; Walter, Prozeß, III 3 a, S. 100/101).

Zustellungen müssen entsprechend § 176 ZPO an den aus den Akten ersichtlichen Verfahrensbevollmächtigten erfolgen; die Zustellung an die Partei selbst ist wirkungslos (BGH LM Nr. 2 zu § 16 FGG). Die Endentscheidungen sind von Amts wegen zuzustellen, §§ 317, 621 c ZPO. **22**

Sinngemäß anwendbar sind auch die Bestimmungen über die richterliche Aufklärungspflicht (§ 139 ZPO), die Schadensschätzung (§ 287 ZPO), die Stufenklage (§ 254 ZPO) und der Grundsatz, daß der Antragsteller ein Rechtsschutzbedürfnis nachweisen muß (OLG Frankfurt FamRZ 82, 185 betr. Auskunft im Versorgungsausgleich). **23**

Hingegen sind andere in streitigen FGG-Verfahren analog angewendete ZPO-Vorschriften (Zusammenstellung s. Habscheid Studienbuch § 7 III 1, S. 39/40) für das Hausratsverfahren **nicht anwendbar:** So verbietet sich schon aus der Notwendigkeit, den gesamten Hausrat zu erfassen (BGH Z 18, 143 = NJW 55, 1355) die Zulässigkeit von **Teilentscheidungen.** Allerdings ist es zulässig, durch Teilbeschluß zunächst über die Ehewohnung zu entscheiden und später über den gesamten streitigen Hausrat oder umgekehrt, wenn Entscheidungsreife zunächst nur hinsichtlich eines dieser beiden trennbaren Teilbereiche vorliegt (RGRK/Scheffler Anm. 21). Häufig werden beide Teilbereiche aber schon wegen etwaiger Ausgleichszahlungen miteinander verquickt seint, und auch das billige Ermessen (§ 2 HausrVO) wird regelmäßig die umfassende Gesamtschau der gesamten Auseinandersetzung erfordern. **24**

Auch **Vorabentscheidungen** über den Grund des Anspruchs analog § 304 ZPO sind hier nicht zulässig. **25**

Zweifelhaft ist, ob das **Verbot der reformatio in peius** im Hausratsverfahren gilt. Nach Ansicht des Bundesgerichtshofs gilt das Verbot der Schlechterstellung (reformatio in peius) in den echten Streitsachen der freiwilligen Gerichtsbarkeit (BGH Z 19, 196, 199; BGH Z 71, 314, 317; BGH FamRZ 83, 44, 46). Zu den echten Streitsachen zählt auch das Hausratsverfahren (BGH FamRZ 79, 230, 231). Während der BGH zunächst nicht die Notwendigkeit sah, deshalb die unselbständige Anschlußbeschwerde zuzulassen (BGH Z 19, 199/200), begründete er die Änderung seiner Ansicht später (BGH Z 71, 317/318) mit dem Gebot der Gerechtigkeit (s. a. BayObLG FamRZ 77, 467, 470) und der Prozeßwirtschaftlichkeit. Eine Partei, die sich mit dem ihr ungünstigen Teil der Entscheidung zufriedengeben will, solange nur der ihr günstige vom Gegner nicht angefochten wird, dürfe keinen Nachteil erleiden, wenn der Gegner unter voller Ausnutzung der Frist Rechtsmittel einlege. Die Zulässigkeit unselbständiger Anschlußrechtsmittel wird daher allgemein bejaht (Zöller/Philippi, Rdn. 14–21 zu § 629 a ZPO). **26**

Nun weist aber das Hausratsverfahren die Besonderheit auf, daß **kein bestimmter Sachantrag** zu stellen ist (BGH Z 18, 143 = NJW 55, 1355 = JZ 55, 706 m. Anm. Keidel = MDR 56, 27 m. Anm. Beitzke = LM Nr. 2 zu § 1 HausrVO Anm. Johannsen; OLG Zweibrücken FamRZ 80, 1143). Der Richter hat vielmehr nach billigem Ermessen die Rechtsverhältnisse zu regeln und zu gestalten (Baur/Wolf, FGG-Grundbegriffe, S. 24, 26, 34; s. a. oben Rdn. 27 zu § 1). Da das Gericht **27** auch im Beschwerdeverfahren nicht an die Anträge der Parteien gebunden ist, vielmehr die Hausratsteilung grundsätzlich in ihrer Gesamtheit auf Billigkeit überprüfen muß, wird verschiedentlich daraus hergeleitet, daß eine Schlechterstellung des Rechtsmittelführers im Hausratsverfahren zulässig ist (Keidel JZ 55, 708/709; bezüglich des Hausrats auch Erman/Ronke Rdn. 8 zu § 14 und Hoffmann/Stephan, Rdn. 22, 24 zu § 14). Nach wohl h. M. gilt dagegen das Verbot der reformatio in peius auch im Hausratsverfahren. Außer den vorstehend Rdn. 26 zitierten BGH-Entscheidungen – die sich allerdings auch einschränkend interpretieren lassen (vgl. Rolland Rdn. 6), – bejahen das Verschlechterungsverbot Bay ObLG FamRZ 65, 513 mit krit. Anm. S. 514; OLG Hamm FamRZ 69, 428; Bay ObLG FamRZ 71, 34; Zöller/Philippi Rdn. 37 zu § 621 e ZPO unter Hinweis auf Jansen, FGG § 25 Rdn. 9; bejahend wohl auch Habscheid Studienbuch S. 40, der im übrigen eine Bindung an Sachanträge bejaht, aber einen Antrag auf Verteilung nach Ermessen des Richters für zulässig hält, S. 383 aaO; einschränkend Rolland Rdn. 4, 5 zu § 14; Hoffmann/Stephan Rdn. 24 zu § 14 u. Erman/Ronke, Rdn. 5 zu § 13: Verschlechterungsverbot nur bei Zuweisung der Ehewohnung; gegen diese Unterscheidung wiederum Soergel/Häberle Rdn. 5 zu § 14.

28 Das Verbot der Schlechterstellung in bezug auf die Hausratsteilung wird von den meisten Befürwortern dahin verstanden, daß der Ehegatte **insgesamt wirtschaftlich nicht schlechter gestellt** werden darf; es bedeutet nicht, daß der durch die Entscheidung erworbene „Besitzstand" gegenständlich gewahrt bleiben muß (BayObLG FamRZ 71, 34; BayObLG FamRZ 65, 513; OLG Hamm FamRZ 69, 428; BayObLG FamRZ 77, 467, 470; Rolland Rdn. 5, Soergel/Häberle Rdn. 5, MüKo/Müller-Gindullis Rdn. 7, sämtlich zu § 14 HausrVO). Mit dieser Einschränkung ist das **Verbot der reformatio in peius im Hausratsverfahren zu bejahen.**

29 Eine **einstweilige Verfügung** auf Herausgabe bzw. Rückschaffung von Hausrat ist mit Beginn des Getrenntlebens **unzulässig** (BGH FamRZ 82, 1200 = JZ 83, 73 m. Anm. Walter JZ 83, 54; BGH Z 67, 217 = FamRZ 76, 691 m. Anm. Bosch = LM Nr. 28 zu § 985 BGB Leitsatz m. Anm. Johannsen). Denn auch die Regelung der Besitzverhältnisse an Hausratsgegenständen unter getrennt lebenden Ehegatten, zwischen denen noch kein Scheidungsverfahren anhängig ist (dann § 620 Nr. 7 ZPO), unterfällt dem Verfahren der HausrVO, und nach der Sonderregelung dieses Verfahrens in § 13 Abs. 4 ist nur die einstweilige Anordnung zulässig. Das Prozeßgericht hat die Sache gemäß § 18 HausrVO abzugeben. Der Antrag auf Erlaß einer einstw. Vfg. kann in einen solchen auf Erlaß einer einstw. AO umgedeutet werden; da eine einstw. AO nur im Rahmen eines anhängigen Hauptverfahrens erlassen werden darf, kann der Antrag auf einstw. AO mit dem Antrag auf Einleitung des Hauptverfahrens verbunden werden (BGH FamRZ 82, 1200; kritisch insoweit Walter JZ 83, 54, 56 unter 2c; vgl. a. OLG Düsseldorf FamRZ 78, 358 m. Anm. Bosch). Dagegen unterfällt nicht dem Verfahren der HausrVO das Herausgabeverlangen eines Ehegatten, das auf eine angebliche Einigung der Parteien über den Hausratsgegenstand gestützt wird; insoweit kann

eine einstw. Vfg. ergehen (BGH u. Walter aaO; OLG Frankfurt FamRZ 79, 515).

Wird eine Ehesache anhängig, so haben die Ehegatten **die Wahl, wegen der Benutzung der Ehewohnung und des Hausrats eine einstw. AO nach § 620 Abs. 1 Nr. 7 ZPO oder** – in dem bereits anhängigen isolierten Hausratsverfahren – **nach § 13 Abs. 4 HausrVO** zu beantragen (OLG Hamm FamRZ 68, 648; LG Essen NJW 59, 2215; Soergel/Häberle Rdn. 4 zu § 18a HausrVO; Zöller-Philippi Rdn. 27 zu § 620 ZPO m. w. Hinw.; Rolland Rdn. 40 zu § 620 ZPO; **a. A.** OLG Stuttgart FamRZ 78, 686; Rolland Rdn. 10; Bergerfurth FamRZ 85, 545, 549; Erman/Ronke Rdn. 9). Da für beide Verfahren dasselbe Familiengericht zuständig sein wird, hat die Konkurrenz beider Verfahren an Bedeutung verloren (Rolland aaO). 30

Im isolierten Hausratsverfahren ergeht die **Endentscheidung als Beschluß; im Verbund** mit der Scheidungssache ergeht ein einheitliches **Urteil,** § 629 Abs. 1 ZPO. Die Entscheidung ist zu begründen (BVerfGE 6, 32, 45 = NJW 57, 298). Allerdings dürfen aus der Verpflichtung des § 2 S. 2 HausrVO, „alle Umstände des Einzelfalls" zu berücksichtigen, keine übetriebenen Anforderungen für die Begründung hergeleitet werden. Der Richter genügt seiner Begründungspflicht, wenn er sich mit den wesentlichen, im Einzelfall in Betracht kommenden Umständen befaßt; wenn dieser oder jener von einer Partei geltend gemachte Umstand in den Beschlußgründen nicht erörtert wird, kann trotzdem nicht ohne weiteres davon ausgegangen und gerügt werden, das Gericht habe ihn nicht berücksichtigt (Johannsen LM Nr. 2 zu § 1 HausrVO, Anm. zu BGH Z 18, 143). 31

Hausratssachen sind jetzt – soweit sie nicht Folgesachen i. S. des § 623 Abs. 1 S. 1 ZPO sind – **Feriensachen,** § 200 Abs. 2 Nr. 5 b GVG. Damit hat der Gesetzgeber den früheren Rechtszustand (keine Feriensachen, vgl. BayObLG FamRZ 80,908 = MDR 80, 586) geändert, um der Tatsache Rechnung zu tragen, daß im isolierten Verfahren über die Regelung der Rechtsverhältnisse an der Ehewohnung und am Hausrat ein Bedürfnis für eine beschleunigte Erledigung bestehen kann (BT-Drucks. 10/2888 S. 21). Darüber hinaus werden **auch in** Hausratsverfahren, die **Folgesachen** sind, **einstweilige Anordnungen** analog § 200 Abs. 2 Nr. 2 GVG **während der Gerichtsferien** für **zulässig** gehalten (Dickert FamRZ 81, 939; Baumbach/Albers, Anm. 2 und Zöller/Gummer, Rdn. 12, beide zu § 200 GVG). Dem ist zuzustimmen. 32

Wird **Prozeßkostenhilfe** für das Hausratsverfahren beantragt, so ist auch dieses Verfahren nur im Rahmen des § 200 Abs. 2 Nr. 5 b GVG Feriensache. Eine im Hausratsverfahren als Folgesache gleichwohl ergangene PKH-Entscheidung hat aber Bestand (OLG München NJW 82, 2328 gegen OLG Saarbrücken NJW 68, 996).

Zum Rechtsmittelverfahren und zur Wiedereinsetzung in den vorigen Stand s. Rdn. 17 ff zu § 14.

Wird der Familienrichter im Hausratsverfahren wegen **Besorgnis der Befangenheit** abgelehnt, so hat gemäß § 621 a Abs. 1 S. 2 i. V. m. § 45 Abs. 2 n. F. ZPO darüber jetzt das Oberlandesgericht zu entscheiden, und zwar der zuständige Familiensenat, dessen Entscheidung nicht mit der sofortigen Beschwerde anfechtbar ist, BT-Drucks. 10/2888 S. 43.

III. Mündliche Verhandlung, Abs. 2

33 Der Richter „soll mit den Beteiligten in der Regel" mündlich verhandeln. Das Wort „soll" verwendet die HausrVO mit unterschiedlicher Bedeutung. Die erforderliche differenzierende Betrachtungsweise ergibt sich aus den amtlichen Erläuterungen des Verordnungsgebers (DJ 44, 278) und aus dem Zusammenhang mit anderen Wörtern („soll... nur" in § 3 Abs. 1, § 4, § 10 Abs. 2, „soll... in der Regel" in § 13 Abs. 2). Aufschlußreich für die Terminologie des Gesetzgebers ist ein Vergleich mit der durch Art. 4 Nr. 7 des Gleichberechtigungsgesetzes vom 18. 6. 1957 in das Gesetz aufgenommenen Bestimmung des § 53a FGG: In den dort vorgesehenen Fällen des Zugewinnausgleichs und des vorzeitigen Erbausgleichs „soll das Gericht" bei bestimmten Maßnahmen ebenfalls „mit den Parteien mündlich verhandeln und darauf hinwirken, daß sie sich gütlich einigen". Dort fehlt der Zusatz „in der Regel". Das bedeutet, daß das Gericht (dort) zur mündlichen Verhandlung im Rahmen des § 53a FGG verpflichtet ist, und das Wort „soll" besagt lediglich, daß ein Verstoß nicht schlechthin einen Verfahrensmangel darstellt (Keidel/Kuntze/Winkler, Rdn. 7 zu § 53a FGG). Während aus der Verwendung der Wörter „soll... nur" zu schließen ist, daß die Vorschrift für den Richter zwingend ist (s. oben Rdn. 6 zu § 4, Rdn. 9 zu § 10), wird diese stringente Regelung in § 3 Abs. 1 gelockert und dem Richter ein Ermessensspielraum eingeräumt durch den Zusatz, „wenn dies notwendig ist, um eine unbillige Härte zu vermeiden". Auch in § 13 Abs. 2 hat der Verordnungsgeber durch den Zusatz „in der Regel" zu erkennen gegeben, daß der Richter einen gewissen, wenn auch eng begrenzten Spielraum bei der Entscheidung hat, ob mündlich zu verhandeln ist (vgl. OLG Freiburg Rpfl 53, 523; KG MDR 66, 928). Die mündliche Verhandlung ist also **grundsätzlich** – schon wegen der Verpflichtung des Richters, eine gütliche Einigung zu versuchen – **obligatorisch.**

34 **In Ausnahmefällen** kann der Richter allerdings aus triftigen Gründen **davon absehen** (OLG Hamm JMBl NRW 50, 11; BayObLG FamRZ 70, 36; OLG Braunschweig FamRZ 80, 568), etwa wenn ein Einigungsversuch aussichtslos erscheint, wenn es keiner weiteren Sachaufklärung bedarf (KG MDR 66, 928), oder wenn das Erscheinen eines außerhalb wohnenden Beteiligten mit Umständen und Kosten verbunden wäre, die in einem Mißverhältnis zum Wert des Streitgegenstandes stünden (OLG Hamm JMBl NRW 50, 11; OLG Freiburg Rpfl 53, 523, 524).

35 Diese Grundsätze gelten **auch** für das Verfahren **im zweiten Rechtszug** (Bay ObLG FamRZ 70, 36; OLG Braunschweig FamRZ 80, 568; Keidel/Kuntze/Winkler, Rdn. 7 zu § 53a FGG).

36 Mit dem Grundsatz, daß in der Regel mündlich zu verhandeln ist, wollte der Verordnungsgeber eine gütliche Einigung fördern (BayObLG FamRZ 70, 36) und den Beteiligten Gelegenheit geben, ihr Anliegen mündlich vorzutragen. Daraus kann aber nicht geschlossen werden, daß ähnlich wie im Zivilprozeß (vgl. § 128 ZPO) nur das in der mündlichen Verhandlung Vorgetragene zur Grundlage der Entscheidung gemacht werden darf (RGRK/Scheffler Anm. 6). Eine **Be-**

schränkung des bei der Entscheidung **zu berücksichtigenden Streitstoffs auf das in der mündlichen Verhandlung Vorgebrachte** gibt es also im isolierten Hausratsverfahren nicht (MüKo/Müller-Gindullis Rdn. 9; Keidel/Kuntze/Winkler, Vorbem. vor § 8 FGG, Rdn. 10a), wohl aber, wenn das Hausratsverfahren als Folgesache betrieben wird (Keidel/Kuntze/Winkler aaO).

In der zweiten Instanz ist es zulässig, durch Beschluß einem Mitglied des Gerichts die Beweisaufnahme und die Anhörung von Beteiligten zu übertragen; dabei kann dieses Mitglied als **beauftragter Richter** auch auf die gütliche Einigung hinwirken (Keidel/Kuntze/Winkler, Rdn. 6 zu § 30 FGG). Die Bestellung eines Einzelrichters ist außer im Verbundverfahren unzulässig (BayObLG FamRZ 86, 102; Soergel/Häberle Rdn. 5; Keidel aaO Rdn. 7). **37**

Die **Entscheidung** braucht im isolierten Hausratsverfahren **nicht von den gleichen Richtern erlassen** zu werden, die an der mündlichen Verhandlung teilgenommen haben (MüKo/Müller-Gindullis Rdn. 11; Hoffmann/Stephan Rdn. 24; Erman/Ronke Rdn. 6; a. A. RGRK/Scheffler Anm. 7, 8). Denn die mündliche Verhandlung hat hier nicht dieselbe Bedeutung wie im Zivilprozeß; sie „soll in der Regel" stattfinden, und außerdem ist – anders als im Zivilprozeß – auch alles zu berücksichtigen, was nach der mündlichen Verhandlung noch vorgetragen oder bekannt wird. Allerdings kann es § 12 FGG gebieten, bei einem Richterwechsel eine erneute mündliche Verhandlung stattfinden zu lassen (MüKo/Müller-Gindullis Rdn. 11). **38**

IV. Gütliche Einigung, Abs. 3

Kommt eine gütliche Einigung zustande, so ist der **Vergleich** nach §§ 159 ff ZPO **zu protokollieren.** Die Niederschrift ist ein Titel i. S. von § 794 Abs. 1 Nr. 1 ZPO, aus dem vollstreckt werden kann, § 16 Abs. 3 HausrVO. **39**

Die Regelung im Vergleich kann über das hinausgehen, was Gegenstand des Hausratsverfahrens ist, sich also auch auf Gegenstände erstrecken, über die nicht hätte im Rahmen der HausrVO entschieden werden können (h. M.: Hoffmann/Stephan Rdn. 28; Soergel/Häberle Rdn. 6; Erman/Ronke Rdn. 7; MüKo/Müller-Gindullis Rdn. 12; wohl auch Rolland Rdn. 8). Da mit Recht bei sog. „Mischfällen" die Zuständigkeit des Familiengerichts kraft Sachzusammenhangs bejaht wird (Walter, Prozeß, II 7d cc, S. 62/63; derselbe in JZ 83, 56/57), verliert diese Frage an Bedeutung. **40**

V. Einstweilige Anordnungen, Abs. 4

Der Richter kann einstweilige Anordnungen treffen. **Voraussetzung** ist aber immer, daß ein **Hauptverfahren anhängig** ist (BGH FamRZ 82, 1200 = JZ 83, 73 m. Anm. Walter JZ 83, 54). Ohne Schwierigkeit kann allerdings der (isoliert gestellte) Antrag auf Erlaß einer einstweiligen Anordnung mit dem Antrag auf Einleitung eines entsprechenden Hauptverfahrens verbunden werden (BGH aaO unter Hinweis auf OLG Düsseldorf FamRZ 78, 358, 359). **41**

42 Die einstweilige Anordnung selbst kann auch **ohne Antrag von Amts wegen** erlassen werden (Erman/Ronke Rdn. 8; Rolland Rdn. 9; a. A. Schwab Rdn. 855). Eines Antrags bedarf es dagegen, wenn die Verpflichtung zur Leistung eines Kostenvorschusses für das Hausratsverfahren durch einstweilige Anordnung geregelt werden soll, § 621 f ZPO. Diese Regelung ist unanfechtbar, § 621 f Abs. 2 S. 1 ZPO.

43 Ist im Eheprozeß eine einstweilige Anordnung ergangen oder könnte sie gemäß § 620 Abs. 1 Nr. 7 ZPO beantragt werden, so ist gleichwohl eine einstweilige Anordnung im Verfahren auf Hausratsteilung während des Getrenntlebens gemäß § 18 a HausrVO, § 1361 a BGB (Soergel/Häberle Rdn. 4 und 5 zu § 18 a) oder § 1361 b BGB zulässig. Die Ehegatten haben also **die Wahl, in welchem Verfahren** sie **die einstweilige Anordnung** beantragen wollen (s. oben Rdn. 30). Dabei ist allerdings zu bedenken, daß eine einstweilige Anordnung nach § 620 Abs. 1 Nr. 7 ZPO bis zum Wirksamwerden einer anderweitigen Regelung in Kraft bleibt, § 620 f S. 1 ZPO, während die im Hausratsverfahren ergangene Anordnung nach Auflösung der Ehe außer Kraft tritt (RGRK/Scheffler Anm. 15 zu § 18 a; Zöller-Philippi Rdn. 27 zu § 620 ZPO).

44 Die einstweilige Anordnung soll die Entscheidung nicht vorwegnehmen und **keine endgültigen Tatsachen schaffen.** Außer der Regelung vorläufiger Benutzung von Ehewohnung und Hausrat kann sie auch den Zweck haben, Verfügungen über die Ehewohnung oder die Veräußerung bzw. Beiseiteschaffung von Hausrat zu verhindern (MüKo/Müller-Gindullis Rdn. 13).

45 Die **Anfechtbarkeit einstweiliger Anordnungen nach der HausrVO** ist umstritten. Die Frage, ob der Erlaß oder die Ablehnung einer einstweiligen Anordnung nach § 13 Abs. 4 angefochten werden kann, beschäftigt seit langem Literatur und Rechtsprechung. Bis zum Erlaß des 1. EheRG wurde die Anfechtbarkeit überwiegend verneint (BayObLG FamRZ 71, 256 m. abl. Anm. Göppinger FamRZ 71, 584; Rolland Rdn. 10 a; Hoffmann/Stephan Rdn. 8; a. A. Göppinger JR 62, 47). Dies wurde teils damit begründet, daß § 14 HausrVO (alter Fassung) nur bei Endentscheidungen die sofortige Beschwerde zulasse. Später wurde überwiegend darauf abgehoben (vgl. KG FamRZ 65, 571), daß ebenso wie bei anderen Regelungsstreitigkeiten (Vertragshilfegesetz § 18 Abs. 2 S. 3, Wohnungseigentumsgesetz § 44 Abs. 3, Verfahren bei Zugewinnausgleichung § 53 a Abs. 3 FGG) auch bei der HausrVO eine Anfechtung einstweiliger Anordnungen ausgeschlossen sein müsse, obwohl in dieser VO der Ausschluß nicht ausdrücklich ausgesprochen worden ist (RGRK/Scheffler Anm. 26 m. w. Hinw.). Diese Auslegung wird durch die amtlichen Erläuterungen zu § 13 HausrVO bestätigt (DJ 44, 281); danach entsprechen die Verfahrensbestimmungen in § 13 Abs. 1–4 HausrVO „den Vorschriften, die für die richterliche Vertragshilfe in anderen Fällen gelten". Der Verordnungsgeber wollte also nicht – abweichend von anderen Fällen richterlicher Vertragshilfe – für die HausrVO die Anfechtung einstweiliger Anordnungen zulassen. Durch die Neufassung des § 13 hat sich daran nichts geändert. **Einstweilige Anordnungen im Hausratsverfahren sind** daher – sofern nicht die gesetzliche Grundlage fehlt (OLG Stuttgart FamRZ 78, 686; OLG Düsseldorf

FamRZ 84, 1095 m. krit. Anm. Luthin: keine greifbare Gesetzwidrigkeit im konkreten Fall) – **unanfechtbar,** und auch die Ablehnung ist unanfechtbar (OLG Düsseldorf FamRZ 78, 257; OLG Hamm FamRZ 78, 257; OLG Düsseldorf FamRZ 79, 620; OLG Frankfurt FamRZ 80, 174; OLG Zweibrücken FamRZ 80, 902; OLG Hamm FamRZ 82, 274; OLG Karlsruhe FamRZ 82, 274; Soergel/Häberle Rdn. 8; MüKo/Müller-Gindullis Rdn. 14 und Erg.Lieferg. Rdn. 14; RGRK/Graßhof, Rdn. 107 zu § 1564 BGB; Erman/Ronke Rdn. 8; Schettler ZMR 83, 328; **a. A.** OLG Karlsruhe FamRZ 80, 902; OLG Düsseldorf FamRZ 81, 872 und FamRZ 85, 1153; KG FamRZ 82, 272; OLG Oldenburg FamRZ 82, 273; OLG Koblenz FamRZ 85, 500 und FamRZ 85, 931 unter Aufgabe der früheren Rechtsprechung; Habscheid Studienbuch S. 383/84).

Die Gegenmeinung stützt sich u. a. auf die lange Zeit umstrittene, inzwischen **46** durch § 1361 b BGB geklärte Zulässigkeit der Zuweisung der Ehewohnung vor Anhängigkeit eines Scheidungsverfahrens und machte geltend, die Alleinzuweisung der Ehewohnung durch einstweilige Anordnung im isolierten Hausratsverfahren stelle einen so schwerwiegenden Eingriff dar, daß – entsprechend der Anfechtung nach § 620 c ZPO – die Beschwerde nach § 19 FGG gegeben sein müsse (OLG Karlsruhe FamRZ 80, 902; OLG Köln FamRZ 83, 732). Darin lag eine **dreifache Analogie:** Die Ehewohnung wurde dem Hausrat gleichgestellt, die Regelungsmöglichkeit während des Getrenntlebens wurde auf die Zeit vor dem Getrenntleben ausgedehnt (um das Getrenntleben überhaupt erst zu ermöglichen), und die Beschwerdemöglichkeit im Eheverfahren (§ 620 c ZPO bei Alleinzuweisung der Wohnung) wurde auf das Hausratsverfahren ausgedehnt. Dabei wurde die dritte Analogie auf die beiden vorangegangenen gestützt: der einerseits (mit Hilfe doppelter Analogie) für zulässig gehaltene Eingriff sei andererseits nun wiederum so schwerwiegend, daß er anfechtbar sein müsse, jedenfalls, soweit es um die Alleinzuweisung der Wohnung geht. Hier wurde mit einer allzu gewagten (weil dreifachen) Analogie versucht, eine Aufgabe zu lösen, die nur der Gesetzgeber lösen konnte und durch den neu geschaffenen § 1361 b BGB auch gelöst hat. Eine stichhaltige Begründung für die Anfechtbarkeit einstweiliger Anordnungen im Hausratsverfahren war jedenfalls auch auf dem Umweg über die Zuteilung der Ehewohnung vor Einleitung des Scheidungsverfahrens nicht zu gewinnen.

Für die Tätigkeit des Rechtsanwalts im Rahmen einer einstweiligen Anord- **47** nung nach § 13 Abs. 4 kann keine Gebühr erhoben werden (OLG Bamberg JurBüro 85, 549 m. zust. Anm. Mümmler), da es sich weder um eine selbständige Gebührenangelegenheit i. S. d. § 13 Abs. 2 BRAGO noch um einen besonderen Gegenstand innerhalb einer Angelegenheit nach § 7 Abs. 2 BRAGO handelt.

§ 14. Rechtsmittel

Eine Beschwerde nach § 621 e der Zivilprozeßordnung, die sich lediglich gegen die Entscheidung über den Hausrat richtet, ist nur zulässig, wenn der Wert des Beschwerdegegenstandes eintausend Deutsche Mark übersteigt.

I. Allgemeines

1 Die Bestimmung ist wiederholt geändert worden. Das Rechtsmittel war ursprünglich die sofortige Beschwerde. Mit der Fristgebundenheit wurde dem Umstand Rechnung getragen, daß die Entscheidungen des Hausratsrichters erst mit der Rechtskraft wirksam werden, § 16 Abs. 1 HausrVO. Im Interesse der Rechtsklarheit durfte die Frage, ob die Endentscheidung Bestand hat, nicht auf unbestimmte Zeit in der Schwebe bleiben (KG MDR 66, 54). Das 1. EheRG hat die Anfechtung für alle FGG-Familiensachen einheitlich geregelt und als Rechtsmittel die berufungsähnlich ausgestaltete Beschwerde des § 621 e ZPO eingeführt. Dabei ist die besondere Zulässigkeitsvoraussetzung des § 14 – Beschwerdewertgrenze bei nur den Hausrat betreffenden Entscheidungen – beibehalten worden.

2 In der ursprünglichen Fassung des § 14 war der Wert des Beschwerdegegenstandes auf 500,– Reichsmark festgesetzt. 1948 wurde er für die Britische Zone auf 50,– DM herabgesetzt, während in der Amerikanischen und Französischen Zone die Wertgrenze 500,– DM betrug (BGHZ 5, 39). Die Vereinheitlichung erfolgte mit Wirkung ab 1. Januar 1962 durch Festlegung der Wertgrenze auf 300,– DM (vgl. Göppinger JR 62, 47). Da der **Sinn der Wertgrenze** darin liegt, **das Rechtsmittelgericht nicht mit Bagatellsachen zu befassen** (LG München I FamRZ 70, 38), erwies sich diese Wertgrenze im Hinblick auf die Einkommensentwicklung schließlich als zu niedrig. Sie wurde deshalb durch das 1. EheRG 1977 auf 500,– DM und durch Gesetz vom 8. 12. 1982 (BGBl. I S. 1615) mit Wirkung vom 1. 1. 1983 auf 1000,– DM angehoben.

3 Die Wertgrenze gilt **nur, wenn lediglich** die Entscheidung über den **Hausrat angefochten wird.** Die Anfechtung einer Entscheidung über die Ehewohnung ist unabhängig vom Wert des Beschwerdegegenstandes zulässig.

4 Unabhängig von der Wertgrenze konnte der Amtsrichter früher die Beschwerde betreffend Hausrat auch zulassen „wegen der tatsächlichen oder rechtlichen Bedeutung der Sache“ (§ 14 Abs. 1 S. 2 a. F.). Diese Beschwerdemöglichkeit hat das 1. EheRG beseitigt, weil für sie kein besonderes Bedürfnis bestand. Auch die Möglichkeit einer weiteren Beschwerde (§ 14 Abs. 2 a. F.) ist beseitigt worden, weil in Hausratssachen nach § 621 e Abs. 2 S. 1, § 629 a Abs. 1 ZPO ein dritter Rechtszug nicht mehr eröffnet ist (Rechtsanwenderbroschüre S. 398; s. zur Unzulässigkeit der weiteren Beschwerde auch unter Rdn. 25).

II. Beschränkung der Vorschrift auf Endentscheidungen, § 621 e ZPO

5 Die Vorschrift regelt die Anfechtbarkeit von **End**entscheidungen nach der Hausratsverordnung. Bei Endentscheidungen wird über den Gegenstand des Verfahrens in einer die Instanz beendenden Weise entschieden (KG FamRZ 60, 239; Zöller-Philippi, Rdn. 2 zu § 621 e ZPO). Nur solche Endentscheidungen (zu denen auch die Entscheidung über die Räumungsfrist gehört, s. unten Rdn. 21), sind mit der befristeten Beschwerde nach § 621 e ZPO anfechtbar. Zwischenent-

scheidungen, die geeignet sind, in Rechte der Beteiligten einzugreifen, sind mit der einfachen, unbefristeten Beschwerde nach §§ 19 I, 20 ff FGG anfechtbar (BGH FamRZ 79, 224 und FamRZ 79, 696 betr. Zwangsgeldandrohung nach § 33 FGG; Walter, Prozeß S. 135). So ist z. B. **mit der einfachen Beschwerde anzufechten** die Entscheidung über die Versagung der Prozeßkostenhilfe (Jansen, FGG, Vorbem. vor § 19 Rdn. 23), über die Aussetzung des Wohnungsregelungsverfahrens bis zur Sorgerechtsentscheidung (LG Lübeck SchlHA 59, 52), die Entscheidung, durch die der Familienrichter ablehnt, im Hausratsverfahren tätig zu werden (LG Hamburg FamRZ 55, 139 L; KG FamRZ 60, 239; Soergel/Häberle Rdn. 4; Erman/Ronke Rdn. 5; Jansen, FGG, Vorbem. vor § 19 Rdn. 19; **a. A.** MüKo/Müller-Gindullis Rdn. 5 und 10, der darin eine nach § 621 e ZPO anfechtbare Endentscheidung sieht), oder eine Entscheidung, die jeder gesetzlichen Grundlage entbehrt (OLG München Bay JM Bl 56, 91).

Nicht anfechtbar sind dagegen nach der hier vertretenen Ansicht **einstweilige Anordnungen** (s. oben Rdn. 45–48 zu § 13; **a. A.** jetzt auch OLG Koblenz FamRZ 85, 500). 6

Das Rechtsmittel gegen die Endentscheidung kann die **Beschwerde oder** die **Berufung** sein. Handelt es sich um eine Verbundentscheidung (§ 623 Abs. 1 ZPO) und soll nur die Hausratssache (§ 621 Abs. 1 Nr. 7 ZPO) allein oder im Zusammenhang mit anderen, nach dem FGG-Verfahren zu behandelnden Sachen (§ 621 Abs. 1 Nr. 1–3, 6, 9 ZPO) angefochten werden, so ist die berufungsähnlich ausgestaltete befristete Beschwerde nach § 621 e ZPO gegeben, § 629 a Abs. 2 S. 1 ZPO. Soll gleichzeitig die Entscheidung in der Scheidungssache selbst oder in einer zivilprozessualen Folgesache (§ 621 Abs. 1 Nr. 4, 5 und 8 ZPO) angefochten werden, ist Berufung einzulegen. Wird nach Einlegung der Beschwerde noch Berufung eingelegt, so ist das gesamte Rechtsmittelverfahren als Berufungsverfahren weiterzuführen (§ 629 a Abs. 2 S. 2 ZPO). 7

III. Zulässigkeitsbeschränkung durch Wertgrenze

Die Anfechtung der Endentscheidung im Hausratsverfahren wird durch die Wertgrenze des § 14 wesentlich eingeschränkt. Richtet sich das Rechtsmittel **nur gegen** die Entscheidung über den **Hausrat,** so **muß der Wert** des Beschwerdegegenstandes **1000,–DM übersteigen.** Diese Einschränkung gilt sowohl für den Fall, daß eine im Verfahrensverbund ergangene Entscheidung nach der HausrVO angefochten werden soll, wie für den Fall der Anfechtung einer isolierten Entscheidung nach der HausrVO. 8

Richtet sich das Rechtsmittel dagegen sowohl gegen die Wohnungs- als auch gegen die Hausratsregelung oder nur gegen die Wohnungsregelung, so unterliegt die Beschwerde keiner solchen Wertgrenzen-Beschränkung. Der Beschwerdewert hinsichtlich des Hausrats ist also unerheblich, wenn gleichzeitig die Wohnungsregelung angefochten wird (OLG Frankfurt NJW 63, 594). 9

10 Der **Wert des Beschwerdegegenstandes** wird unterschiedlich definiert. Da im Hausratsverfahren, und zwar auch in der Beschwerdeinstanz, keine genau formulierten Anträge gestellt werden müssen, über die der Richter nicht hinausgehen darf (**a. A.** insoweit Habscheid, FGG-Studienbuch S. 383), das Gericht vielmehr einheitlich über alle noch zu verteilenden Gegenstände zu entscheiden hat (BGHZ 18, 143 ff, 145, 146), gelangt mit der Anfechtung „das Verfahren als ganzes in die Beschwerdeinstanz" (BGH aaO). Das heißt, daß grundsätzlich alle Hausratsgegenstände, über deren Zuteilung der Hausratsrichter mangels Einigung der Parteien entscheiden mußte, mit der Rechtsmitteleinlegung in der Beschwerdeinstanz zur Entscheidung anfallen, auch wenn nur die Zuteilung einzelner Gegenstände beanstandet wird (vgl. Johannsen LM Nr. 2 § 1 HausrVO, Anmerkung zu BGH Z 18, 143, wonach „ein Rechtsmittel das ganze Verfahren über alle unverteilten Hausratsgegenstände vor das Beschwerdegericht bringt").

11 Die nach Billigkeit zu treffende Entscheidung des Erstrichters beruht in der Regel auf der ausgewogenen Verteilung aller noch streitigen Hausratsgegenstände. Diese Ausgewogenheit wird zwangsläufig gestört, wenn einzelne Gegenstände anders verteilt werden. Die **Verteilung muß insgesamt überprüft** und neu bewertet **werden,** um die Ausgewogenheit wieder herzustellen.

12 Der **Wert des Beschwerdegegenstandes ist nicht damit identisch** (Bay ObLG Z 55, 324, 327; Jansen, FGG, Vorbem. vor § 19, Rdn. 19). Sein **Rahmen ist enger.** Hätte der Verordnungsgeber gewollt, daß der Wert des gesamten noch unverteilten Hausrats maßgebend sein sollte, dann hätte er die Zulässigkeit der Beschwerde nicht an den „Wert des Beschwerdegegenstandes" geknüpft, sondern eben den Wert des unverteilten Hausrats als maßgebend bezeichnet (BayObLG Z 59, 472, 475). Zumindest hätte er das bei einer der mehrfachen Änderungen der Bestimmung (s. oben Rdn. 1 ff) zum Ausdruck gebracht. Der Wert des Beschwerdegegenstandes wird daher teilweise nach dem Unterschied zwischen den in der Vorinstanz gestellten Anträgen und dem Inhalt der angefochtenen Entscheidung bemessen (BayObLG Z 55, 324 und 59, 472; LG München I FamRZ 70, 38; Hoffmann/Stephan Rdn. 5). Mit Recht wird dagegen geltend gemacht, daß dieser Differenzbetrag nur die äußerste Grenze darstellt (Erman/Ronke Rdn. 3), daß der Wert des Beschwerdegegenstandes aber geringer sein muß, soweit sich der Beschwerdeführer der Entscheidung fügt, sie also nicht angreift (RGRK/Scheffler Anm. 5). Diese Hausratsgegenstände sind nicht (mehr) streitig; ihr Wert bleibt unberücksichtigt (MüKo/Müller-Gindullis Rdn. 3). Anders ist es allerdings, wenn eine Partei dem Vorschlag der anderen nur mit dem Vorbehalt zustimmt, daß auch der restliche Hausrat gemäß ihren Wünschen aufgeteilt werde: dann unterliegt alles noch der Gesamtteilung (BayObLG Z 59, 472, 476).

13 Der Wert des Beschwerdegegenstandes ist also der **Wert der Gegenstände, deren anderweite Zuweisung der Beschwerdeführer mit der Beschwerde erstrebt** (KG Rpfl 61, 159 und FamRZ 60, 241; Jansen FGG, Vorbem. vor § 19 Rdn. 19; Rolland Rdn. 2c; MüKo/Müller-Gindullis Rdn. 3). Da der Beschwerdeführer zwar keinen Sachantrag zu stellen braucht (BGH FamRZ 79, 232), aber

doch kurz ausführen muß, warum er sich durch die Entscheidung beschwert fühlt, d. h. was er an ihr mißbilligt (BGH FamRZ79, 909), wird aus der Beschwerdebegründung hervorgehen, welche Hausratsgegenstände der Beschwerdeführer begehrt, welche also noch streitig sind.

Dieser Wert ist maßgebend, und zwar der **Verkehrswert** (OLG Zweibrücken FamRZ76, 699; LG München I FamRZ70, 38; Rolland Rdn. 2c; Erman/Ronke Rdn. 3), nicht etwa der Wert, den der andere dafür zu zahlen bereit wäre (Bay ObLG Z59, 472, 476). Nach der Lebenserfahrung verliert Hausrat sehr rasch an Wert (LG München I FamRZ70, 39). Daher ist bei gebrauchtem Mobiliar i. d. R. ein gegenüber dem Beschaffungswert sehr reduzierter Wert anzusetzen (OLG Saarbrücken FamRZ84, 1031 L = AnwBl84, 372 m. abl. Anm. Schmidt). Der bloße Verkaufswert, den das OLG Saarbrücken (aaO) zugrunde legen will, erscheint allerdings im Regelfall zu niedrig, da er bei gebrauchten Möbeln häufig gleich Null sein wird. Für den Ehegatten, der die Neuanschaffung spart, hat der Hausrat auch dann noch einen Wert, wenn ein Dritter nichts dafür zahlen würde (so zutreffend Schmidt AnwBl84, 372; vgl. a. Rdn. 6 zu § 21). **14**

Unberücksichtigt bleibt beim Wert des Beschwerdegegenstandes **ein** erst **in der Rechtsmittelinstanz erweiterter Antrag** auf Zuteilung noch anderer Hausratsgegenstände; denn sonst hätte es der Beschwerdeführer in der Hand, die wegen Unterschreitens der Wertgrenze unzulässige Beschwerde nachträglich zulässig zu machen (BayObLG Z55, 327; LG München I FamRZ70, 38; **a. A.** RGRK/Scheffler Anm. 5). **15**

Der Wert des Beschwerdegegenstandes ist vom Beschwerdeführer, da weder die HausrVO noch das FGG Bestimmungen über die Ermittlung des Beschwerdewerts enthalten, entsprechend § 511a Abs. 2 ZPO **glaubhaft zu machen** (KG FamRZ60, 241 und Rpfl61, 159; Hoffmann/Stephan Rdn. 6; Soergel/Häberle Rdn. 7; RGRK/Scheffler Anm. 5; MüKo/Müller-Gindullis Rdn. 4; Jansen FGG, Vorbem. vor § 19 Rdn. 21). Mangels hinreichender Glaubhaftmachung darf das Gericht auf Grund des Akteninhalts den Wert **nach freiem Ermessen schätzen** und auch von Amts wegen Beweise erheben, ohne allerdings dazu verpflichtet zu sein (KG aaO und Jansen aaO). Die von der Gegenmeinung verlangte Ermittlung des Beschwerdewerts von Amts wegen (BayObLG Z59, 472; OLG Zweibrücken FamRZ76, 699; Palandt/Diederichsen Anm. 1, Rolland Rdn. 1; Erman/Ronke Rdn. 3, Keidel/Kuntze/Winkler, FGG, Vorbem. vor § 19, Rdn. 8) trägt dem Umstand nicht hinreichend Rechnung, daß die Beschwerde des § 621e ZPO in Form und Frist der Berufung angeglichen ist; daher rechtfertigt sich die entsprechende Anwendung des § 511a Abs. 2 ZPO. **16**

IV. Besonderheiten des Beschwerdeverfahrens

Das Beschwerdeverfahren unterliegt dem **Anwaltszwang** nur, wenn es ein Verbundverfahren ist (s. dazu oben Rdn. 7–9 zu § 13). **17**

18 Die Beschwerde hat **aufschiebende Wirkung,** § 16 Abs. 1 S. 1 HausrVO. Sie ist innerhalb der Beschwerdefrist von einem Monat (§ 621 e Abs. 3 S. 2 i. V. m. § 516 ZPO) – die mit der Zustellung der anzufechtenden Entscheidung beginnt (§ 621 a Abs. 1 S. 2 i. V. m. § 329 Abs. 3 ZPO) – bei dem Beschwerdegericht einzulegen. Es genügt aber, wenn eine beim unzuständigen Gericht eingelegte Beschwerde innerhalb der Frist zum OLG gelangt (BGH FamRZ 78, 232 und 492). Die Beschwerde ist **zu begründen,** wobei allerdings mangels entsprechender Verweisung in § 621 e Abs. 3 S. 2 ZPO nicht die strengen Anforderungen gelten wie für die Berufungsbegründung in § 519 Abs. 3 ZPO. Es genügt vielmehr, daß der Beschwerdeführer kurz ausführt, warum er sich beschwert fühlt, und was er an der angefochtenen Entscheidung mißbilligt (BGH FamRZ 79, 909). Auch kann zur Begründung auf einen bereits bei den Akten befindlichen Schriftsatz Bezug genommen werden, auch stillschweigend (BGH FamRZ 79, 30). Ein Antrag, der Richter möge die Verteilung nach seinem Ermessen vornehmen (so Habscheid, FGG-Studienbuch S. 383), dürfte nur in der 1. Instanz zulässig sein. Eine Bezugnahme darauf als Beschwerdebegründung wäre unzureichend.

19 Wird die Beschwerdefrist versäumt, so sind **für die Wiedereinsetzung** in den vorigen Stand die Bestimmungen der **§§ 233 ff ZPO maßgebend,** nicht § 22 Abs. 2 FGG; denn für das zweitinstanzliche Verfahren gelten die Sondervorschriften des § 621 e ZPO, die die in § 22 FGG enthaltenen Vorschriften verdrängen (BGH FamRZ 79, 30).

20 Eine **Teilanfechtung** im Hausratsverfahren ist insoweit **unzulässig,** als nur die Verteilung einzelner Hausratsobjekte Gegenstand des Beschwerdeverfahrens sein soll. Da aber das Beschwerdegericht unabhängig von den Sachanträgen der Beteiligten ebenso wie das Amtsgericht über den gesamten Hausrat als einheitlichen Sachinbegriff zu befinden hat (BGH Z 18, 143; Jansen FGG, Vorbem. vor § 19, Rdn. 19; s. a. oben Rdn. 10), ist die Beschränkung in dem Sachantrag des Beschwerdeführers unschädlich und macht die Beschwerde nicht unzulässig (Bay ObLG FamRZ 70, 33, 34; Erman/Ronke Rdn. 7; wohl auch Rolland Rdn. 4; weitergehend RGRK/Scheffler Anm. 13, der die Beschränkung der Beschwerde auf einzelne Hausratsgegenstände für zulässig hält).

21 Die **Teilanfechtung** ist gleichwohl **zulässig, wenn** es sich um **trennbare** Teile der Entscheidung im Hausratsverfahren handelt, die unabhängig voneinander rechtlich überprüft werden können (BayObLG FamRZ 70, 33; vgl. a. BGH FamRZ 84, 990, 991 zur Teilanfechtung der Entscheidung über den öfftl.-rechtl. Versorgungsausgleich). So kann bei einer Entscheidung über Ehewohnung und Hausrat die Beschwerde auf einen dieser beiden Verfahrensgegenstände beschränkt werden (BayObLG aaO; Keidel JZ 55, 707). Es kann auch nur die Räumungsanordnung (OLG Hamm FamRZ 69, 429), die Auferlegung einer Ausgleichszahlung nach § 8 Abs. 3 S. 2 HausrVO (OLG Hamm FamRZ 67, 105 = ZMR 67, 142 L), die Anordnung über die Erstattung von Umzugskosten (Bay ObLG FamRZ 70, 33) oder nur die Bewilligung, Verlängerung oder Versagung einer Räumungsfrist (BayObLG FamRZ 75, 421; OLG München FamRZ 78, 196;

Soergel/Häberle Rdn. 3; Schmidt-Futterer NJW 67, 1308, 1310) angefochten werden. Auch die Entscheidung über die Räumungsfrist ist eine Endentscheidung (OLG München FamRZ 78, 196; OLG Karlsruhe Justiz 79, 438; Schmidt-Futterer NJW 67, 1310; zweifelnd OLG Stuttgart FamRZ 80, 467).

Das **Verbot der reformatio in peius** gilt auch in Hausratssachen. Da das 22
Beschwerdegericht aber – ähnlich wie im Amtsverfahren über den öfftl.-rechtl. Versorgungsausgleich (vgl. insoweit BGH FamRZ 84, 990) – an Sachanträge nicht gebunden ist (s. oben Rdn. 10), bedeutet das Verschlechterungsverbot, daß der Beschwerdeführer **im Ergebnis** nicht schlechter gestellt werden darf, also nichts entzogen bekommen darf, ohne etwas Gleichwertiges zu erhalten (vgl. oben Rdn. 28 zu § 13).

Das Verbot der Schlechterstellung erfordert aus Gründen der Gerechtigkeit 23
und der Prozeßwirtschaftlichkeit, die **unselbständige Anschlußbeschwerde zuzulassen** (BGH Z 71, 314, 317; BGH FamRZ 79, 230 sowie FamRZ 82, 475 und FamRZ 83, 154; Zöller/Philippi Rdn. 38 zu § 621 e ZPO; Rolland Rdn. 6; Palandt/Diederichsen Anm. 1).

Mit der Anschlußbeschwerde darf allerdings nicht dasselbe Ziel wie mit der 24
Beschwerde verfolgt werden (BGH FamRZ 82, 36; OLG Karlsruhe FamRZ 83, 816). Da auch die Beteiligten nach § 7 HausrVO beschwerdeberechtigt sind, außerdem jeder, der durch die Entscheidung materiell beschwert ist, also z. B. auch der Gläubiger im Falle des § 10 HausrVO (vgl. Rolland Rdn. 7), kann es leicht zu einer derart unzulässigen Anschlußbeschwerde kommen.

Die **OLG-Entscheidung** in Ehewohnungs- und Hausratssachen ist **nicht** 25
mit einem weiteren Rechtsmittel **anfechtbar,** weder mit der Revision im Verbundverfahren (§ 629 a Abs. 1 ZPO), noch mit der weiteren Beschwerde im isolierten FGG-Verfahren (§§ 621, 621 e Abs. 2 ZPO), noch mit weiterer Beschwerde als Teilanfechtung im Verbundverfahren (§ 629 a Abs. 2 ZPO, vgl. BGH FamRZ 80, 670, ferner BGH FamRZ 79, 232 und FamRZ 80, 234). Das gilt auch, wenn das OLG die Berufung oder Erstbeschwerde als unzulässig verworfen hat (BGH FamRZ 80, 670 im Anschluß an BGH FamRZ 80, 234; Zöller/Philippi Rdn. 43 und Rdn. 41 zu § 621 e ZPO; s. auch oben Rdn. 4).

§ 15. Durchführung der Entscheidung

Der Richter soll in seiner Entscheidung die Anordnungen treffen, die zu ihrer Durchführung nötig sind.

I. Allgemeines

Der Ehegatte, der nach der Entscheidung des Richters aus der Wohnung wei- 1
chen, dem anderen Ehegatten Hausrat überlassen oder sonstige Leistungen erbringen muß, wird dazu nicht immer freiwillig bereit sein. Deshalb – so die amt-

lichen Erläuterungen (DJ 44, 281) – wird der Richter regelmäßig Bestimmungen treffen müssen, die die Vollstreckung seiner Entscheidung ermöglichen (vgl. § 16 Abs. 3 HausrVO). Diese Anordnungen sind **von Amts wegen zu treffen,** ohne daß es eines dahingehenden Antrags bedarf (Soergel/Häberle zu § 15; MüKo/Müller-Gindullis, Rdn. 1; Schmidt-Futterer NJW 67, 1308, 1309: Antragserfordernis allerdings dann, wenn getrennt von der Wohnungszuteilung nachträglich über eine Räumungsfrist oder deren Verlängerung entschieden werden soll).

II. Die Anordnungen im einzelnen

2 Die Art der anzuordnenden Maßnahmen richtet sich nach der jeweiligen Entscheidung. Der Richter soll seine Entscheidung so fassen, daß sie praktikabel, insbes. vollstreckbar ist (RGRK/Scheffler in der Anm. zu § 15).

1. Wohnungszuweisung

3 Meist wird die Anordnung nötig sein, daß ein Ehegatte die Wohnung oder einen Teil von ihr zu räumen hat. **Für die Räumung** muß ein **Zeitpunkt bestimmt** werden (amtl. Erl. DJ 44, 281), d. h. der Zeitpunkt für die Räumung muß festgelegt, es kann aber auch gem. § 15 „soweit das angemessen ist" (amtl. Erl. aaO) eine Räumungsfrist bewilligt werden (OLG Karlruhe NJW 59, 342; Bay ObLG FamRZ 64, 306 und FamRZ 71, 377).

4 Die Entscheidung über die Räumungsfrist unterliegt den Grundsätzen des § 2 HausrVO (Schmidt-Futterer NJW 67, 1308). Zu berücksichtigen sind u. a. die besonderen Verhältnisse am örtlichen Wohnungsmarkt (OLG München FamRZ 78, 196), der besondere Zeit- und Arbeitsaufwand bei umfangreichem Umzugsgut (OLG Karlsruhe FamRZ 81, 1087, 1089), andererseits aber bei erheblichen Spannungen auch das Interesse des verbleibenden Ehegatten und insbesondere der Kinder an einer baldigen räumlichen Trennung (Schmidt-Futterer aaO S. 1309).

5 Die **Räumungsfrist kann** nachträglich **verlängert werden;** dies ist **auch mehrfach** möglich. Nachträgliche Änderungen unterliegen allerdings der Beschränkung des § 17 (OLG München FamRZ 78, 196; OLG Karlsruhe Justiz 79, 438; OLG Stuttgart FamRZ 80, 467; Schmidt-Futterer NJW 67, 1308; Rolland Rdn. 2; **a. A.** Hoffmann/Stephan Rdn. 3; MüKo/Müller-Gindullis Erg. Bd. Rdn. 2; Erman/Ronke Rdn. 1; zweifelnd OLG Hamm FamRZ 69, 217, weil die Beschränkungen des § 17 die in § 2 normierte umfassende Prüfung zu sehr einschränken könnten). Nach § 17 darf bei wesentlicher Veränderung der tatsächlichen Verhältnisse eine abweichende Entscheidung nur dann getroffen werden, wenn dies notwendig ist, um eine unbillige Härte zu vermeiden. Das ist aber der Fall, wenn sich herausstellt, daß wider Erwarten innerhalb der ursprünglich vorgesehenen Frist keine angemessene Ersatzunterkunft gefunden werden konnte (OLG München FamRZ 78, 196, 197; OLG Karlsruhe Justiz 79, 438). Der Gegner muß konkrete,

eine schnelle Aufklärung ermöglichende Anhaltspunkte dafür dartun, daß Ersatzwohnraum zu beschaffen gewesen wäre, wenn er mit seinem Begehren, die Räumungsfrist nicht zu verlängern, durchdringen will (OLG Stuttgart FamRZ80, 467, 468).

Zuständig für die Bewilligung und Änderung der Räumungsfrist ist **immer das Familiengericht;** § 15 ist lex specialis gegenüber § 16 Abs. 3 HausrVO (Rolland Rdn. 2), so daß die Bestimmungen der §§ 721, 765a ZPO nicht anwendbar sind (OLG München FamRZ78, 196; Soergel/Häberle zu § 15; MüKo/Müller-Gindullis, Erg. Bd. Rdn. 2; Schmidt-Futterer NJW67, 1308). 6

Die Entscheidung über die Räumungsfrist ist eine Endentscheidung, daher die **Beschwerde nach § 621e ZPO** gegeben, § 14 HausrVO (OLG München FamRZ78, 196; OLG Karlsruhe Justiz79, 438; Rolland Rdn. 4; offengelassen von OLG Stuttgart FamRZ80, 467: falls keine Endentscheidung, einfache Beschwerde nach § 13 I HausrVO, § 19 FGG gegeben). 7

Der **Geschäftswert** richtet sich nach der Nutzungsentschädigung für den Zeitraum der beantragten Räumungsfristverlängerung (OLG München aaO S. 197) 8

Bei einem **Vergleich über die Räumung** der Ehewohnung kann ebenfalls nachträglich eine Räumungsfrist nach Maßgabe der §§ 2, 17 HausrVO bewilligt werden (OLG Karlsruhe Justiz79, 438). 9

Drittbeteiligte i. S. d. § 7 HausrVO sind nur dann **Beteiligte des Räumungsfristverfahrens,** wenn zu ihren Gunsten oder Lasten entschieden wird (Schmidt-Futterer NJW67, 1309). Lebt der Ehegatte mit einem Dritten in einer „Rechtsgemeinschaft" i. S. d. § 7, so ist der Vollzug auch im Verhältnis zu diesem Dritten anzuordnen (Rolland Rdn. 3; Hoffmann/Stephan Rdn. 2; MüKo/Müller-Gindullis Rdn. 2). Der Hauseigentümer ist in der Regel nicht am Räumungsfristverfahren beteiligt, da diese Entscheidung nicht in seine Rechte eingreift. Etwas anderes gilt dann, wenn der Räumungspflichtige das Zusammenleben der Hausgemeinschaft verletzt, dann kann Beteiligung geboten sein (Schmidt-Futterer NJW67, 1309). 10

Der Grundsatz der mündlichen Verhandlung (§ 13 Abs. 2) gilt auch im Räumungsfristverfahren (Schmidt-Futterer aaO S. 1309/1310). Zur Herbeiführung einer gütlichen Einigung kann dies gelegentlich auch angebracht sein. Ist eine Einigung nicht zu erwarten und der Sachverhalt hinreichend aufgeklärt, so wird allerdings – auch wegen der Eilbedürftigkeit – von mündlicher Verhandlung abzusehen sein. 11

Der Richter kann bei der Wohnungszuweisung bestimmen, daß der Ehegatte, der in der Wohnung bleibt, dem anderen die Umzugskosten und sonstige Aufwendungen zu ersetzen hat (amtl. Erläuterungen DJ44, 281; zur Bemessung OLG Karlsruhe FamRZ81, 1087). 12

2. Entscheidungen über den Hausrat

Bei Hausratszuteilung an den andern muß die Verpflichtung ausgesprochen werden, die Sachen an diesen herauszugeben (amtl. Erläuterungen DJ44, 281). 13

Dazu ist die **genaue Bezeichnung der Gegenstände erforderlich,** damit die Entscheidung vollstreckt werden kann.

14 Sind beide Ehegatten zur Herausgabe von Hausratsgegenständen verpflichtet, so wird es sich empfehlen, die **Leistung Zug um Zug anzuordnen;** die Vollstreckung erfolgt dann nach § 756 ZPO (Siegelmann Anm. 3 zu § 15). Auch kann in einem solchen Fall ein **Zurückbehaltungsrecht** geltend gemacht werden, aber nur wegen des im selben Verfahren festgestellten Herausgabeanspruchs in umgekehrter Richtung (LG Münster JM Bl NRW 56, 101; Soergel/Häberle Rdn. 3).

15 Hat der Richter eine **Ausgleichszahlung** vorgesehen (§ 8 Abs. 3), ein Mietverhältnis an Einrichtungsgegenständen begründet (§ 9 Abs. 2 S. 1) oder ein Veräußerungsentgelt festgesetzt (§ 9 Abs. 2 S. 2), so ist anzuordnen, daß der pflichtige Ehegatte dem andern entsprechende Zahlungen zu leisten hat (amtl. Erläuterungen DJ 44, 281).

16 Die **Festsetzung** des Betrags kann **später** erfolgen, wenn der Anspruch noch nicht beziffert werden kann (Rolland Rdn. 3). Das kann z. B. bei der Umzugskostenerstattung der Fall sein.

§ 16. Rechtskraft und Vollstreckbarkeit

(1) Die Entscheidungen des Richters werden mit der Rechtskraft wirksam. Sie binden Gerichte und Verwaltungsbehörden.

(2) Die Änderung und die Begründung von Mietverhältnissen durch den Richter bedarf nicht der nach anderen Vorschriften etwa notwendigen Genehmigung.

(3) Aus rechtskräftigen Entscheidungen, gerichtlichen Vergleichen und einstweiligen Anordnungen (§ 13 Abs. 4) findet die Zwangsvollstreckung nach den Vorschriften der Zivilprozeßordnung statt.

I. Allgemeines

1 Nach den amtlichen Erläuterungen zu § 16 (DJ 44, 281) stimmten die Absätze 1 und 3 mit den entsprechenden Vorschriften überein, die in den verschiedenen Anwendungsfällen der richterlichen Vertragshilfe galten. Gemeint war die Vertragshilfe VO vom 30. 11. 1939, die auch bei der Fassung des § 13 Abs. 1–4 HausrVO zugrundelag (amtl. Erl. zu § 13 Abs. 1). Das Verfahren nach der HausrVO sollte sich also nicht von anderen streitigen Verfahren der freiwilligen Gerichtsbarkeit unterscheiden.

II. Rechtskraft

1. Formelle Rechtskraft

Formell rechtskräftig wird die Entscheidung im Hausratsverfahren wie in anderen FGG-Familiensachen, wenn sie durch Rechtsmittel nicht (mehr) angefochten werden kann (zur formellen und materiellen Rechtskraft in FGG-Verfahren KG FamRZ 82, 1091). 2

Das ist der Fall,

- wenn ein Rechtsmittel nicht gegeben ist, weil der Instanzenzug erschöpft ist, oder weil der Wert des Beschwerdegegenstandes (vgl. § 14) nicht den Mindestbetrag überschreitet; wenn ein Rechtsmittelverzicht vorliegt (zu Inhalt und Tragweite BGH FamRZ 81, 947 = NJW 81, 2816);
- wenn die Rechtsmittelfrist abgelaufen ist, vgl. §§ 621e Abs. 3, 516 ZPO, und zwar die Rechtsmittelfrist für alle, auch die gem. § 7 Beteiligten (Soergel/Häberle Rdn. 1), wobei § 629a ZPO n. F. zu beachten ist.

Ist die Entscheidung im Verfahrensverbund gemäß § 623 Abs. 1 ZPO ergangen, so wird sie erst mit der Rechtskraft des Scheidungsausspruchs wirksam, § 629d ZPO.

2. Materielle Rechtskraft

Auch in materieller Rechtskraft erwachsen die Entscheidungen im Verfahren nach der HausrVO. Denn es handelt sich um ein echtes Streitverfahren der freiwilligen Gerichtsbarkeit (vgl. oben Rdn. 1), und die in solchen Verfahren ergehenden Endentscheidungen sind der materiellen Rechtskraft fähig (h. M., BGH Z 6, 248 ff, 258; BGH FamRZ 82, 687 und FamRZ 84, 669; OLG Frankfurt OLG Z 77, 405 und FamRZ 84, 66; KG FamRZ 82, 1091). 3

Allerdings kann **bei wesentlicher Änderung** der Verhältnisse die Entscheidung im Rahmen des § 17 HausrVO **nachträglich geändert** werden. Solche Abänderungsmöglichkeiten, wie sie z. B. auch vom Gesetzgeber bei wiederkehrenden Leistungen in § 323 ZPO und bei Sorgerechtsentscheidungen in § 1696 BGB vorgesehen sind, stehen der materiellen Rechtskraft nicht entgegen (Rolland Rdn. 3), schränken aber naturgemäß die Bedeutung der materiellen Rechtskraft in diesen Fällen ein (Soergel/Häberle Rdn. 2). 4

3. Umfang der Rechtskraftwirkung

Die im Rahmen der Hausratsentscheidung als Vorfrage getroffene Feststellung über das Eigentum an einzelnen Hausratsgegenständen erwächst nicht in Rechtskraft (s. oben vor § 8 Rdn. 15). 5

Erst mit der Rechtskraft wirksam werden auch selbständige ergänzende Entscheidungen nach der HausrVO, so daß z. B. die Ausgleichszahlung nach § 8 Abs. 3 S. 2 nicht schon während des Hausratsverfahrens aufgerechnet werden kann (OLG Hamm FamRZ 81, 293; Rolland Rdn. 3). 6

4. Keine vorläufige Vollstreckbarkeit

7 Eine vorläufige Vollstreckbarkeit gibt es nicht (MüKo/Müller-GindullisRdn. 1). § 16 Abs. 1 enthält eine Sonderregelung, wonach die Hausratsentscheidung vor ihrem Wirksamwerden keinerlei Wirkungen entfaltet. Deshalb kann eine nur teilweise angefochtene Hausratsteilung hinsichtlich des nicht angefochtenen Teiles nicht vom Beschwerdegericht analog § 534 ZPO für vorläufig vollstreckbar erklärt werden (OLG Karlsruhe FamRZ 83, 731; abgesehen davon ist eine Teilanfechtung im Hausratsverfahren insoweit unzulässig, als nur die Verteilung einzelner Hausratsobjekte Gegenstand des Beschwerdeverfahrens sein soll, s. oben Rdn. 20 zu § 14).

III. Behördliche Genehmigungen, Abs. 2

8 Die Bestimmung stellt klar, daß ein vom Richter begründetes Mietverhältnis nicht der Genehmigung bedarf, die für ein von den Beteiligten vereinbartes Mietverhältnis etwa notwendig wäre (amtl. Erläuterungen DJ 44, 281). Gemeint sind öffentlich-rechtliche Genehmigungen (Rolland Rdn. 6; MüKo/Müller-Gindullis Rdn. 4). Trotz der Vorschriften des Wo BindG kann der Familienrichter ein Mietverhältnis mit einem Ehegatten begründen, der in seiner Person allein keine Wohnberechtigung i. S. d. § 4 Abs. 2 i. V. m. § 5 WO BindG besitzt (Schettler ZMR 83, 326 u. Fn. 29 daselbst). Hinsichtlich der privatrechtlichen Beziehungen wird den Belangen der Beteiligten durch § 7 HausrVO Rechnung getragen.

9 Auf **Vergleiche** findet § 16 Abs. 2 keine Anwendung (Erman/Ronke Rdn. 3); das Mietverhältnis muß „durch den Richter“ begründet sein.

IV. Vollstreckung, Abs. 3

10 Da die Zwangsvollstreckung nach den Vorschriften der ZPO stattfindet, ist die Entscheidung nach der HausrVO mit der **Vollstreckungsklausel** zu versehen (Kuhnt ACP 150, 130ff, 152; Hoffmann/Stephan Rdn. 6; Rolland Rdn. 4). Sie wird von der Geschäftsstelle des Gerichts des ersten Rechtszuges erteilt, § 31 FGG. Diese Geschäftsstelle muß sich bei der Geschäftsstelle des OLG vergewissern, daß kein Rechtsmittel eingelegt ist. Das Rechtskraftzeugnis darf erst ausgestellt werden, wenn die Beschwerdefrist für alle gemäß § 7 HausrVO Beteiligten abgelaufen ist (Hoffmann/Stephan Rdn. 3; Soergel/Häberle Rdn. 1).

11 **Findet der Gerichtsvollzieher titulierte Hausratsgegenstände nicht vor,** so kann der Gläubiger gem. § 16 Abs. 3 HausrVO i. V. m. § 883 Abs. 2 ZPO versuchen, deren Verbleib zu ermitteln und dann ihre Herausgabe notfalls im Prozeßwege durchsetzen. Er kann aber auch Leistung des Interesses verlangen, § 893 Abs. 1 ZPO; dieser Schadensersatzanspruch ist beim Prozeßgericht des ersten Rechtszuges geltend zu machen (OLG Koblenz FamRZ 82, 507 m. w. Hinw. in der Anmerkg.).

12 Die **Zwangsvollstreckungsgegenklage** nach § 767 ZPO gegen eine rechtskräftige Entscheidung im Hausratsverfahren ist grundsätzlich zulässig, wird aber

in der Regel am Rechtsschutzbedürfnis scheitern, da § 17 HausrVO – sofern dessen Voraussetzungen vorliegen – der einfachere Weg ist (Hoffmann/Stephan Rdn. 7; Rolland Rdn. 5; MüKo/Müller-Gindullis Anm. 5; RGRK/Scheffler Anm. 4; Soergel/Häberle Rdn. 4; **a. A.** LG Mönchengladbach NJW 49, 229 m. abl. Anm. v. Ferge).

Ergeht im Hausratsverfahren auf Antrag eines Ehegatten der Beschluß, daß der andere über den Besitz von Hausratsgegenständen eine **eidesstattliche Versicherung** abzugeben hat, so kann diese Entscheidung nach Rechtskraft gemäß § 889 ZPO vollstreckt werden (AmtsG Bayreuth NJW 64, 2424; Keidel/Kuntze/Winkler, Rdn. 7 zu § 33 FGG). 13

Die **Vollstreckung kann nur der Titelgläubiger** gegen den Titelschuldner **betreiben,** nicht also der Vermieter, auch wenn die Entscheidung für und gegen ihn wirkt (Rolland Rdn. 4; Soergel/Häberle Rdn. 3), und auch dann nicht, wenn die Entscheidung auf ein von ihm eingelegtes Rechtsmittel hin ergangen ist (OLG Hamm JR 52, 284). 14

Ein **Zurückbehaltungsrecht** kann im Hausratsverfahren nur wegen eines im selben Verfahren festgestellten Herausgabeanspruchs in umgekehrter Richtung geltend gemacht werden (Soergel/Häberle Rdn. 3; s. a. Rdn. 7 zu § 1 und Rdn. 14 zu § 15). Wegen anderer Forderungen, z. B. wegen behaupteter Zugewinnausgleichsansprüche, greift es nicht durch (BayObLG FamRZ 75, 421; MüKo/Müller-Gindullis Rdn. 6). Der zur Herausgabe von Hausrat verpflichtete Ehegatte kann auch nicht zurückbehalten, bis der freiwillig aus der gemeinsam gemieteten Ehewohnung ausgezogene andere Ehegatte die Hälfte der Miete bis zur Ehescheidung zahlt (LG Mannheim Justiz 76, 515; MüKo/Müller-Gindullis ErgBd Rdn. 6). 15

§ 17. Änderung der Entscheidung

(1) Haben sich die tatsächlichen Verhältnisse wesentlich geändert, so kann der Richter seine Entscheidung ändern, soweit dies notwendig ist, um eine unbillige Härte zu vermeiden. In Rechte Dritter darf der Richter durch die Änderung der Entscheidung nur eingreifen, wenn diese einverstanden sind.

(2) Haben die Beteiligten einen gerichtlichen Vergleich (§ 13 Abs. 3) geschlossen, so gilt Abs. 1 sinngemäß.

(3) Will der Richter auf Grund der Absätze 1 oder 2 eine Wohnungsteilung (§ 6) wieder beseitigen, so soll er vorher die Gemeinde hören.

I. Allgemeines

Der Richter kann im Augenblick seiner Entscheidung oft nicht übersehen, wie 1
sich die Dinge künftig entwickeln werden. Verändern sich die Verhältnisse so,

daß ein Festhalten an der getroffenen Regelung grob unbillig wäre, so soll der Richter – so die amtl. Erläuterungen DJ 44, 281/282 – die rechtskräftige Entscheidung ändern können. Der Verordnungsgeber hat also auch in diesem Punkt das Verfahren nach der HausrVO den Vorschriften angeglichen, die für die richterliche Vertragshilfe in anderen Fällen galten (vgl. die amtl. Erläuterungen Satz 3 zu § 17, Satz 1 zu § 16, Abs. 1 zu § 13). Aus dem Vergleich mit den entsprechenden Vorschriften der anderen Gesetze sind daher auch Maßstäbe für die Abänderungsmöglichkeit im Hausratsverfahren hergeleitet worden (SchlH OLG JR 49, 448; Müller JR 53, 294). Die Vorschrift ist durch das 1. EheRG nicht geändert worden. Sie bildet eine Ausnahme von § 18 Abs. 2 FGG, wonach das Gericht zur Änderung einer Verfügung, die der sofortigen Beschwerde unterliegt, nicht befugt ist (Siegelmann Anm. I 1). Der Anwendungsbereich ist enger als in § 18 Abs. 1 FGG (Rolland Rdn. 1).

II. Wesentliche Änderung der tatsächlichen Verhältnisse nach rechtskräftiger Entscheidung, Abs. 1 Satz 1

3 Eine nachträgliche wesentliche Änderung der tatsächlichen Verhältnisse muß vorliegen; **Änderungen des Rechts** oder der rechtlichen Beurteilung **reichen nicht aus** (Rolland Rdn. 4).

4 Die **Änderung** kann **nur auf Antrag** erfolgen, nicht von Amts wegen (Schwab Rdn. 845; Erman/Ronke Rdn. 4; Siegelmann Anm. I 1; RGRK/Scheffler Anm. 7; MüKo/Müller-Gindullis Rdn. 7; Rolland Rdn. 1; **a. A.** Keidel/Kuntze/Winkler Rdn. 49 zu § 18 FGG; Soergel/Häberle Rdn. 6; Hoffmann/Stephan Rdn. 7). Das entspricht auch der Gesamtkonzeption der HausrVO als Antragsverfahren (Rolland aaO). Bedenklich erscheint die Ansicht, der Richter möge, wenn er von Umständen erfährt, die eine Änderung rechtfertigen könnten, den Beteiligten davon Mitteilung machen (so RGRK/Scheffler Anm. 7). Diese Mitteilung wird sich regelmäßig zum Nachteil eines Beteiligten auswirken und daher bei ihm die Besorgnis wachrufen, der Richter könnte befangen sein.

5 Die **Änderungsbefugnis** des § 17 bedeutet – ähnlich wie etwa § 323 ZPO bei wiederkehrenden Leistungen – eine Einschränkung des Grundsatzes, daß rechtskräftige Entscheidungen Bestand haben sollen. Nur „wenn wirklich zwingende Gründe dafür vorliegen“, darf der Richter die einmal rechtskräftig gewordene Entscheidung abändern (amtl. Erläuterungen DJ 44, 282). Die Abänderungsbefugnis hat der Verordnungsgeber daher an eine Reihe von Voraussetzungen geknüpft, deren Formulierung („wesentlich“, „notwendig“, „unbillige Härte“) und Häufung den Schluß zulassen, daß **nur ausnahmsweise** die einmal getroffene Regelung solle geändert werden dürfen. Das entspricht der rechtspolitischen Zielsetzung des 1. EheRG; durch den Verfahrens- und Entscheidungsverbund soll die umfassende und abschließende Klärung der vermögensrechtlichen Auseinandersetzung erreicht werden, damit sich die Ehegatten dem neuen Lebensweg zuwenden können, ohne immer wieder Auseinandersetzungen wegen ihrer früheren Ehe

gewärtig sein zu müssen (Schwab Rdn. 49). Aber auch für das isolierte, außerhalb des Verfahrensverbundes abgewickelte Hausratsverfahren gilt nichts anderes. Denn unabhängig davon, ob im Verfahrensverbund mit der Scheidungssache oder isoliert über Ehewohnung und Hausrat entschieden wird, der Zweck des Hausratsverfahrens ist immer, die Vermögensauseinandersetzung in einem schnellen und den Bedürfnissen des Einzelfalls angepaßten Verfahren zu vollziehen (BGH FamRZ 84, 144, 146).

Demgegenüber läßt sich eine weitherzige Interpretation des Abs. 1 nicht mit 6
dem allgemeinen Billigkeitsgrundsatz der HausrVO rechtfertigen (so etwa Bay ObLG Z 63, 286 und OLG Frankfurt OLG Z 77, 405), da die Rechtskraft einer Entscheidung im Interesse der Rechtssicherheit nur in den gesetzlich normierten Grenzen durchbrochen werden darf. Der Begriff der unbilligen Härte in § 17 Abs. 1 enthält zudem eine weitaus stärkere Beschränkung der richterlichen Gestaltungsbefugnis als der Begriff des billigen Ermessens in § 2 (LG Berlin FamRZ 71, 31; Soergel/Häberle Rdn. 4; Rolland Rdn. 6; MüKo/Müller-Gindullis Rdn. 3; RGRK/Scheffler Anm. 1).

Die Änderung muß grundsätzlich **nachträglich,** also nach der rechtskräftigen 7
ersten Entscheidung eintreten. Ergibt sich nachträglich, daß der rechtskräftig gewordene frühere Beschluß auf falschen tatsächlichen Voraussetzungen beruht, so wird das bei grober Unbilligkeit als ein Änderungsgrund i. S. von § 17 Abs. 1 angesehen, obwohl sich strenggenommen nicht die Umstände geändert haben, sondern nur die Kenntnisse des Gerichts von ihnen (Rolland Rdn. 6; RGRK/Scheffler Anm. 3; MüKo/Müller-Gindullis Rdn. 6; Soergel/Häberle Rdn. 3; Hoffmann/Stephan Rdn. 2). Nicht zulässig ist die Änderung dagegen, wenn die tatsächlichen Umstände vom Gericht unrichtig gewürdigt werden sind; selbst grobe rechtliche Fehler genügen nicht (MüKo/Müller-Gindullis Rdn. 6; RGRK/Scheffler Anm. 3).

Wesentlich ist eine Änderung, wenn das Gericht bei Kenntnis der neuen Um- 8
stände mit großer Wahrscheinlichkeit anders entschieden hätte (Rolland Rdn. 4). Geringfügige Änderungen sind unbeachtlich. Ein Umstand, dessen Eintritt bereits bei der Entscheidung als möglich, wenn auch nicht wahrscheinlich in Betracht gezogen wurde, stellt keine nachträgliche wesentliche Änderung dar (AmtsG Bad Schwartau Schl HA 62, 200; Erman/Ronke Rdn. 1; MüKo/Müller-Gindullis Rdn. 2). Stellt sich allerdings wider Erwarten heraus, daß innerhalb einer vorgesehenen Frist kein angemessener Ersatzwohnraum zu beschaffen ist, so liegt darin eine nachträgliche wesentliche Änderung, die bei Vorliegen der übrigen Voraussetzungen des § 17 zur Verlängerung der Räumungsfrist führt (vgl. oben Rdn. 5 zu § 15).

Notwendig ist die Änderung nach § 17 nach den amtl. Erläuterungen (DJ 44, 9
282) z. B. dann, wenn die Sorgerechtsregelung geändert wird. Bedenklich erscheint es dagegen, den höheren Wohnbedarf eines Ehegatten infolge Wiederheirat als Änderungsgrund anzuerkennen (OLG Schleswig JR 49, 448; Rolland Rdn. 4; Soergel/Häberle Rdn. 2; Hoffmann/Stephan Rdn. 1). Denn Wiederheirat bzw. neue Bindungen sind voraussehbare Änderungen der persönlichen Verhält-

nisse und damit des Wohnbedarfs. Außerdem würde es für den anderen Ehegatten regelmäßig eine unbillige Härte bedeuten, die ihm zugewiesene Wohnung später räumen zu müssen, weil der geschiedene Partner wieder geheiratet hat.

10 **Erbt ein Ehegatte** Hausratsgegenstände, so daß er der zugewiesenen nicht mehr bedarf, so kann dies die Änderung rechtfertigen (Kuhnt ACP150, 160; Hoffmann/Stephan Rdn. 1). In der Regel wird sich der andere Ehegatte allerdings bereits Ersatz beschafft haben, so daß kaum eine unbillige Härte vorliegen dürfte, wenn die einmal getroffene Verteilung Bestand hat.

11 **Erwirbt ein Ehegatte Vermögen,** so kann es eine unbillige Härte darstellen, daß der andere Ehegatte die festgesetzte Ausgleichszahlung (Rolland Rdn. 4) oder jedenfalls die noch offenen Raten (Soergel/Häberle Rdn. 2) leistet. Dagegen ist das Verhalten nach der Scheidung (schwere Verfehlung gegenüber dem geschiedenen Ehegatten, ehrloser oder unsittlicher Lebenswandel, vgl. §57 Abs. 1 EheG) kein Grund mehr, eine Abänderung zu verlangen (Rolland Rdn. 4; a. A. Erman/Ronke Rdn. 1). Längere Strafhaft eines Ehegatten wird ebenfalls kein Grund sein, die Wohnungszuweisung an ihn nachträglich zu ändern (Müller JR53, 294), zumal damit nicht eine unbillige Härte für den andern vermieden, sondern gerade erst für den Betroffenen geschaffen würde.

12 Die **unbillige Härte** ergibt sich **auch durch Zeitablauf:** Hat die Regelung längere Zeit Bestand gehabt und durften die Beteiligten auf den Weiterbestand vertrauen, so erscheint der erneute Eingriff als unbillige Härte (Müller aaO).

13 In entsprechender Anwendung des §17 Abs. 1 wird die Abänderung, obwohl keine nachträgliche Änderung der Verhältnisse vorliegt, dann für zulässig gehalten, wenn

– ein Ehegatte die Entscheidung oder den Vergleich arglistig herbeigeführt hat;
– der herausgabepflichtige Ehegatte einen Gegenstand vor Rechtskraft des Zuteilungsbeschlusses veräußert hat;
– die Voraussetzungen für eine Wiederaufnahme des Rechtsstreits vorliegen

(Erman/Ronke Rdn. 2; Rolland Rdn. 6; Soergel/Häberle Rdn. 3).

III. Eingriff in Rechte Dritter, Abs. 1 Satz 2

14 Mit seiner Änderungsentscheidung darf der Familienrichter in Rechte Dritter unmittelbar nur eingreifen, **wenn diese einverstanden sind.** Die Änderungsentscheidung (ohne Einverständnis) ist aber **zulässig, wenn der Dritte nur mittelbar betroffen** wird. So ist z. B. nur mittelbar betroffen der Untermieter, wenn die Wohnungszuweisung an einen Ehegatten später gemäß §17 Abs. 1 S. 1 aufgehoben wird; der Untermieter darf allerdings in dieser Änderungsentscheidung nicht zur Räumung verurteilt werden (Hoffmann/Stephan Rdn. 3). Der Vermieter wird nicht betroffen, wenn nur das Innenverhältnis zwischen den Eheleuten geregelt wird. Der Schutzzweck der Vorschrift geht dahin, Dritte davor zu schützen, noch einmal mit einem Verfahren überzogen zu werden. Deshalb ist das Abänderungs-

verfahren zu Lasten des Dritten unzulässig, wenn dieser bereits im Erstverfahren beschwert war. Da außerdem die Schutzbestimmung des §12 auch hier gilt (Rolland Rdn. 8a), ist das Abänderungsverfahren zu Lasten des Dritten ferner unzulässig, wenn der Antrag auf Abänderung später als ein Jahr nach Rechtskraft des Scheidungsurteils gestellt wird, es sei denn, der Drittbeteiligte wäre damit einverstanden (§12 letzter Halbsatz).

IV. Wesentliche Änderung der tatsächlichen Verhältnisse nach gerichtlichem Vergleich, Abs. 2

Die in Abs. 2 vorgesehene entsprechende Anwendung der Änderungsvor- 15
schriften für richterliche Entscheidungen nach Abs. 1 bezieht sich ihrem Wortlaut nach nur auf gerichtliche Vergleiche im Hausratsverfahren; denn nur diese werden durch die Verweisung auf §13 Abs. 3 erfaßt. Die Änderungsvoraussetzungen des **Abs. 1** werden aber **auch auf andere Vergleiche** – seien es **gerichtliche oder außergerichtliche – entsprechend angewendet.** Denn das allein entspricht dem praktischen Bedürfnis, weil andernfalls ein Zivilprozeß durchgeführt werden müßte und den Beteiligten die Vorteile des FGG-Verfahrens und insbes. der HausrVO mit ihren Einwirkungsmöglichkeiten auf die Rechtsverhältnisse Dritter verloren gingen (OLG Celle FamRZ64, 511; LG Berlin FamRZ71, 31; AmtsG Schwartau Schl HA62, 200 – alle Entscheidungen in Bezug auf Scheidungsfolgenvergleiche; zur Anwendbarkeit auch auf außergerichtliche Vergleiche BayObLG Leitsätze Nr. 260 und 261 in FamRZ75, 582, ebenso Hoffmann/Stephan Rdn. 5 m. w. Hinw. unter Aufgabe der früheren gegenteiligen Ansicht; Rolland Rdn. 7; MüKo/Müller-Gindullis Rdn. 5; Soergel/Häberle Rdn. 4; RGRK/Scheffler Anm. 5). Die Ehegatten können also **auch bei außergerichtlicher Einigung** die **Abänderung nach §17 Abs. 1** betreiben, ohne daß ein Wegfall der Geschäftsgrundlage vorliegen müßte (Rolland Rdn. 7). Die bloße wesentliche Änderung der Verhältnisse genügt, sie muß nicht von den Parteien bei Vergleichsabschluß in Erwägung gezogen worden sein (RGRK/Scheffler Anm. 6; Erman/Ronke Rdn. 3).

V. Beteiligung der Gemeinde, Abs. 3

Diese Vorschrift hatte ihren Grund darin, daß vom Standpunkt der **Wohn-** 16
raumlenkung aus ein öffentliches Interesse daran bestehen konnte, daß eine vom Richter angeordnete Wohnungszuteilung wieder beseitigt wird; deshalb sollte der Richter vorher die Gemeinde, d. h. das Wohnungsamt, anhören (amtl. Erläuterungen DJ 44, 282). Die Vorschrift hat keine praktische Bedeutung mehr, da der Richter ohnehin etwaige öffentlich-rechtliche Vorschriften, insbesondere baurechtliche Bestimmungen, zu beachten hat, die der etwaigen Wohnungszuteilung oder ihrer Beseitigung entgegenstehen (Rolland Rdn. 9 zu §13 und Rdn. 1 zu §6).

VI. Das Verfahren der Abänderung

17 Die Abänderung ist an sich mehrfach möglich. Dabei ist aber das **Zeitmoment zu berücksichtigen** (s. oben Rdnrn. 5, 12) und zu bedenken, daß die Änderungsmaßnahme zur Vermeidung einer unbilligen Härte auf der einen Seite in der Regel eine unbillige Härte für die andere Seite bedeuten wird.

18 Das Verfahren wird **nur auf Antrag** eingeleitet (s. oben Rdn. 4). Der Antrag unterliegt zwar keiner zeitlichen Begrenzung, muß aber binnen angemessener, den Beteiligten zumutbarer Frist gestellt werden (Müller JR 53, 294; bei unmittelbarem Eingriff in Rechte Dritter s. oben Rdn. 14). **Zuständig** ist das **erstinstanzliche Gericht,** (Rolland Rdn. 3), und zwar **unabhängig davon, ob** seine Entscheidung seinerzeit **von der höheren Instanz geändert oder bestätigt worden ist** (Hoffmann/Stephan Rdn. 7). Das gilt auch dann, wenn das Verfahren durch einen Vergleich seinerzeit in der Beschwerdeinstanz beendet worden ist (RGRK/Scheffler Anm. 7). Wurde der Vergleich in einem anderen Verfahren oder außergerichtlich geschlossen, so ergibt sich die Zuständigkeit des Familiengerichts aus § 11 (MüKo/Müller-Gindullis Rdn. 7; Soergel/Häberle Rdn. 6).

19 **Die Eheleute können** im voraus **auf eine Abänderung** der einmal getroffenen Regelung **verzichten** (Hoffmann/Stephan Rdn. 7; Erman/Ronke Rdn. 4; Soergel/Häberle und MüKo/Müller-Gindullis, beide jeweils Rdn. 1).

20 Nach dem **Tod eines Ehegatten** ist eine Änderung nicht mehr zulässig (MüKo/Müller-Gindullis Rdn. 7; RGRK/Scheffler Rdn. 1).

§ 18. Rechtsstreit über Ehewohnung und Hausrat

(1) Macht ein Beteiligter Ansprüche hinsichtlich der Ehewohnung oder des Hausrats (§ 1) in einem Rechtsstreit geltend, so hat das Prozeßgericht die Sache insoweit an das nach § 11 zuständige Familiengericht abzugeben. Der Abgabebeschluß kann nach Anhörung der Parteien auch ohne mündliche Verhandlung ergehen. Er ist für das in ihm bezeichnete Gericht bindend.

(2) Im Falle des Abs. 1 ist für die Berechnung der in § 12 bestimmten Frist der Zeitpunkt der Klageerhebung maßgebend.

I. Allgemeines

1 Das **Familiengericht** ist **sachlich ausschließlich zuständig** für Ansprüche hinsichtlich der Ehewohnung oder des Hausrats, sei es, daß sie anläßlich der Scheidung (§ 1) oder – nach §§ 1361 a und 1361 b BGB, 18 a HausrVO – auch schon im Falle des Getrenntlebens (BGH FamRZ 76, 691 = NJW 77, 43) geltend gemacht werden. Diese Streitigkeiten sollen bei denjenigen Gerichten konzen-

triert werden, die diesen mit der Ehesache aufs engste verknüpften Angelegenheiten örtlich und sachlich am nächsten stehen (BGH FamRZ82, 1200). Macht ein Ehegatte solche Ansprüche vor dem Prozeßgericht geltend, so hat es die Sache an das nach § 11 zuständige Familiengericht abzugeben.

II. Die Abgabe, Abs. 1

Die **Abgabepflicht** besteht **auch** dann, wenn sich erst **während des Rechtsstreits** herausstellt, daß das Familiengericht zuständig ist (BGH FamRZ76, 691 = NJW77, 43; Soergel/Häberle Rdn. 1; MüKo/Müller-Gindullis Rdn. 3). **2**

Die Abgabe erfolgt **von Amts wegen,** bedarf also keines Antrages. Sie kann auch noch im Berufungsverfahren erfolgen; dann allerdings muß dies (unter Berücksichtigung der §§ 529 III, 621e IV ZPO **n. F.**) durch Urteil geschehen, weil die erstinstanzliche Entscheidung aufgehoben werden muß (KG FamRZ74, 195, 197 m. w. Hinweisen: Aufhebung der erstinstanzlichen Entscheidung des Landgerichts und Abgabe an den sachlich zuständigen Hausratsrichter bzw. jetzt Familienrichter; LG Tübingen FamRZ79, 443; Soergel/Häberle Rdn. 2: MüKo/Müller-Gindullis Rdnrn. 2. und 4; RGRK/Scheffler Anm. 1; **a. A.** Rolland Rdn. 3 in Verbindung mit Rdnrn. 42ff zu § 621 ZPO und Erman/Ronke Rdn. 1: auch in der Berufungsinstanz Abgabe durch Beschluß). **3**

Dabei wird aber immer davon ausgegangen, daß es sich um die Abgabe des Berufungsgerichts an die zuständige erste Instanz handelt.

Gehören die geltend gemachten Ansprüche nur **teilweise** in das Hausratsverfahren, so muß sich die Abgabe auf diese Ansprüche beschränken (Abgabe „insoweit“, Abs. 1 Satz 1). Über die restlichen Gegenstände hat das Prozeßgericht selbst zu befinden (MüKo/Müller-Gindullis Rdn. 2). Ist allerdings die Sache bereits in der Berufungsinstanz anhängig, so verbietet sich aus Zweckmäßigkeitsgründen die Aufteilung des zweitinstanzlichen Verfahrens, wenn einzelne Gegenstände nicht als Hausrat anzusehen sind, und der Senat für Familiensachen hat einheitlich über alles zu befinden (BGH FamRZ84, 575, 576; zur Behandlung sogenannter „Mischfälle“ vgl. auch Walter JZ83, 54, 56 und Walter, Prozeß, S. 62ff). **4**

Der Abgabebeschluß ist **nicht anfechtbar** (Hoffmann/Stephan Rdn. 2; Erman/Ronke Rdn. 2; Rolland Rdn. 46 zu § 621 ZPO; **a A.** MüKo/Müller-Gindullis Rdn. 5; Palandt-Diederichsen, Anm. 2; RGRK/Scheffler Anm. 3; offengelassen von BGH FamRZ85, 1242). Die Beschwerde nach § 567 ZPO ist nicht gegeben, weil zwar mit der Abgabe eine Entscheidung in einem zivilprozessualen Rechtsstreit getroffen wurde, aber nicht unter Anwendung des zivilprozessualen Verfahrens, das nach § 281 ZPO nur die Verweisung kennt, sondern unter Anwendung der Abgabebestimmung nach § 18 HausrVO (Heintzmann FamRZ83, 957 m. w. Hinweisen; dagegen die Anfechtbarkeit nach § 567 ZPO bejahend KG 11 AR 11/84 vom 27. 3. 1984 und in ständiger Rechtsprechung). Auch wenn – entgegen der hier vertretenen Auffassung – die Beschwerde gegen den Abgabe- **5** beschluß an sich für zulässig gehalten wird, fehlt es aber an der Beschwer, wenn die Abgabe dem Begehren beider Parteien entsprach (KG 11 AR 4/85 vom 18. 1. 1985).

6 Die Anfechtbarkeit läßt sich auch nicht damit rechtfertigen, daß die Abgabe nach § 18 in ihren Auswirkungen (andere Verfahrensart) weit einschneidender sei als eine bloße Verweisung nach § 281 ZPO (so z. B. MüKo/Müller-Gindullis Rdn. 5). Denn zum einen sind verfahrensmäßige Unterschiede weitgehend abgebaut worden durch die in § 621 a Abs. 1 Satz 2 ZPO enthaltene Angleichung (Soergel/Häberle Rdn. 4); und zum anderen bindet die Abgabe nicht das andere Gericht hinsichtlich der Verfahrensart, des materiellen Charakters und der materiellen Entscheidungsgrundlagen (Heintzmann FamRZ 83, 957, 960).

7 Die **Bindungswirkung der Abgabe** nach § 18 ist umstritten, soweit es sich um die Abgabe innerhalb desselben Gerichts handelt. Gibt die Prozeßabteilung an die Abteilung Familiengericht ab, so dürfte diese Abgabe bindende Wirkung haben (Heintzmann FamRZ 83, 957, 960; **a. A.** Klauser MDR 80, 809, 811). Denn der Gesetzgeber wollte in § 18 nicht nur die Bindung für den gesamten Gerichtskörper, sondern auch die Bindung der (gesetzlichen) Zuständigkeit der einzelnen Abteilungen anordnen (Heintzmann FamRZ 83, 960).

8 Zur **Abgabe in der Rechtsmittelinstanz** läßt sich **der bisherige Rechtszustand** bis zum Inkrafttreten des UÄndG am 1. 4. 1986, der für Übergangsfälle noch von Bedeutung sein kann (vgl. z. B. Art. 6 Nr. 6 UÄndG: der vor dem 1. 4. 1986 anhängige Rechtszug ist noch nicht beendet), wie folgt zusammenfassen:

Für den Fall, daß das Landgericht als Rechtsmittelgericht eine Sache, die nach seiner Ansicht eine Hausratssache ist, an den Familiensenat des OLG verwiesen hat, war nach bisherigem Recht diese Verweisung analog § 281 Abs. 2 S. 2 ZPO bindend (BGH FamRZ 85, 1242), und zwar deshalb, weil die Verweisung bereits eine Zuständigkeitsprüfung des zuerst angerufenen Gerichts voraussetzte und es ein Gebot der Prozeßökonomie war, daß eine weitere Zuständigkeitsprüfung mit der möglichen Folge einer Rück- oder Weiterverweisung oder einer Rechtsmittelverwerfung aus Zuständigkeitsgründen unterblieb. Ebenso bindend war umgekehrt die Verweisung eines Familiensenats, der die Sache nicht als Hausratssache ansah, an die Berufungskammer des Landgerichts (BGH aaO).

9 **Keine Bindungswirkung** entstand dagegen **nach bisherigem Recht,** wenn ein OLG-Senat für allgemeine Zivilsachen die Sache an den Familiensenat desselben Gerichts abgab (BayObLG FamRZ 82, 399; Zöller-Philippi, ZPO, Rdn. 6 zu § 621 d), wobei diese Abgabe immer durch begründeten Beschluß zu erfolgen hatte. Verneinte der Familiensenat ebenfalls durch begründeten Beschluß seine Zuständigkeit, so entschied der Bundesgerichtshof entsprechend § 36 Nr. 6 ZPO; die Frage der Bindungswirkung brauchte der BGH allerdings nicht zu beantworten (BGH FamRZ 84, 575; vgl. a. BGH IVb ARZ 32/85 v. 24. 7. 85), weil es sich um Abgaben des allgemeinen Zivilsenats an den Familiensenat handelte und der BGH jeweils zu dem Ergebnis kam, daß Letzterer zuständig sei, so daß es auf die (mögliche)Bindungswirkung der Abgabe nicht ankam. – Sah der OLG-Familien-

senat die vom allgemeinen Zivilsenat an ihn abgegebene Sache als Familiensache an, so konnte er sie unter Aufhebung des angefochtenen Urteils an das Familiengericht abgeben, was auch noch im Rechtsmittelverfahren möglich war (KG FamRZ 74, 195 und KG 17 U 2762/84 v. 18.10. 1985; LG Tübingen FamRZ 79, 443; OLG Düsseldorf Rpfl 78, 327).

Gab das Landgericht als Prozeßgericht den Rechtssteit gem. § 18 an das Famili- **10** engericht ab, so war der **Familienrichter** allerdings **gebunden** und konnte, wenn es nach seiner Meinung keine Familiensache war, nicht an die Prozeßabteilung desselben Gerichts oder eines anderen Amtsgerichts abgeben (Heintzmann FamRZ 83, 960). Umgekehrt konnte dann aber auch eine Sache vom Familienrichter mit bindender Wirkung an das Prozeßgericht abgegeben werden (BGH NJW 80, 2466 für die Abgabe im Wohnungseigentumsverfahren; KG 11 AR 11/84 vom 27.3. 1984; Soergel/Häberle Rdn. 7), wobei allerdings dann noch eine Weiterverweisung nach § 281 ZPO vom Amtsgericht an das Landgericht oder vom Landgericht an die Prozeßabteilung des Amtsgerichts möglich sein sollte (Heintzmann FamRZ 83, 960).

Der durch das UÄndG geschaffene **jetzige Rechtszustand** ist **grundlegend** **11** anders: Für die **Rechtsmittelzuständigkeit** gilt nicht mehr das von der Rechtsprechung (BGH FamRZ 78, 873 ff und ständig) entwickelte Prinzip der materiellen Anknüpfung, dessen Ziel es war, alle Verfahren, bei denen es sich um Familiensachen handelte, tatsächlich einer Entscheidung durch die Familiengerichte zuzuführen (BGH FamRZ 78, 227, 228 und 330, 331). Der Gesetzgeber ist nunmehr in der Erwartung, daß der Begriff „Familiensache" weitgehend abgeklärt ist und Familiensachen in aller Regel bereits erstinstanzlich durch das Familiengericht entschieden werden (BT-Drucks. 10/2888 S. 14), zum allgemein geltenden **Prinzip der formellen Anknüpfung** zurückgekehrt: Das zuständige Rechtsmittelgericht bestimmt sich ohne Rücksicht auf den Gegenstand des betroffenen Verfahrens danach, **welches Gericht in der Vorinstanz entschieden hat.** Statt für „Familiensachen" (so der bisherige Gesetzestext) sind die Oberlandesgerichte (§ 119 Abs. 1 Nr. 1 und 2 GVG) jetzt zuständig für Berufungen und Beschwerden in „den von den Familiengerichten entschiedenen Sachen" (und entsprechend ist die Zuständigkeit des Landgerichts als Berufungsgericht in Zivilsachen durch den neu gefaßten § 72 GVG ohne Rücksicht auf den Gegenstand des betroffenen Verfahrens dann nicht begründet, wenn in erster Instanz das Familiengericht entschieden hat). Der OLG-Familiensenat ist also immer, aber auch nur dann zur Entscheidung berufen, wenn die angefochtene Vorentscheidung von einem Familiengericht ausgeht. Kommt er zu dem Ergebnis, daß keine Familiensache vorliegt, so kommt keine Abgabe, sondern nur die Aufhebung und Zurückverweisung in Betracht (vgl. BGH FamRZ 78, 873, 878). Dazu heißt es in der BT-Drucks. 10/2888 S. 21:

„Eine Ergänzung des §§ 539, 540 ZPO dahin, daß der aufgrund der vorgesehenen formellen Anknüpfung mit einer Nichtfamiliensache befaßte Familiensenat des Oberlandesgerichts oder umgekehrt das mit einer Familiensache als Rechtsmittelgericht befaßte

Landgericht oder auch der Prozeßsenat des Oberlandesgerichts die Angelegenheit in jedem Fall an die Vorinstanz zurückgeben muß, erscheint nicht veranlaßt. Das Rechtsmittelgericht ist hierzu schon deshalb gehalten, weil ihm die Entscheidungskompetenz zur sachlichen Erledigung des vorgelegten Verfahrens fehlt (OLG Frankfurt FamRZ 1981, 978, 979).“

12 Nach dem bisherigen Recht konnte in der Berufungsinstanz das Vorliegen oder Nichtvorliegen einer Familiensache ohne die Beschränkung des § 529 Abs. 2 ZPO geprüft und gerügt werden, da diese Vorschrift die sachliche Zuständigkeit der ersten Instanz betrifft, nicht die gerichtsinterne Zuständigkeitsregelung des Amtsgerichts (BGH FamRZ 78, 873, 878 m. Anm. Bosch). Nach dem neu geschaffenen § 529 Abs. 3 ZPO, der über § 621 e Abs. 4 ZPO auch im Hausratsverfahren gilt, ist nunmehr vom Rechtsmittelgericht nicht mehr von Amts wegen zu prüfen, ob eine Familiensache vorliegt. Das entspricht dem § 529 Abs. 2, erster Halbsatz ZPO. Eine entsprechende Rüge in der Rechtsmittelinstanz ist nur noch zulässig, wenn sie bereits in ersten Rechtszug erhoben worden ist oder die Verspätung genügend entschuldigt wird. Danach muß z. B. die Berufungszivilkammer des Landgerichts, die erkennt, daß es sich um eine Hausratsache (oder sonstige Familiensache) handelt, über das Rechtsmittel gegen das Urteil der Prozeßabteilung des Amtsgerichts endgültig sachlich entscheiden, wenn keine Partei es rügt oder diejenige Partei, die es erst in zweiter Instanz rügt, das Unterlassen der Rüge in der ersten Instanz nicht genügend entschuldigen kann (Jaeger FamRZ 85, 865, 867/68). In der Übergangszeit ist das Rügerecht beim OLG aber nur ausgeschlossen, wenn die Rüge nach dem Inkrafttreten des UÄndG (1. 4. 1986) noch im ersten Rechtszug erhoben werden konnte (Art. 6 Nr. 7 der Übergangsvorschriften des UÄndG). Die Rüge muß im übrigen nicht (wie nach § 529 Abs. 2, zweiter Halbsatz ZPO) im ersten Rechtszug bereits vor der Verhandlung zur Hauptsache geltendgemacht worden sein (BT-Drucks. 10/2888 S. 24).

13 Bei einer Abgabe in der ersten Instanz tritt die **Bindung auch bei** sachlich **unrichtigen** oder auf Verfahrensmängeln beruhenden **Abgabebeschlüssen** ein. Das Familiengericht muß, sofern nicht eine Abgabemöglichkeit nach § 11 Abs. 3 besteht, die (abgegebene) Sache entscheiden, auch wenn sie nicht unter die Hausratsverordnung fällt (Soergel/Häberle Rdn. 6). Dabei ist es auch nicht an die Verfahrensart der HausrVO gebunden (Heintzmann FamRZ 83, 960). Das Familiengericht darf nicht – auch wenn nach seiner Überzeugung keine Hausratssache vorliegt – den Antrag als unzulässig zurückweisen (Soergel/Häberle aaO; **a. A.** Erman/Ronke Rdn. 1) oder die Sache an das abgebende Prozeßgericht zurückverweisen (insoweit übereinstimmend Soergel/Häberle und Erman/Ronke aaO). Lehnt der Familienrichter durch interne, den Parteien nicht bekannt gemachte gerichtliche Verfügung die Übernahme ab und schickt die Akten an das Prozeßgericht zurück, so liegt eine wirksame Unzuständigkeitserklärung des Familiengerichts überhaupt noch nicht vor, so daß das übergeordnete Gericht nicht die Zuständigkeit nach § 36 Nr. 6 ZPO bestimmen kann (KG 11 AR 4/85 vom 18. 1. 85).

Wird – trotz Unanfechtbarkeit – gegen den Abgabebeschluß eine unzulässige Beschwerde eingelegt, so ist immer der Senat für Familiensachen des OLG zuständig zur Entscheidung.

Ein Abgabebeschluß entfaltet dann ausnahmsweise **keine Bindungswirkung,** 14
wenn ihm schlechthin **jede gesetzliche Grundlage fehlt** (BGH NJW 64, 1416 zu §281 ZPO; OLG Köln FamRZ 80, 173; Palandt-Diederichsen Anm. 1; Soergel/Häberle Rdn. 3; MüKo/Müller-Gindullis Rdn. 6), oder wenn er auf der Versagung rechtlichen Gehörs beruht (BGH FamRZ 78, 402 zu §281 ZPO; Soergel/Häberle aaO).

Die Abgabe leitet ein **neues Verfahren** ein, das Verfahren vor dem abgebenden 15
Prozeßgericht wird also nicht fortgesetzt (KG FamRZ 74, 195, 197, auch zur Kostenentscheidung; für die Gerichts- und Anwaltskosten bestimmt §23 der HausrVO, das sie als Teil der Kosten des Verfahrens vor dem übernehmenden Gericht zu behandeln sind, Baumbach/Hartmann Anm. 1 zu §18 HausrVO, abgedruckt im Anhang zu §281 ZPO).

III. Wahrung der Frist des §12 bei Abgabe, Abs. 2

Handelt es sich um einen Antrag auf Auseinandersetzung über die Ehewoh- 16
nung, so wahrt die Klageerhebung vor dem unzuständigen Prozeßgericht die Einjahresfrist nach §12 HausrVO. Das Prozeßgericht hat nicht zu prüfen, ob die Frist des §12 gewahrt ist (Hoffmann/Stephan Rdn. 4).

§18a. Getrenntleben der Ehegatten

Die vorstehenden Verfahrensvorschriften sind sinngemäß auf die Verteilung des Hausrats im Falle des §1361a und auf die Regelung über die Benutzung der Ehewohnung im Falle des §1361b des Bürgerlichen Gesetzbuches anzuwenden.

Übersicht

I. Allgemeines

1 Die Vorschrift des § 18a ist durch das Gleichberechtigungsgesetz vom 18.6. 1957 (Bundesgesetz Bl. I 1957 S. 609) eingefügt worden, und zwar gleichzeitig mit § 1361 a BGB, der die Hausratsverteilung bei Getrenntleben regelt:

§ 1361 a [Hausratsverteilung bei Getrenntleben]

(1) Leben die Ehegatten getrennt, so kann jeder von ihnen die ihm gehörenden Haushaltsgegenstände von dem anderen Ehegatten herausverlangen. Er

ist jedoch verpflichtet, sie dem anderen Ehegatten zum Gebrauch zu überlassen, soweit dieser sie zur Führung eines abgesonderten Haushalts benötigt und die Überlassung nach den Umständen des Falles der Billigkeit entspricht.

(2) Haushaltsgegenstände, die den Ehegatten gemeinsam gehören, werden zwischen ihnen nach den Grundsätzen der Billigkeit verteilt.

(3) Können sich die Ehegatten nicht einigen, so entscheidet das zuständige Gericht. Dieses kann eine angemessene Vergütung für die Benutzung der Haushaltsgegenstände festsetzen.

(4) Die Eigentumsverhältnisse bleiben unberührt, sofern die Ehegatten nichts anderes vereinbaren.

In der ursprünglichen Fassung des BGB war (§ 1361 I 2 a. F.) für den Fall des berechtigten Getrenntlebens eines Ehegatten bestimmt, daß der Mann, der nach den §§ 1373, 1443 a. F. BGB den Besitz am Hausrat hatte, der Frau die zur Führung eines abgesonderten Haushalts erforderlichen Sachen grundsätzlich zum Gebrauch herauszugeben hatte. Die HausrVO von 1944 regelte für die Zeit nach der Scheidung in § 1 ff die Rechtsverhältnisse an Ehewohnung und Hausrat, falls sich die Ehegatten nicht einigten. Da aber auch schon während der Scheidung ein Regelungsbedürfnis auftreten konnte, wurde in dem (1977 aufgehobenen) § 19 HausrVO bestimmt, daß (auch zugunsten des Mannes und auch ohne berechtigtes Getrenntleben) während des Eherechtsstreits die Benutzung der Ehewohnung und des Hausrats einstweilen durch das Prozeßgericht geregelt werden konnte (RGRK/Wenz Rdn. 1 zu § 1361 a). Die Aufhebung des § 19 HausrVO erfolgte durch das 1. Eherechtsgesetz, weil die Bestimmung durch § 620 Satz 1 Nr. 7 ZPO n. F. ersetzt worden war. Der durch das Gleichberechtigungsgesetz neugeschaffene § 1361 a BGB änderte die materiellrechtlichen Bestimmungen für die Verteilung des Hausrats zwischen getrenntlebenden Ehegatten. Gleichzeitig mußte die prozessuale Durchsetzung geregelt werden, da der (damalige) § 19 HausrVO die Anhängigkeit einer Ehesache voraussetzte. Deshalb wurde § 18 a HausrVO in das Gesetz eingefügt.

Beide Bestimmungen – § 1361 a BGB wie § 18 a HausrVO – trugen dem Umstand Rechnung, daß in nicht wenigen Fällen Ehegatten dauernd getrennt leben wollten, aber eine Scheidung, zum Beispiel aus konfessionellen Gründen oder um der Kinder willen, ablehnten (OLG Frankfurt MDR 60, 682). Dieser faktische Dauerzustand, der einer Ehescheidung weitgehend entsprach, machte es erforderlich, auch eine Auseinandersetzung des Hausrats in gewissen Grenzen durchzuführen, wobei es schon damals auf ein „Recht zum Getrenntleben" nicht ankam (KG FamRZ 60, 71; OLG Frankfurt aaO; Hoffmann/Stephan Rdn. 2).

Durch das Gesetz zur Änderung unterhaltsrechtlicher, verfahrensrechtlicher und anderer Vorschriften (UÄndG) ist mit Wirkung vom 1. 4. 1986 die Bestimmung des § 1361 b BGB über die Zuteilung der Ehewohnung während des Getrenntlebens in das Gesetz eingefügt worden (s. nachstehend Rdn. 25 ff). Demgemäß ist § 18 a HausrVO entsprechend ergänzt worden.

II. Anwendungsbereich der Vorschrift

1. Keine Beschränkung auf reine Verfahrensvorschriften.

2 Auf die Hausratsverteilung bei Getrenntleben und auf die Zuweisung der Ehewohnung bereits vor dem Scheidungsverfahren sind nach dem Wortlaut der Vorschrift nur „die vorstehenden Verfahrensvorschriften" anwendbar. Das bedeutet an sich nur die Anwendbarkeit der §§ 11 bis 18 HausrVO, nicht der materiellrechtlichen Vorschriften der §§ 1 bis 10 HausrVO, da die Verteilung des Hausrats bei Getrenntleben und die Zuweisung der Ehewohnung vor dem Scheidungsverfahren materiellrechtlich in den §§ 1361 a und 1361 b BGB ausschließlich geregelt ist. Nach herrschender Meinung ist aber bei der Hausratsverteilung auch **§ 8 Abs. 2 HausrVO (Miteigentumsvermutung) anwendbar** (OLG Frankfurt MDR 60, 682; MüKo/Müller-Gindullis Rdn. 2 m. w. Hinw.; Soergel/Häberle Rdn. 1; Schwab Rdn. 871; RGRK/Wenz Rdn. 12 und Soergel/Lange Rdn. 5, beide zu § 1361 a BGB). Die vereinzelt gebliebene Auffassung, § 8 Abs. 2 HausrVO sei nicht unmittelbar anwendbar, es müsse vielmehr die Feststellung gemeinsamen Eigentums ohne Zuhilfenahme der Vermutung getroffen werden (KG FamRZ 60, 71), würde dazu führen, daß im (vorläufigen) Benutzungsregelungsverfahren zeitraubendere Aufklärungen erforderlich wären als im Eigentums-Auseinandersetzungsverfahren (vgl. OLG Frankfurt aaO).

3 **Auch die Kostenvorschriften** der §§ 20 f HausrVO sind auf die Hausratsverteilung bei Getrenntleben **anwendbar** (LG Oldenburg FamRZ 79, 43; MüKo/Müller-Gindullis Rdn. 2), weil sie der Eigenart des Hausratsverteilungsverfahrens mehr entsprechen als die allgemeinen Bestimmungen der Kostenordnung und des FGG (BayObLG Z 60, 370, 379). Das gilt auch für die Zuweisung der Ehewohnung. Endet das Hausratsteilungsverfahren bei Getrenntleben, weil ein inzwischen ergangenes Scheidungsurteil rechtskräftig wird, und tritt mithin Hauptsacheerledigung ein, so gilt auch in diesem Falle die Kostenvorschrift des § 20 HausrVO (LG Oldenburg FamRZ 79, 43).

2. Begriffe „Hausrat" und „Ehewohnung"

4 Die Hausratsverordnung verwendet durchgehend den Begriff „Hausrat" (außer in § 18a z. B. in den §§ 1, 8 Abs. 1 und 2, 9 Abs. 2 Satz 2, 10 Abs. 1); das BGB spricht in § 1361 a BGB von „Haushaltsgegenständen" (auch in anderen Vorschriften, vgl. §§ 1369 Abs. 1, 1370, 1932, 1969 BGB). Beide Bezeichnungen bedeuten dasselbe (BGHZ 73, 253, 255; OLG Karlsruhe FamRZ 79, 609; Schwab Rdn. 870, Hoffmann/Stephan Rdn. 3; RGRK/Wenz Rdn. 8 und Soergel-Lange Rdn. 6, beide zu § 1361 a BGB). Zum Begriff „Hausrat" siehe oben Rdn. 40 ff zu § 1 sowie nachstehend Rdn. 7.

Der Begriff „Ehewohnung" wird in der HausrVO einheitlich verwendet (s. § 1 Rdn. 37–39).

3. Getrenntleben

Die Hausratsverteilung nach § 18a HausrVO in Verbindung mit § 1361a BGB setzt das Getrenntleben der Ehegatten voraus, d.h. ihre häusliche Gemeinschaft muß aufgehoben sein, und zwar nicht nur vorübergehend (arg. §§ 1634 Abs. 4, 1672 Satz 1 BGB). 5

Auf ein Recht zum Getrenntleben kommt es nicht an (Knütel Anm. FamRZ 81, 547) und auch nicht auf das (in den Bestimmungen der §§ 1353 Abs. 2, 1565 ff BGB vorausgesetzte) Scheitern der Ehe; auch die subjektiven Getrenntlebensvoraussetzungen des § 1567 Abs. 1 BGB (Ablehnung der ehelichen Lebensgemeinschaft und erkennbarer Wille, sie nicht wieder herzustellen) sind, da auf Belange des Scheidungsrechts abgestellt, hier nicht anwendbar (RGRK/Wenz Rdn. 7 zu § 1361a BGB).

4. Herausgabeanspruch bei Alleineigentum, § 1361a Abs. 1 S. 1 BGB

Nach § 1361a Abs. 1 Satz 1 BGB kann jeder Ehegatte grundsätzlich die ihm gehörenden Gegenstände herausverlangen. Ob damit eine besondere Anspruchsgrundlage geschaffen wurde, ist umstritten. Nach der einen Ansicht handelt es sich bei dem Herausgabeverlangen des § 1361a Abs. 1 Satz 1 BGB um einen Herausgabeanspruch nach § 985 BGB (BayObLG NJW 72, 949; Soergel/Lange Rdn. 7 zu § 1361a BGB), und Satz 1 stellt nur klar, daß mit dem Getrenntleben das Recht des anderen Ehegatten auf Mitbesitz und Mitbenutzung erlischt. Andererseits genießt § 1361a BGB in seiner Gesamtheit – also auch hinsichtlich des Anspruchs nach Abs. 1 Satz 1 – den Vorrang vor der Herausgabeklage nach § 985 BGB und der Besitzschutzklage nach § 861 BGB (Soergel/Häberle Rdn. 7), weil sich das Verfahren nach der HausrVO auch schon auf die Hausratsverteilung bei Getrenntleben erstreckt und den allgemeinen Eigentumsherausgabeanspruch ausschließt (BGH FamRZ 76, 691 = NJW 77, 43; zur Ausschließlichkeit des § 1361a BGB vgl. auch BGH FamRZ 82, 1200; KG 17 U 2762/84 v. 18. 10. 1985; Vogel FamRZ 81, 839, 840 und Luthin in der Anm. FamRZ 84, 1095). Da zudem der Herausgabeanspruch nach § 985 BGB und derjenige nach § 1361a Abs. 1 Satz 1 BGB nicht deckungsgleich sind (s. dazu nachstehend Rdn. 7), wird der **Herausgabeanspruch** des Alleineigentümer-Ehegatten **nach § 1361a Abs. 1 Satz 1 BGB als lex specialis** (so Müko/Wacke Rdn. 4 zu § 1361a BGB) zu sehen sein, modifiziert durch die Billigkeitsregelung des Satz 2. Diese Billigkeitsregelung ist aber eng begrenzt. So kann der Nichteigentümer-Ehegatte dem Herausgabeverlangen des anderen zum Beispiel nicht mit Erfolg entgegenhalten, dieser habe gar keinen Bedarf in seinem Haushalt für den herausverlangten Gegenstand, oder er wolle den Hausrat zusammen mit dem neuen Lebensgefährten benutzen (RGRK/Wenz Rdn. 17 zu § 1361a BGB). 6

Allerdings gibt § 1361a Abs. 1 Satz 1 BGB dem Eigentümer-Ehegatten einen eigenen Herausgabeanspruch insoweit, als der unter dem Begriff „Haushaltsgegenstände" = Hausrat erfaßte **Regelungsbereich der HausrVO weiter** geht als der 7

Begriff „Sache" in §985 BGB. **Auch Rechte,** die sich auf den Hausrat beziehen, gehören dazu. So kann die Eigentumsanwartschaft aus einem Vorbehaltskauf Gegenstand des Hausratsverfahren und auch der Hausratsverteilung bei Getrenntleben sein (BayObLG FamRZ68, 319). Ferner können Geldforderungen gegen Dritte, die sich auf Haushaltsgegenstände beziehen, zum Hausrat selbst gehören und damit dem Hausratsverteilungsverfahren unterliegen (BGH FamRZ80, 45 und FamRZ80, 988), z.B. Forderungen aufgrund der unberechtigten Veräußerung nach §§1369, 1368 BGB (BGH FamRZ83, 794), oder Ansprüche aus einer Hausratsversicherung (RGRK/Wenz Rdn. 13 zu §1361a BGB).

8 Die vorläufige Regelung nach §1361a BGB hat **nur provisorischen Charakter,** was sich schon daraus ergibt, daß nach Abs.4 der Vorschrift die Eigentumsverhältnisse unberührt bleiben (Schwab Rdn. 870). Deshalb sind an die Amtsermittlungspflicht nach §12 FGG hinsichtlich der Eigentumsfrage keine zu strengen Anforderungen zu stellen (RGRK/Wenz Rdn. 12 und Baumgärtel/Laumen Rdn. 3, beide zu §1361a BGB). Außerdem gilt die Vermutung des gemeinschaftlichen Eigentums nach §8 Abs.2 HausrVO (s. oben Rdn. 2; ferner Baumgärtel/Laumen aaO).

9 Andererseits genügt für den Nachweis des Alleineigentums durch sogenannten **Surrogations-Erwerb** nach §1370 BGB die Feststellung, daß bestimmter Hausrat von einem Ehegatten eingebracht wurde und der jetzt vorhandene offenbar das Ersatzstück ist (KG FamRZ68, 648). Hausrat kann gemäß §930 BGB von einem Ehegatten auf den anderen übertragen werden, da die Ehe als gesetzliches Besitzmittlungsverhältnis im Sinne des §868 BGB anzusehen ist (BGHZ73, 253, 257).

5. Billigkeitsentscheidung bei Alleineigentum, §1361a Abs. 1 S. 2 BGB

10 Zur Führung eines **abgesonderten Haushalts** muß der Nichteigentümer-Ehegatte den Haushaltsgegenstand benötigen. Daran fehlt es z.B., wenn er ein möbliertes Zimmer bewohnt, aber auch dann, wenn er den Hausrat nur begehrt, um ein Zimmer zu vermieten (Hoffmann/Stephan Rdn. 9). Auch ein Fernsehgerät kann heute zur abgesonderten Haushaltsführung notwendig sein (zweifelnd noch Hoffmann/Stephan aaO); die Frage wird sich allerdings vor allem bei Vorhandensein eines Zweitgeräts stellen.

11 Die Überlassung muß nach den Umständen des Falles der **Billigkeit** entsprechen, d.h. es sind wie in §2 HausrVO alle Umstände des Einzelfalles zu berücksichtigen (RGRK/Wenz Rdn. 24 zu §1361a BGB). Darunter fallen alle Umstände, die das Verhältnis der Ehegatten zueinander, ihre gegenwärtigen Lebensbedingungen und ihre Beziehungen zu den einzelnen Gegenständen betreffen, soweit diese irgendwie bedeutsam für die Beurteilung sein können, was im Einzelfall billig, gerecht und zweckmäßig ist (BGHZ18, 143, 148 = NJW55, 1355 = JZ55, 706). Dabei müssen sich die Entscheidungen aber nicht ausdrücklich mit allen Einzelumständen auseinandersetzen (Johannsen in LM Nr. 2 zu §1 HausrVO,

Anm. zu BGHZ 18, 143). Das Wohl des Kindes wird auch hier besonders ins Gewicht fallen (vgl. § 2 Satz 2 HausrVO, Hoffmann/Stephan, Rdn. 10), sogar dann, wenn es sich um das Kind nur eines Ehegatten handelt (RGRK/Wenz Rdn. 25 zu § 1361 a BGB). Andererseits läßt sich daraus, daß in § 2 Satz 2 HausrVO die „Ursachen der Eheauflösung" als besonders zu beachtender Umstand gestrichen worden sind (s. dazu oben Rdn. 2 zu § 2), nicht schließen, daß sie bei der Billigkeitsprüfung nach § 1361 a Abs. 1 Satz 2 BGB außer Betracht bleiben müßten. Genauso wie nach §§ 1361 III, 1579 Nr. 6 BGB ein **einseitiges, evidentes Fehlverhalten zu berücksichtigen** ist (BGH FamRZ 81, 1042 = NJW 81, 2805), muß dies auch hier bei der Billigkeitsprüfung ins Gewicht fallen (RGRK/Wenz Rdn. 26 zu § 1361 a BGB; siehe auch Rdnrn. 2 und 11 zu § 2, Rdn. 13 zu § 9, Rdn. 9 zu § 20; noch weitergehend Soergel/Lange Rdn. 8 zu § 1361 a BGB, der schon schwerwiegendes ehewidriges Verhalten genügen läßt). Ferner soll die Intensität der bisherigen Benutzung und die Frage, welcher Ehegatte sich den strittigen Gegenstand leichter neu beschaffen kann, eine Rolle spielen (Soergel/Lange aaO).

Die Entscheidung im Verfahren nach §§ 1361 a BGB, 18 a HausrVO darf **nicht** 12 **Eigentum begründen,** sondern **nur** Hausrat **zur vorläufigen Benutzung** während der Trennung zuteilen (bzw. bei Alleineigentum dem Herausgabeverlangen nach § 1361 a Abs. 1 Satz 1 BGB stattgeben). Verkennt der Richter allerdings diese Beschränkung und weist er einem Ehegatten Hausrat zu Eigentum zu, so ist diese Eigentumszuweisung gleichwohl wirksam (strittig, bejahend MüKo/Wacke Rdn. 21 und RGRK/Wenz, Rdn. 27, beide zu § 1361 a BGB; verneinend Hoffmann-Stephan Rdn. 13 und RGRK/Scheffler Anm. 6, beide zu § 18 a HausrVO). Die Zuteilung von Hausrat zum Gebrauch nach Abs. 1 Satz 2 oder Abs. 2 begründet ein familienrechtliches Nutzungsverhältnis (BGHZ 73, 253, 257; RGRK/Wenz, Rdn. 28 zu § 1361 a BGB), und der berechtigte Ehegatte kann die Überlassung des unmittelbaren Besitzes verlangen.

Die **Transportkosten,** die bei der Durchführung der Verteilung entstehen, 13 treffen grundsätzlich den Ehegatten, der die Herausgabe verlangt (Hoffmann-Stephan Rdn. 19 zu § 18 a HausrVO; RGRK/Wenz Rdn. 28 zu § 1361 a BGB). Aus Billigkeitsgründen ist es aber möglich, auch den Herausgabepflichtigen zur Kostentragung heranzuziehen (Soergel/Lange, Rdn. 10 zu § 1361 a BGB).

Etwaige **Pflege- und Erhaltungskosten** trägt der Ehegatte, dem der Haus- 14 haltsgegenstand überlassen ist (Hoffmann-Stephan Rdn. 18). Zur Pflege und Erhaltung ist er aufgrund des familienrechtlichen Nutzungsverhältnisses verpflichtet; die Verletzung dieser Pflicht kann eine Schadensersatzpflicht auslösen (RGRK/Scheffler Anm. 14), wobei der Umfang der Sorgfaltspflicht sich aus § 1359 BGB ergibt.

6. Billigkeitsentscheidung bei Miteigentum, § 1361 a Abs. 2 BGB

Infolge Anwendbarkeit des § 8 Abs. 2 HausrVO (s. oben Rdn. 2) ist im Rah- 15 men seiner Beweisvermutung **von Miteigentum auszugehen,** sofern nicht das

Alleineigentum eines Ehegatten feststeht (OLG Frankfurt MDR 60, 682).

Die Beweisvermutung wollte zeitraubende Aufklärungen vermeiden; deshalb sind auch an die Amtsermittlungspflicht, zumal es sich hier nur um eine Benutzungsregelung handelt, keine zu strengen Anforderungen zu stellen (s. oben Rdn. 2 und 8).

16 Dabei darf allerdings andererseits nicht verkannt werden, daß eine Trennung auf Dauer einer Scheidung gleichkommen kann (OLG Frankfurt MDR 60, 682). Auch hier bei der Zuteilung von Miteigentum erstreckt sich die **Billigkeitsprüfung auf alle Umstände,** die im Rahmen des § 2 HausrVO ins Gewicht fallen können (s. vorstehend Rdn. 11). Hat ein Ehegatte **mutwillig Hausrat** gegen den Willen des anderen **verschleudert,** so ist das – genauso wie die unterhaltsbezogene Mutwilligkeit (vgl. insoweit BGH FamRZ 81, 1042 = NJW 81, 2805) – aus dem Rechtsgedanken des § 1579 Nr. 3 BGB zu berücksichtigen; er kann also nicht auf Ersatz zu Lasten des anderen Ehegatten rechnen (RGRK/Wenz Rdn. 26 zu § 1361 a BGB).

7. Einigungsversuch der Ehegatten, Benutzungsvergütung, § 1361 a Abs. 3 BGB

17 **a)** Nach Satz 1 entscheidet das Gericht erst dann, wenn sich die Ehegatten nicht einigen können. Das bedeutet aber nicht, daß das Gericht **den Nachweis verlangen** kann, **daß** ernsthafte **Einigungsverhandlungen stattgefunden haben** und fehlgeschlagen sind (RGRK/Wenz Rdn. 15 zu § 1361 a BGB). Das Gericht muß vielmehr tätig werden, sobald ein Ehegatte es anruft. Gemäß § 18 a in Verbindung mit § 13 Abs. 2 HausrVO hat es dann seinerseits auf eine gütliche Einigung hinzuwirken.

Ein Recht zum Getrenntleben ist nicht Voraussetzung für eine wirksame Einigung der Ehegatten (**a. A.** OLG Düsseldorf FamRZ 81, 545 mit ablehnender Anmerkung Knütel Seite 547 aaO). Eine Entscheidung des Gerichts über die Hausratsverteilung nach § 1361 a BGB und ein gerichtlicher Vergleich können gemäß § 18 a in Verbindung mit § 17 Abs. 1, 2 HausrVO bei wesentlicher Änderung der tatsächlichen Verhältnisse **geändert** werden.

b) Benutzungsvergütung

18 Eine angemessene **Vergütung für die Benutzung** kann das Gericht sowohl bei Alleineigentum (Fall des § 1361 a Abs. 1 Satz 2 BGB) wie bei gemeinsamem Eigentum (Fall des Abs. 2) festsetzen. Dabei kann das Entgelt ähnlich der Miete bemessen werden (Hoffmann/Stephan Rdn. 17 zu § 18 a HausrVO), wobei der Wert der Sache und der Grad der voraussichtlichen Wertminderung durch Abnutzung maßgebend sein werden (RGRK/Scheffler Anm. 12 zu § 18 a HausrVO). Ob grundsätzlich die laufende Zahlung der einmaligen vorzuziehen ist (Erman/Ronke Rdn. 5 zu § 18 a HausrVO), erscheint fraglich, da laufende Zahlungen auch zu ständigen neuen Reibungen führen können. Da in den meisten Fällen des Getrenntlebens Unterhalt zu zahlen sein wird, sollte zumindest in diesen Fällen die

Festsetzung einer Nutzungsvergütung entfallen, da dies sonst wiederum bei der Unterhaltsbemessung zu berücksichtigen wäre (so auch RGRK/Wenz Rdn. 28 zu § 1361 a BGB).

III. Einstweiliger Rechtschutz während des Getrenntlebens

1. Eigenmächtige Hausratsteilung

Entfernt ein Ehegatte bei Getrenntleben eigenmächtig Hausrat aus der Ehe- **19**
wohnung, so kann der andere grundsätzlich die Wiederherstellung der früheren Besitzverhältnisse verlangen. Materiellrechtliche Grundlage ist § 1361 a BGB. Während des Eheprozesses und auch schon während des Getrenntlebens sind die Benutzungs- und Besitzstreitigkeiten der Ehegatten ausschließlich im Verfahren nach der HausrVO zu entscheiden, im Falle des Getrenntlebens also ausschließlich nach § 1361 a BGB i. V. m. § 18a HausrVO (BGH FamRZ 82, 1200 = JZ 83, 73 m. Anm. Walter JZ 83, 54). Nun bietet allerdings, worauf Vogel (FamRZ 81, 839, 841) mit Recht hinweist, der Wortlaut des § 1361 a BGB keine Rechtsgrundlage, die Rückschaffung des gesamten entzogenen Hausrats und die Wiederherstellung des Mitbesitzes in der Ehewohnung zu verlangen. Vielmehr könnte nur der Hausrat zurück- bzw. herausverlangt werden, der zur Führung eines abgetrennten Haushalts benötigt wird. Diese als unbillig empfundene Konsequenz (OLG Düsseldorf FamRZ 84, 1095; Vogel aaO S. 841) kann allerdings nicht dadurch vermieden werden, daß dem Mitbesitzer-Ehegatten ein Anspruch aus verbotener Eigenmacht nach § 861 BGB zuerkannt wird (so aber OLG Düsseldorf FamRZ 84, 1095; **a. A.** OLG Düsseldorf FamRZ 86, 276 und OLG Koblenz FamRZ 85, 931). Denn die Anwendung der §§ 985, 861 BGB ist durch die Sondervorschrift des § 1361 a BGB ausgeschlossen (so auch Luthin in der Anm. zu OLG Düsseldorf FamRZ 84, 1095; im Ergebnis ebenso KG 17 WF 5150/85 vom 25. 10. 1985).

Die Lösung ergibt sich aus der **analogen Anwendung des § 1361 a BGB** auf **20**
alle Streitigkeiten, die daraus entstehen, daß sich getrenntlebende Ehegatten über die Benutzung oder den Besitz von Hausratsgegenständen nicht einigen können (BGH FamRZ 82, 1200; RGRK/Wenz Rdn. 30 zu § 1361 a BGB). Deshalb kann entsprechend § 1361 a BGB i. V. m. §§ 18a, 13 Abs. 4 HausrVO eine **einstweilige Anordnung auf Rückschaffung der entfernten Sachen** – im Rahmen eines anhängigen Hauptsacheverfahrens (BGH aaO) – ergehen **mit Ausnahme** lediglich derjenigen Haushaltsgegenstände, die der andere zur Deckung seines nötigsten Bedarfs selber braucht (RGRK/Wenz aaO).

Da eine einstweilige Anordnung nur im Rahmen eines anhängigen Hauptsa- **21**
cheverfahrens erlassen werden kann (BGH FamRZ 82, 1200; OLG Düsseldorf FamRZ 78, 358; OLG Karlsruhe FamRZ 78, 896; Rolland Rdn. 9 zu § 13 HausrVO), wird ggf. der Antrag auf Erlaß der einstweiligen Anordnung mit

dem Antrag auf Einleitung eines entsprechenden Hauptverfahrens nach § 1361 a BGB, § 18 a HausrVO zu verbinden sein (BGH aaO).

22 Ist der beiseitegebrachte **Hausrat bei einem Dritten untergestellt** worden, so kann dieser Dritte, da es sich um einen einheitlichen Lebensvorgang handelt, an dem Herausgaberechtsstreit der Ehegatten beteiligt werden, ohne daß das Verfahren seinen Charakter als Familiensache verliert (OLG Frankfurt FamRZ 84, 1118). Ist überhaupt **kein gemeinsamer Hausrat mehr** im Besitz eines der Ehegatten **vorhanden,** z. B. weil die gemeinsame Wohnung vollkommen entrümpelt wurde, so ist eine Verteilung im Hausratsverfahren begrifflich nicht mehr möglich (KG 17 WF 4283/84 vom 8. 11. 1985). Etwaige Ersatzansprüche der Ehegatten untereinander wegen Veräußerung und Vernichtung von Hausrat sind vor dem Prozeßgericht einzuklagen (BGH FamRZ 80, 45 und 80, 988). Zu den Möglichkeiten bei fehlgeschlagener Vollstreckung vgl. Rdn. 11 zu § 16.

2. Wohnungszuweisung vor Anhängigkeit einer Ehesache

23 Die Frage hat seit dem Inkrafttreten des 1. EheRG erheblich an Bedeutung gewonnen, weil das neue Scheidungsrecht grundsätzlich Trennungszeiten vorschreibt (vgl. §§ 1565 Abs. 2, 1566, 1567 BGB). Rechtsprechung und Literatur haben sich seit 1977 mit keinem anderen Problem der HausrVO so ausgiebig beschäftigt wie mit der Zulässigkeit der analogen Anwendung des § 1361 a BGB auf die Ehewohnung (jeweils mit zahlreichen weiteren Hinweisen **bejahend** etwa Soergel/Lange Rdnrn. 16–17 zu § 1361 a BGB; RGRK/Graßhof Rdnrn. 104–107 zu § 1564 BGB; Zöller/Philippi Rdn. 55 zu § 621 ZPO; Habscheid Studienbuch S. 383/384; Brudermüller NJW 84, 2560 und AmtsG Schwetzingen FamRZ 83, 589; **differenzierend** OLG Zweibrücken FamRZ 84, 391: Scheidung muß ins Auge gefaßt sein – wogegen sich wiederum Derleder in AK Rdn. 2 zu § 18 a HausrVO wendet – und Getrenntleben muß anders nicht möglich sein; **verneinend** Kalthoener FamRZ 84, 436; OLG Köln FamRZ 83, 1123 m. abl. Anm. Bosch S. 1125; OLG Karlsruhe FamRZ 84, 51).

24 Der **Ausnahmecharakter** des § 1361 a BGB (vgl. BGH FamRZ 78, 496 = NJW 78, 1529) und der **klare Wortlaut** des Gesetzes sprachen nach dem bisher geltenden Recht eher **gegen die Analogie** (s. oben Rdn. 46 ff zu § 13).

25 Der immer drängender gewordene Ruf nach dem Gesetzgeber (vgl. Bosch FamRZ 83, 1125 und Kalthoener FamRZ 84, 436 ff, 443) hat nunmehr zu der am 1. April 1986 in Kraft getretenen **gesetzlichen Neuregelung** geführt. Sie hat folgenden Wortlaut:

§ 1361 b [Zuweisung der Ehewohnung vor dem Scheidungsverfahren]

(1) Leben die Ehegatten getrennt oder will einer von ihnen getrennt leben, so kann ein Ehegatte verlangen, daß ihm der andere die Ehewohnung oder einen Teil zur alleinigen Benutzung überläßt, soweit dies notwendig ist, um eine schwere Härte zu vermeiden. Steht einem Ehegatten allein oder gemeinsam mit

einem Dritten das Eigentum, das Erbbaurecht oder der Nießbrauch an dem Grundstück zu, auf dem sich die Ehewohnung befindet, so ist dies besonders zu berücksichtigen; Entsprechendes gilt für das Wohnungseigentum, das Dauerwohnrecht und das dingliche Wohnrecht.

(2) Ist eine Ehegatte verpflichtet, dem anderen Ehegatten die Ehewohnung oder einen Teil zur alleinigen Benutzung zu überlassen, so kann er vom anderen Ehegatten eine Vergütung für die Benutzung verlangen, soweit dies der Billigkeit entspricht.

Die Entstehung dieser Vorschrift hat eine wechselvolle Geschichte (sh. a. die Darstellung im Vorwort).

Der **Regierungsentwurf** (BT-Drucks. 10/2888 S. 16, vgl. zuvor auch schon 26 die BR-Drucks. 501/84 S. 6) hatte eine „unbillige Härte" als Zuteilungskriterium gefordert und zur Begründung ausgeführt:

„Es dient der Erhaltung von Versöhnungschancen, wenn eine Verrechtlichung, insbesondere auch mit erkennbarer Außenwirkung gegenüber Dritten, soweit wie möglich vermieden wird. Es kam deshalb nicht in Betracht, die auf Endgültigkeit abzielenden Regelungsmöglichkeiten der HausratsVO auch auf die Fälle zu erstrecken, in denen kein Scheidungsverfahren anhängig ist, die Ehegatten aber getrennt leben oder einer von ihnen getrennt leben will. Um ehefeindlichen Tendenzen entgegenzuwirken, wird ferner die ‚Eintrittsschwelle' bewußt hoch angesetzt: es soll verhindert werden, daß die Ehegatten bei einem ernsteren Konflikt im Frühstadium einer Ehekrise vorzeitig in die Inanspruchnahme gerichtlicher Hilfe ‚flüchten', Gerichtliche Maßnahmen sollen deshalb nur erlaubt sein, wenn sie zur Vermeidung einer unbilligen Härte notwendig sind. Die Voraussetzungen für eine Benutzungsregelung sind damit genauso eng wie diejenigen, unter denen § 3 Abs. 1 HausratsVO die Zuweisung der Ehewohnung an einen Ehegatten trotz Alleineigentums des anderen Ehegatten zuläßt. Diese engen Voraussetzungen gelten auch für die Benutzungsregelung über eine Mietwohnung, da auch hier einer verfrühten Inanspruchnahme des Gerichts begegnet werden soll. Jedoch ist es nach Satz 2 besonders zu berücksichtigen, wenn einem Ehegatten allein oder gemeinsam mit einem Dritten das Eigentum, das Erbbaurecht oder der Nießbrauch an dem Grundstück, auf dem sich die Ehewohnung befindet, zusteht; Entsprechendes gilt für das Wohnungseigentum, das Dauerwohnrecht und das dingliche Wohnrecht. Für die Beurteilung, ob eine unbillige Härte vorliegt, kann das Gericht alle Umstände berücksichtigen, die die persönliche oder wirtschaftliche Situation der Ehegatten, aber auch der anderen Mitglieder des Hausstandes kennzeichnen. Will sich ein Ehegatte einseitig von der Ehe lösen und strebt er gleichwohl die für ihn vorteilhafte – alleinige – Weiterbenutzung der ehelichen Wohnung an, so kann dies rechtsmißbräuchlich sein."

Der **Bundesrat** schlug in seiner Stellungnahme vor (vgl. BT-Drucks. 27 10/2888 S. 42), die Worte **„unbillige Härte" durch „schwere Härte" zu ersetzen.** Er sah darin eine „Klarstellung des Gewollten" und führte aus:

„Die Bestimmung soll nur Fälle erfassen, in denen lediglich das Frauenhaus als Alternative bleibt. Dagegen soll sie nicht die Scheidung vorbereiten und erleichtern."

28 Die **Bundesregierung** erklärte sich in ihrer **Gegenäußerung** (BT-Drucks. 10/2888 S. 50) mit der Änderung in „schwere Härte" einverstanden:

„Die Bundesregierung teilt die Auffassung des Bundesrates, daß eine Wohnungszuweisung während des Getrenntlebens nur unter wesentlich engeren Voraussetzungen ermöglicht werden soll als nach Ehescheidung aufgrund der Hausratsverordnung. Sie stimmt daher dem Vorschlag zu, weil die vorgeschlagene Formulierungsänderung diese wesentlich engeren Voraussetzungen deutlich machen kann. Allerdings versteht die Bundesregierung die in der Begründung des Vorschlags des Bundesrates erwähnte Voraussetzung für eine Wohnungszuweisung während des Getrenntlebens nicht als den einzigen Anwendungsfall, sondern als Beispiel für die außergewöhnlichen Umstände, die ausnahmsweise eine Wohnungszuweisung während des Getrenntlebens rechtfertigen können."

29 Die **Differenzierung zwischen unbilliger Härte und schwerer Härte** wird Rechtsprechung und Literatur vor neue Fragen stellen. Entstehungsgeschichte und Wortwahl machen deutlich, daß der Begriff „schwere Härte" höhere Anforderungen an die Zuteilung der Wohnung stellt als der Begriff „unbillige Härte". Die Alternative „Frauenhaus" ist zwar nicht der einzige Anwendungsfall, bezeichnet aber den engen Anwendungsspielraum. Die vom Regierungsentwurf zunächst ins Auge gefaßte unbillige Härte i. S. des § 3 S. 1 HausrVO (s. dort Rdn. 9: ungewöhnlich schwere Beeinträchtigung, wenn dem Zuweisungsbegehren nicht stattgegeben würde) genügt hier nicht. Die Beschlußempfehlung und der Bericht des Rechtsausschusses (6. Ausschuß) zum Entwurf des UÄndG (BT-Drucks. 10/4514 v. 10. 12. 85, S. 22) lassen die Abgrenzung der Begriffe „unbillige" und „schwere" Härte nicht schärfer hervortreten. Dort heißt es lediglich:

„Die Mehrheit des Ausschusses empfiehlt, den Vorschlag des Bundesrates aufzugreifen, die Formulierung ‚unbillige Härte' durch die Worte ‚schwere Härte' zu ersetzen. Die Mehrheit führt zur Begründung an, damit solle das Gewollte klargestellt werden: Eine Wohnungszuweisung während des Getrenntlebens solle nur unter wesentlich engeren Voraussetzungen ermöglicht werden als nach der Scheidung aufgrund der Hausratsverordnung: Dagegen solle die Vorschrift nicht helfen, eine Scheidung vorzubereiten oder zu erleichtern.
Die Opposition befürwortet demgegenüber die Fassung des Regierungsentwurfs. Sie ist der Meinung, daß der Begriff ‚unbillige Härte' als Voraussetzung ausreiche."

In Anlehnung an § 1568 Abs. 1 BGB (2. Alternative), der den Begriff der schweren Härte ebenfalls verwendet, und unter Berücksichtigung der oben (Rdn. 28) zitierten Gegenäußerung der Bundesregierung kann die „schwere Härte" dahin definiert werden, daß auf Grund außergewöhnlicher Umstände ausnahmsweise die Wohnungszuweisung – unter Berücksichtigung auch der Belange des anderen Ehegatten – dringend erforderlich ist, um eine unerträgliche Belastung des die Zuteilung begehrenden Ehegatten abzuwenden (zur „unbilligen Härte" vgl. a. oben § 17 Rdn. 6, die auch schon hohe Anforderungen stellt).

30 Da die **Eintrittsschwelle** nach dem Regierungsentwurf **„bewußt hoch angesetzt"** und durch die Stellungnahme des Bundesrates und seine Änderung noch

um eine Stufe angehoben worden ist, können die während des Ehescheidungsverfahrens für die Zuteilung der Ehewohnung geltenden Grundsätze (vgl. Zöller/Philippi, ZPO, Rdn. 57 ff zu § 620) nicht als Maßstab gelten. Die Anforderungen für eine Zuteilung vor Einleitung eines Scheidungsverfahrens sind – so wird man den Gesetzgeber verstehen müssen – noch strenger, m. a. W.: **die Eingriffsschwelle des § 1361 B BGB ist höher als die des § 620 Abs. 1 Nr. 7 ZPO.**

Dem **Grundsatz des Übermaßverbotes** entspricht die Einschränkung, daß 31
der Ehegatte „die Ehewohnung **oder einen Teil** zur alleinigen Benutzung" verlangen kann. Daher ist stets zu prüfen, ob die Wohnung als weniger einschneidende Maßnahme geteilt werden kann; das wird aber, wenn die hohe Eingriffsschwelle überschritten wird, nur selten möglich und zweckmäßig sein.

Die in § 1361 b Abs. 2 vorgesehene **Vergütung** wird stets der Billigkeit entspre- 32
chen und daher festzusetzen sein, wenn die dem einen Ehegatten zur alleinigen Benutzung überlassene Ehewohnung dem anderen Ehegatten (allein oder gemeinsam mit einem Dritten) gehört (BT-Drucks. 10/2888 S. 16).

Die **einstweilige Zuweisung** der Ehewohnung in der Bundesrepublik, wenn 33
zwischen ausländischen Ehegatten ein Scheidungsverfahren in ihrem Heimatstaat anhängig ist, erfolgt grundsätzlich nach deutschem Recht (OLG Karlsruhe IPRax 85, 107; einschränkend dazu Henrich IPRax 85, 88).

IV. Zurückbehaltungsrecht

Dem Nichteigentümer-Ehegatten kann gegenüber dem auf § 1361 a Abs. 1 S. 1 34
BGB gestützten Herausgabeanspruch ein Zurückbehaltungsrecht wegen Verwendungen (§ 1000 BGB) oder wegen anderer Ansprüche (§ 273 Abs. 2 BGB) zustehen. Allerdings kann ein solches Zurückbehaltungsrecht in analoger Anwendung der Grundsätze des § 1361 a Abs. 1 S. 2 BGB auf den Eigentümer-Ehegatten **ausgeschlossen** sein, **wenn dieser den Gegenstand** zur Führung eines abgesonderten Haushalts **benötigt** und die Geltendmachung des Zurückbehaltungsrechts nach den Umständen des Falles unbillig erscheint (KG FamRZ 60, 71; Hoffmann/Stephan Rdn. 14; Erman/Ronke Rdn. 7; Soergel/Häberle Rdn. 2; RGRK/Scheffler Anm. 8, alle zu § 18 a HausrVO; RGRK/Wenz Rdn. 16 zu § 1361 a BGB).

Ferner kann ein Zurückbehaltungsrecht unberücksichtigt bleiben **wegen völ-** 35
lig illiquider Forderungen, z. B. aus Darlehn, weil das Herausgabeverlangen aus Vereinfachungs- und Beschleunigungsgründen der freiwilligen Gerichtsbarkeit zugewiesen ist; die unbeschränkte Zulassung der Einrede würde das Verfahren über Gebühr belasten und verzögern und seinen Zweck, nur die Rechtsverhältnisse am Hausrat, nicht aber an sonstigen Vermögensrechten zu regeln, vereiteln (BayObLG FamRZ 61, 220, 223 m. w. Hinw.; Hoffmann/Stephan Rdn. 15; Soergel/Häberle Rdn. 2). Verlangt ein Eigentümer-Ehegatte einen Hausratsgegenstand heraus, weil er ihn verkaufen will, so wird allerdings ein etwaiges Zurückbehaltungsrecht des andern unbeschränkt zu berücksichtigen sein (RGRK/Scheffler Anm. 8).

V. Verfahren

36 Über die Herausgabe von **Sachen, die zum persönlichen Gebrauch** eines Ehegatten oder Kindes **bestimmt sind,** kann im Verfahren nach § 18a HausrVO i.V.m. § 1361a BGB nicht entschieden werden; insoweit ist nur die einstweilige Anordnung nach § 620 S. 1 Nr. 8 ZPO gegeben, die voraussetzt, daß eine Ehesache anhängig oder ein Antrag auf Bewilligung der Prozeßkostenhilfe eingereicht ist, § 620a Abs. 2 S. 1 ZPO.

37 Eine etwa bereits ergangene **einstweilige Anordnung** im Eherechtsstreit oder die Möglichkeit, eine solche einstweilige Anordnung nach § 620 S. 1 Nr. 7 ZPO zu beantragen, **steht** der Zulässigkeit des Verfahrens nach §§ 18a HausrVO, 1361a oder 1361b BGB **nicht entgegen,** da das summarische Verfahren der einstweiligen Anordnung nur zu einer vorläufigen, nicht der materiellen Rechtskraft fähigen Entscheidung führt (OLG Hamm FamRZ 68, 648, Soergel/Häberle Rdn. 5).

38 Wird eine (unzulässige) **einstweilige Verfügung** in Bezug auf Hausrat beantragt, so ist der Antrag **umzudeuten** in den auf Erlaß einer vorläufigen Anordnung, wobei allerdings – da eine vorläufige/einstweilige Anordnung nur im Rahmen eines Hauptsacheverfahrens erlassen werden kann – ggf. auch noch die Umdeutung in einen Hauptsacheantrag zu erfolgen hat (BGH FamRZ 82, 1200 = JZ 83, 73 m. Anm. Walter JZ 83, 54ff, 56; RGRK/Wenz Rdn. 31 zu § 1361a BGB; s. a. oben Rdn. 21).

39 Das **Verfahren nach § 1361a BGB,** § 18a HausrVO **wird mit der Rechtskraft des Ehescheidungsurteils unzulässig;** es kann nicht als Hausratsteilungsverfahren unter geschiedenen Eheleuten nach § 1ff HausrVO fortgesetzt werden (OLG Oldenburg FamRZ 79, 43; RGRK/Wenz Rdn. 31 zu § 1361a BGB). Eine bereits ergangene Entscheidung wird ex nunc wirkungslos (Rolland Rdn. 2).

40 Das **Verfahren nach § 1361b BGB,** § 18a HausrVO weist eine Reihe von Besonderheiten auf (sh. Bergerfurth, FamRZ 85, 549): Es ist stets isolierte Familiensache und kann nicht Gegenstand des Verbundes sein, denn es ist nur die Benutzung zu regeln und keine „Entscheidung für den Fall der Scheidung zu treffen", § 623 Abs. 1 S. 1 ZPO. Die Benutzungsregelung ist an das Getrenntleben geknüpft, kann also **sowohl vor Anhängigkeit der Ehesache wie auch danach** begehrt werden. Wird der Scheidungsantrag zurückgenommen oder abgewiesen, so kann einer Partei auf ihren Antrag gem. §§ 626 Abs. 2, 629 Abs. 3 ZPO vorbehalten werden, die bis dahin als Folgesache geltendgemachte (endgültige) Wohnungsregelung als isolierte Familiensache fortzusetzen, nunmehr beschränkt auf die Benutzungsregelung der Wohnung. Umgekehrt kann das isolierte Benutzungsreglungsverfahren nach Rechtshängigkeit der Ehesache als Folgesache in den Verhandlungs- und Entscheidungsverbund einbezogen werden, wenn der Antragsteller seinen Antrag dahin ändert, daß er die Wohnungsregelung nunmehr für den Fall der Scheidung begehrt.

41 **Auch während der Anhängigkeit des Eheverfahrens** kann – statt eine einstweilige Wohnungsregelung nach § 620 S. 1 Nr. 7 ZPO zu beantragen – im isolier-

ten Hauptsacheverfahren die Benutzungsregelung beantragt werden; denn wie in allen derartigen Fällen der Zweigleisigkeit hat der Antragsteller trotz der Möglichkeit des summarischen Verfahrens nach § 620 ff ZPO ein Rechtsschutzbedürfnis an der Klärung im ordentlichen (Haupt-) Verfahren (Zöller/Philippi Rdn. 10 zu § 620 ZPO). Umstritten ist, ob das Rechtsschutzbedürfnis für eine einstweilige Anordnung nach § 13 Abs. 4 HausrVO zu verneinen ist, wenn die Möglichkeit einer einstweiligen Wohnungsregelung nach § 620 S. 1 Nr. 7 ZPO besteht (s. oben Rdn. 30 zu § 13 und Bergerfurth FamRZ 85, 549 m. w. Hinw. in Fußnote 48 daselbst).

Da die Bestimmung des § 1361 b BGB nicht auf Endgültigkeit abzielt und eine „Verrechtlichung, insbesondere auch mit erkennbarer Außenwirkung gegenüber Dritten, soweit wie möglich vermieden wird" (BT-Drucks. 10/2888, S. 16), sind **Dritte** wie z. B. der Vermieter an dem Verfahren **nicht zu beteiligen** (ebenso Bergerfurth FamRZ 85, 549). 42

Leben die Ehegatten nicht mehr getrennt, so ist das Verfahren **in der Hauptsache erledigt** (Rolland aaO). Wird der Scheidungsantrag abgewiesen oder zurückgenommen, so kann einer Partei auf ihren Antrag durch Beschluß gemäß §§ 626 Abs. 2, 629 Abs. 3 S. 2 ZPO vorbehalten werden, die Folgesache Hausrat nunmehr als selbständiges Verfahren mit der beschränkten Zielsetzung des § 1361 a BGB fortzusetzen (RGRK/Wenz Rdn. 31 zu § 1361 a). Zu den Besonderheiten des Verfahrens nach § 1361 b BGB sh. vorstehend Rdn. 40 ff. 43

Der **Wert der einstweiligen Regelung** der Benutzung des Hausrats im Scheidungsverfahren gemäß § 620 S. 1 Nr. 7 ZPO richtet sich nicht nach dem Wert der Gegenstände, sondern nach demjenigen ihrer zeitlich begrenzten Nutzung, § 20 Abs. 2 S. 2 GKG i. V. m. § 3 ZPO (OLG Stuttgart Rpfl. 57, 97/98 L; OLG Braunschweig Kost Rspr. ZPO § 3 Nr. 6 L; Markl, GKG, 2. Aufl., Anhang zu § 12/§ 3 ZPO, Stichwort „Hausrat"). Für den Antrag ist allerdings nur das Interesse des Antragstellers, nicht das der Beteiligten entscheidend (Markl aaO Rdn. 10 zu § 20). – Im isolierten Hausratsverfahren gilt hingegen der (im wesentlichen deckungsgleiche) § 21 Abs. 2 S. 2 HausrVO. Allerdings ist hier das Interesse der Beteiligten (nicht nur des Antragstellers) an der Regelung maßgebend (Markl aaO). 44

Die Kostenvorschriften der §§ 20 ff HausrVO sind auch auf das Verfahren nach § 18a HausrVO anwendbar (Erman/Ronke Rdn. 8; Hoffmann/Stephan Rdn. 24; RGRK/Scheffler Anm. 16).

§ 19. (aufgehoben)

Die Vorschrift regelte den Erlaß einstweiliger Anordnungen über die Benutzung der Ehewohnung und des Hausrats über den Rahmen der §§ 627 und 627c

ZPO a.F. hinaus. Als Folge der gesetzlichen Neuregelung in §620 Satz 1 Nr. 7 ZPO durch das 1. EheRG ist die entsprechende Bestimmung in der HausrVO weggefallen (Art. 11 Nr. 3k des 1. EheRG). Materiellrechtliche Grundlage für die Regelung der Benutzung der Ehewohnung im Rahmen des §620 S. 1 Nr. 7 ZPO ist §2 HausrVO, während die Regelung der Benutzung des Hausrats ihre materielle Grundlage in §1361a BGB findet (Zöller-Philippi Rdn. 57–66 zu §620 ZPO).

FÜNFTER ABSCHNITT

Kostenvorschriften

§ 20. Kostenentscheidung

Welcher Beteiligte die Gerichtskosten zu tragen hat, bestimmt der Richter nach billigem Ermessen. Dabei kann der Richter auch bestimmen, daß die außergerichtlichen Kosten ganz oder teilweise zu erstatten sind.

I. Allgemeines

Das Hausratsverfahren ist ein echtes Streitverfahren, das sich im Rahmen der 1
freiwilligen Gerichtsbarkeit vollzieht (Dölle, Familienrecht, Bd. I § 41 V 5; Habscheid JZ 54, 689). Deshalb bedarf es in jedem Fall einer Entscheidung darüber, welcher Beteiligte im Verhältnis zu den anderen die Kosten zu tragen hat. Die Kostenentscheidung, die grundsätzlich mit der Sachentscheidung zu verbinden ist, trifft der Richter, ohne an bestimmte Grundsätze gebunden zu sein, nach billigem Ermessen (amtl. Erläuterungen DJ 44, 282).

Die Vorschrift ist seit dem Erlaß der HausrVO unverändert.

II. Anwendungsbereich

Die Vorschrift gilt **nur für das isolierte Hausratsverfahren,** nicht also in 2
Hausratsverfahren, die Folgesachen einer Scheidung sind (s. dazu unten Rdn. 3) und auch nicht in den dazugehörigen Anordnungsverfahren (§§ 620 S. 1 Nr. 7, 620 g ZPO).

Bei im Scheidungsverbund anhängig gemachten Folgesachen (§ 623 ZPO) ist, 3
auch wenn sie zur gesonderten Entscheidung abgetrennt worden sind (§§ 627, 628 ZPO), die Kostenentscheidung nach den Bestimmungen der §§ 93 a, 97 Abs. 3, 98 ZPO zu treffen. Handelt es sich dagegen um einen nicht derart geregelten Fall, z. B. um die Rücknahme oder Erledigungserklärung eines Drittbeteiligten, so ist – gleichgültig ob im isolierten oder im Verbundverfahren – immer über die Kosten des Rechtsmittels im Verhältnis der Parteien und Beteiligten zueinander gemäß § 20 HausrVO zu entscheiden (OLG Frankfurt FamRZ 86, 368).

§ 20 HausrVO ist eine **Ausnahmeregelung,** vgl. § 13 a Abs. 3 FGG, gegenüber 4
der allgemeinen FGG-Kostenbestimmung des § 13 a Abs. 1 FGG. Sie findet im isolierten Hausratsverfahren sowohl in erster Instanz wie auch in der Beschwer-

deinstanz anwendung und gilt auch im Verfahren nach § 18a HausrVO (Soergel/Häberle Rdn. 1; Hoffmann/Stephan, Rdn. 24 zu § 18 HausrVO).

5 Bei **Erledigung des Verfahrens in der Hauptsache** ist ebenfalls nach § 20 HausrVO einheitlich über die entstandenen gerichtlichen und außergerichtlichen Kosten zu entscheiden (BayObLG MDR 68, 934; Erman/Ronke Rdn. 2). Der nach einseitiger Erledigungserklärung ergehende Beschluß ist eine End-Entscheidung i. S. von § 621e ZPO (OLG Köln FamRZ 83, 1262). Die Erledigung der Hauptsache kann auch dann festgestellt werden, wenn sie zwischen Einreichung des Antrags und Zustellung an den Antragsgegner eingetreten ist (OLG Köln aaO). Ist die Erledigung durch den Tod eines Ehegatten eingetreten, so ist das Verfahren (nur) wegen der Kostenentscheidung unter Beteiligung der Erben fortzusetzen (OLG Hamm FamRZ 69, 102; Soergel/Häberle Rdn. 1). § 91a ZPO findet also bei Erledigung des Verfahrens keine Anwendung (MüKo/Müller-Gindullis Rdn. 4).

6 Wird der **Antrag zurückgenommen,** so gilt ebenfalls § 20 HausrVO, d. h. der Hausratsrichter hat auch hier nach billigem Ermessen zu entscheiden, ob der Antragsteller die außergerichtlichen Kosten dem Antragsgegner ganz oder teilweise zu erstatten hat. Das ist keineswegs die Regel. Unnötigerweise verursachte außergerichtliche Kosten muß der Gegner billigerweise selbst tragen, z. B. wenn er einen Anwalt beauftragt hat, nur um dann sein Einverständnis damit zu erklären, daß der Antragsteller die Ehewohnung behält (KG 15 WF 7/82 v. 12. 1. 82). Wenn allerdings die Rücknahme wegen offensichtlich fehlender Begründetheit erfolgt, ist Kostenerstattungspflicht auszusprechen (OLG Düsseldorf FamRZ 78, 343 L; Soergel/Häberle Rdn. 2). Bei Antragsrücknahme nach außergerichtlicher Einigung kann es zweckmäßig sein, von einer Entscheidung über die außergerichtlichen Kosten abzusehen, so daß jeder Beteiligte seine außergerichtlichen Kosten selbst zu tragen hat (MüKo/Müller-Gindullis Rdn. 2).

7 Nach dem Wortlaut der Vorschrift **muß** der Richter bestimmen, wer die Gerichtskosten zu tragen hat; er **kann** bestimmen, ob ganz oder teilweise die außergerichtlichen Kosten zu erstatten sind. Er ist verpflichtet, in jedem Fall zu prüfen, ob eine Erstattung außergerichtlicher Kosten angebracht ist (RGRK/Scheffler Anm. 1). Wenn er über die außergerichtlichen Kosten in der Entscheidung nichts sagt, hat jeder seine außergerichtlichen Kosten selbst zu tragen (Erman/Ronke Rdn. 1; Rolland Rdn. 2). Jede Kostenentscheidung umfaßt also Gerichts- und außergerichtliche Kosten, auch wenn über Letztere keine ausdrückliche Regelung getroffen wird.

III. Das billige Ermessen bei der Kostenentscheidung

8 Die Kostenentscheidung trifft der Richter nach billigem Ermessen. Dabei werden insbesondere zu berücksichtigen sein: das Ergebnis des Verfahrens, das Verhalten der Parteien im Verfahren (Rolland Rdn. 2), die wirtschaftlichen Verhältnisse der Parteien.

Darüber hinaus sollen auch die **Gründe, die zur Auflösung der Ehe geführt haben,** zu beachten sein (Hoffmann/Stephan Rdn. 1 für die Zeit vor dem 1. EheRG; Erman/Ronke Rdn. 2: Gründe, die zum Scheitern der Ehe geführt haben, können nicht allein deswegen bei der Kostenentscheidung berücksichtigt werden – wohl aber dann, wenn weitere Umstände hinzukommen). Daher wird **ausnahmsweise** dann, wenn ein **schwerwiegendes** und auch klar bei einem Ehegatten liegendes **evidentes Fehlverhalten** vorliegt (vgl. zum Unterhaltsrecht BVerfG FamRZ 81, 745, 748 unter Bezugnahme auf BGH FamRZ 79, 569), dieser Umstand auch bei der Kostenentscheidung zu berücksichtigen sein. Denn genauso wie auf Grund des § 1579 Nr. 6 BGB beim Unterhalt den Verhältnissen des Einzelfalls Rechnung getragen werden kann, muß dies auch für die nach der HausrVO zu treffenden Billigkeitsentscheidungen gelten. Mit dem Zerrüttungsprinzip ist es nicht unvereinbar, Gründe in der wirtschaftlichen Auseinandersetzung der Ehegatten mit zu berücksichtigen, die zum Scheitern der Ehe geführt haben, besonders in Fällen, in denen das Scheitern eindeutig auf einem schweren Fehlverhalten eines Ehegatten beruht (vgl. BT-Drucks. 10/2888 S. 11/12 in Bezug auf Unterhaltsansprüche). 9

Beteiligte i. S. d. § 7 HausrVO (wie etwa Vermieter) **können** insoweit **zur Kostentragung verpflichtet sein,** als ihr Verhalten zusätzliche Kosten verursacht hat (BayObLG MDR 68, 934: Vermieter verweigert ohne ausreichenden Grund die Zustimmung zur Einigung der Ehegatten). Mehrere Beteiligte haften bei Kostentragungspflicht nicht als Gesamtschuldner entspr. § 5 KostO, sondern anteilig nach § 420 BGB (vgl. Mümmler in Jur Büro 85, 965 zur Beteiligung mehrerer Personen auf einer Seite). 10

Bei Hauptsache- und Kostenentscheidung kann die **Kostenentscheidung nicht isoliert angefochten** werden; vielmehr müssen Hauptsache und Kosten angefochten werden, § 20 a Abs. 1 FGG. Es ist aber nicht erforderlich, daß die Beschwerde gegen die Entscheidung in der Hauptsache von demselben Beteiligten eingelegt worden ist, der gegen die Kostenentscheidung Beschwerde einlegt (RGRK/Scheffler Anm. 4; Keidel/Kuntze/Winkler Rdn. 4 zu § 20 a FGG; Mümmler in Jur Büro 85 Sp. 968). 11

Ist nur eine Kostenentscheidung ergangen, so findet gem. § 20 a Abs. 2 FGG (i. V. m. § 621 a Abs. 1 S. 1 ZPO, § 13 Abs. 1 HausrVO) die sofortige Beschwerde statt, wenn der Wert des Beschwerdegegenstandes 100,– DM übersteigt, und wenn gegen die Entscheidung in der Hauptsache ein Rechtsmittel statthaft gewesen wäre (Hoffmann/Stephan Rdn. 4; Erman/Ronke Rdn. 1). Es handelt sich nicht um eine Endentscheidung, so daß § 621 e ZPO nicht anwendbar ist (OLG München FamRZ 79, 733; Soergel/Häberle Rdn. 4). Anders ist es allerdings, wenn das Gericht nach einseitiger Erledigungserklärung durch Beschluß feststellt, daß die Hauptsache erledigt ist; dann liegt eine Endentscheidung nach § 621 e ZPO vor (OLG Köln FamRZ 83, 1262; Rolland Rdn. 4). Die weitere Beschwerde ist nicht zulässig (Rolland Rdn. 4). 12

Kostenschuldner sind der Antragsteller nach § 13 Abs. 1 HausrVO i. V. m. § 2 Nr. 1 KostO und der Entscheidungsschuldner nach § 3 Nr. 1 KostO, § 20 S. 1 13

HausrVO (Lappe, Kosten in Familiensachen, Rdn. 361). Mehrere Schuldner sind Gesamtschuldner, § 5 KostO (Lappe aaO Rdn. 362), sofern es sich nicht um mehrere Beteiligte auf einer Seite handelt; sie haften anteilig nach § 420 BGB (Mümmler Jur Büro 85, 965 u. oben Rdn. 10).

14 Die **Kostenfestsetzung** richtet sich entspr. § 13a Abs. 2 FGG nach den §§ 103–107 ZPO (vgl. Hoffmann/Stephan Rdn. 7; Lappe, Kosten in Familiensachen, Rdn. 390). Erforderlich ist ein vollstreckbarer Titel, der entspr. § 16 Abs. 3 FGG durch Zustellung bekannt gemacht worden ist; bei Aussetzung der Vollstreckung gem. § 24 Abs. 2 FGG ist ein zur Festsetzung geeigneter Titel nicht vorhanden, ebensowenig, wenn bei Scheidungsfolgesachen gem. § 629 d ZPO die Wirksamkeit des Scheidungsausspruchs abzuwarten ist (Mümmler Jur Büro 85 Sp. 969).

15 Gegen den Kostenfestsetzungsbeschluß des Rechtspflegers (§ 21 Abs. 1 RpflG) ist die **Erinnerung** gegeben, die im Regelfall binnen einer Notfrist von 2 Wochen einzulegen ist (§ 21 Abs. 2 RpflG). Bei Nichtabhilfe des Rechtspflegers entscheidet der Erstrichter, „wenn er die Erinnerung für zulässig und begründet erachtet oder wenn gegen die Entscheidung, falls sie der Richter erlassen hätte, ein Rechtsmittel nicht gegeben wäre“ (RpflG aaO).

16 Über die **Beschwerde** entscheidet das OLG entweder bei Nichtabhilfe des Familienrichters nach § 11 Abs. 2 RpflG oder, wenn das Erstgericht sachlich über die Erinnerung entschieden hat und die Beschwerdegrenze von 100,– DM überschritten wird, § 104 Abs. 3 S. 5 ZPO (Mümmler Jur Büro 85 Sp. 970).

Das Kostenfestsetzungsverfahren ist Familiensache (BGH FamRZ 78, 585; KG FamRZ 78, 428; Rolland Rdn. 4).

§ 21. Kosten des Verfahrens

(1) Für das gerichtliche Verfahren wird die volle Gebühr erhoben. Kommt es zur richterlichen Entscheidung, so erhöht sich die Gebühr auf das Dreifache der vollen Gebühr. Wird der Antrag zurückgenommen, bevor es zu einer Entscheidung oder einer vom Gericht vermittelten Einigung gekommen ist, so ermäßigt sich die Gebühr auf die Hälfte der vollen Gebühr.

(2) Der Geschäftswert bestimmt sich, soweit der Streit die Wohnung betrifft, nach dem einjährigen Mietwert, soweit der Streit den Hausrat betrifft, nach dem Wert des Hausrats. Betrifft jedoch der Streit im wesentlichen nur die Benutzung des Hausrats, so ist das Interesse der Beteiligten an der Regelung maßgebend. Der Richter setzt den Wert in jedem Falle von Amts wegen fest.

(3) Für das Beschwerdeverfahren werden die gleichen Gebühren wie im ersten Rechtszug erhoben.

I. Allgemeines

Die Bestimmung, die durch das 1. EheRG nicht geändert worden ist, regelt die 1
im isolierten Verfahren nach der HausrVO zu erhebenden Gerichtsgebühren und die Festsetzung des Geschäftswertes. Die Gerichtsgebühren sind, worauf schon die amtl. Erläuterungen (DJ 44, 282) hinweisen, wesentlich niedriger als die Gerichtsgebühren eines entsprechenden Streitverfahrens. Denn sie werden nicht nach dem GKG, sondern nach der KostO erhoben.

Bei Beantragung der **Prozeßkostenhilfe** im isolierten Hausratsverfahren fin- 2
den gem. §§ 621 Abs. 1 Nr. 7, 621a Abs. 1 ZPO, 13 Abs. 1 HausrVO, 14 FGG die ZPO-Vorschriften der §§ 114ff ZPO entsprechende Anwendung. Das bedeutet, daß im Hinblick auf § 115 Abs. 3 ZPO im isolierten Hausratsverfahren das PKH-Gesuch häufig daran scheitern wird, daß die (relativ geringen) Kosten vier Monatsraten nicht übersteigen werden. Das setzt allerdings eine zahlenmäßig exakte Berechnung der in Betracht kommenden Gebühren bei Gericht und Anwalt voraus (Zöller/Schneider, Rdn. 59 zu § 115 ZPO).

Wird das Hausratsverfahren als Scheidungsfolgesache betrieben, so sind die Vorschriften des Gerichtskostengesetzes maßgebend, § 1 Abs. 2 GKG.

II. Gerichtsgebühren, Abs. 1 und 3

Abs. 1 der Vorschrift unterscheidet drei Tatbestände für das Entstehen von Ge- 3
richtsgebühren:

1. Für das gerichtliche **Verfahren** wird die volle Gebühr (§ 32 KostO) erhoben. Diese volle Gebühr fällt mit dem Eingang des Antrags bei Gericht an (Lappe Rdn. 350). Einigen sich die Parteien vor Gericht, so bleibt es bei dieser einen vollen Gebühr (Hoffmann/Stephan Rdn. 1).

2. Ergeht eine **richterliche Entscheidung,** so erhöht sich die Gerichtsgebühr auf das Dreifache der vollen Gebühr. Richterliche Entscheidungen in diesem Sinne sind aber nur eine Anordnung über die Ehewohnung oder den Hausrat, nicht die Abweisung eines solchen Antrags (Lappe Rdn. 352; Soergel/Häberle Rdn. 1).

3. Wird der **Antrag** rechtzeitig **zurückgenommen,** d. h. bevor es zu einer richterlichen Entscheidung oder zu einer vom Gericht vermittelten Einigung gekommen ist, so ermäßigt sich die Gebühr auf die Hälfte der vollen Gebühr.

Für das **Beschwerdeverfahren** entstehen die gleichen Gebühren, § 21 Abs. 3 4
HausrVO. Wird im Beschwerdeverfahren ein Vergleich geschlossen, die Beschwerde oder der Antrag zurückgenommen, so tritt die Gebührenermäßigung (auf die Hälfte der vollen Gebühr) nur in der Beschwerdeinstanz ein. Die bereits entstandenen Gebühren des ersten Rechtszuges bleiben unverändert.

III. Geschäftswert, Abs. 2

5 **1.** Nach Abs. 2 der Vorschrift bestimmt sich der Geschäftswert **bei Streit um die Wohnung** (abweichend von der KostO) nach dem einjährigen Mietwert, wenn die gesamte Wohnung im Streit ist. Betrifft der Streit nur einen Teil der Wohnung (etwa bei Teileinigung), so ermäßigt sich der Geschäftswert auf den entsprechenden Mietanteil. Begehrt ein Antragsteller unzulässigerweise die Zuweisung des Miteigentumsanteils des Antragsgegners an dem früheren ehelichen Anwesen, so bestimmt dieser Antrag den Geschäftswert (OLG Bamberg Jur Büro 79, 753; **a. A.** Lappe Rdn. 359: ein unzulässiger Sachantrag sei belanglos, so daß der Mietwert der Wohnung auch dann maßgebend bleibe; es erscheint aber bedenklich, dem Sachantrag im Hausratsverfahren jede Bedeutung abzusprechen, da dann konsequenterweise der Geschäftswert – worauf das SchlH OLG in Schl HA 78, 145 zutreffend hinweist – gleich Null sein müßte).

6 **2.** Beim **Hausrat** ist nicht der Anschaffungswert (nach Erman/Ronke Rdn. 2 gibt der Anschaffungspreis allerdings einen gewissen Anhaltspunkt), nicht ein Liebhaber- und Freundschaftswert (Hoffmann/Stephan Rdn. 6) und auch nicht der Wiederbeschaffungswert, sondern der tatsächliche Verkehrswert maßgebend (OLG München Jur Büro 79, 1542; OLG Frankfurt Jur Büro 79, 1700; OLG Saarbrücken Anw Bl 84, 372; Haberzettl, Streitwert und Kosten, A 2 Rdn. 112). Gebrauchter Hausrat hat regelmäßig nur noch begrenzten Wert; Wertangaben der Parteien sind im allgemeinen wenig hilfreich (Haberzettl aaO). Sie neigen zur Überbewertung ihnen vertrauter, unentbehrlich erscheinender Gebrauchsgegenstände, oft auch aus dem Bestreben, den Beschwerdewert (vgl. § 14 HausrVO) zu erreichen. In der Regel erbringt gebrauchtes Mobiliar einen erheblich geringeren Erlös; die Einkommensverhältnisse der Ehegatten können ein Indiz für die Angemessenheit der Schätzung sein (Haberzettl aaO).

7 Nach dem Wortlaut des Gesetzes bestimmt sich der Geschäftswert „nach dem Wert des Hausrats", d. h. des **gesamten** Hausrats, um den (noch) gestritten wird (Lappe Rdn. 360 unter Aufgabe der früheren gegenteiligen Ansicht; Schmidt in Anmerkg. zu OLG Saarbrücken Anw Bl 81, 405; Mümmler Jur Büro 82, 23). Die Gegenmeinung (OLG Frankfurt Jur Büro 79, 1700; ihm folgend OLG Saarbrükken Anw Bl 81, 405) legt, ausgehend von einer in der Regel hälftigen eigentumsmäßigen Beteiligung der Ehegatten, nur den halben Verkehrswert des Hausrats zugrunde. Das erscheint nicht nur vom Verordnungswortlaut her bedenklich, sondern auch deshalb, weil im Rahmen der Hausratsauseinandersetzung der gesamte Hausrat streitig ist, da nicht nur über die im Miteigentum beider, sondern auch über die im Alleineigentum eines Ehegatten stehenden Gegenstände gemäß §§ 8, 9 HausrVO zu entscheiden ist.

8 Betrifft der Streit im wesentlichen nur die **Benutzung** des Hausrats (Abs. 2 S. 2 der Vorschrift, vgl. § 18a HausrVO i. V. m. § 1361a BGB), so ist der Geschäftswert nach dem Interesse der Beteiligten an der Regelung gemäß § 30 KostO nach freiem Ermessen zu schätzen (MüKo/Müller-Gindullis Rdn. 8). Maßgebend ist der

Wert ihrer zeitlich begrenzten Nutzung (Dunz in Rpfl 57, 97/98 unter Hinweis auf OLG Stuttgart 8 W 174/55 v. 23. 6. 1955). In der Regel wird das Benutzungsinteresse des Hausrats mit etwa 1/5 des Hausratswertes (Lappe, Kosten in Familiensachen, Rdn. 356; Soergel/Häberle Rdn. 2) bis 1/4 angenommen (Haberzettl, Streitwert und Kosten, A 5 Rdn. 44), wobei ein Indiz für die letztgenannte Quote die Überlegung sein kann, daß bei der Wohnungszuteilung im Hauptsacheverfahren die Jahresmiete, im Anordnungsverfahren die Dreimonatsmiete zugrundezulegen ist (Haberzettl aaO).

Das gilt nunmehr entsprechend auch für die (vorläufige) Zuweisung der Ehe- 9
wohnung gemäß § 1361 b BGB (bisher galt dieses Verfahren mangels einer darauf bezogenen Gebührenvorschrift und **wegen des Analogieverbots** im öffentlichen Gebührenrecht als **gebührenfrei,** Lappe Rdn. 354).

Geht es nur um die **Rückschaffung einzelner Hausratsgegenstände** (vgl. 10
BGH FamRZ 82, 1200), so ist nur deren Wert maßgebend (Lappe Rdn. 357), und zwar, da nur die Wiederherstellung der früheren Besitzverhältnisse verlangt und noch keine Aufteilung begehrt wird, eine Quote des Verkehrswerts dieser einzelnen Gegenstände.

Ausgleichszahlungen nach §§ 8, 9 HausrVO und Vergütungen gemäß 11
§ 1361 a Abs. 3 BGB **bleiben** bei der Ermittlung des Geschäftswerts **außer Betracht** (Haberzettl B 7 Rdn. 6).

Vergleichen sich die Parteien im Hausratsverfahren, daß es bei dem derzeitigen 12
Besitzstand bleiben soll, so ist der **volle Wert** des gesamten Hausrats maßgebend (Mümmler Jur Büro 82, 23).

Gegen die Wertfestsetzung ist die Beschwerde gegeben, wenn der Beschwerde- 13
gegenstand 100,– DM übersteigt, §§ 31 Abs. 3, 14 Abs. 3, 4 KostO, § 567 Abs. 2 ZPO. Er errechnet sich aus dem Unterschied zwischen dem erlangten oder auferlegten Kostenbetrag und der mit der Beschwerde erstrebten Abänderung unter Einschluß der vom Kostenschuldner etwa zu tragenden Anwaltskosten (Erman/Ronke Rdn. 3; RGRK/Scheffler Anm. 4; Hoffmann/Stephan Rdn. 8).

IV. Rechtsanwaltsgebühren

Der nach § 21 Abs. 2 HausrVO festgesetzte Geschäftswert, der in jedem Fall 14
von Amts wegen festzusetzen ist (S. 3), ist auch für die Gebühren des Rechtsanwalts maßgebend, § 9 BRAGO.

Die **Anwaltsgebühren im isolierten Hausratsverfahren** richten sich nach 15
§ 63 Abs. 1 Nr. 1, Abs. 2 und Abs. 3 BRAGO: Der Rechtsanwalt erhält die in § 31 BRAGO bestimmten Gebühren (Prozeßgebühr, Verhandlungsgebühr, Beweisgebühr, Erörterungsgebühr) nur zur Hälfte. Auch in der Beschwerdeinstanz erhöht sich diese 5/10-Gebühr nicht. die 5/10-Gebühren in Beschwerdeverfahren gelten aber nur, wenn sich die Beschwerde gegen eine den Rechtszug beendende Entscheidung richtet, § 63 Abs. 2 BRAGO. Für andere Beschwerden verringert sich die Gebühr gemäß § 61 Abs. 1 Nr. 1 BRAGO (Lappe Rdn. 379). Die 5/10-Pro-

zeßgebühr fällt mit dem ersten auftragsgemäßen Tätigwerden im Hinblick auf das gerichtliche Verfahren an; sie ermäßigt sich für den Anwalt des Antragstellers auf 2,5/10, wenn sich der Auftrag vor Einreichung des Antrags auf Einleitung des Verfahrens erledigt, §32 Abs. 1 BRAGO (Lappe Rdn. 371). Spätestens mit der Wahrnehmung des Verhandlungstermins ist aber von beiden Anwälten die 5/10-Prozeßgebühr verdient.

16 Die **Verhandlungsgebühr** (in Höhe von 5/10) entsteht mit der mündlichen Verhandlung (vgl. §13 Abs. 2 HausrVO), wobei nur erforderlich ist, daß beiderseits zur Sache verhandelt worden ist, da eine förmliche (Sach-)Antragstellung in Hausratssachen nicht notwendig ist (s. oben Rdn. 27 ff zu §1). Bei einseitiger Verhandlung erfällt nur eine 2,5/10-Gebühr (Lappe Rdn. 372); diese geringere Gebühr entsteht auch dann, wenn nicht zur Sache, sondern nur zum Verfahrensablauf verhandelt wird, §33 Abs. 2 BRAGO. Die Vergütung des im Prozeßkostenhilfeverfahren beigeordneten Anwalts aus der Staatskasse ist entsprechend geringer gem. §123 BRAGO.

17 Für Hausratsverfahren als Scheidungsfolgesachen sind die Anwaltsgebühren höher, vgl. §§31 Abs. 3, 61 a BRAGO; der Geschäftswert bestimmt sich dann nach §12 Abs. 1 GKG.

V. Prozeßkostenhilfe

18 Prozeßkostenhilfe ist **entsprechend** den Bestimmungen der **§§114ff ZPO** zu gewähren (s. oben Rdn. 2). Wegen der verhältnismäßig geringen Kosten des isolierten Hausratsverfahren ist hier bei Ratenzahlungen besonders sorgfältig zu prüfen, ob die Kosten voraussichtlich 4 Monatsraten übersteigen, §115 Abs. 3 ZPO. Die beabsichtigte Rechtsverfolgung oder -verteidigung kann nicht schon deshalb als mutwillig angesehen werden, weil das Hausratsverfahren vom Amtsermittlungsprinzip beherrscht wird (RGRK/Scheffler Anm. 5; Vogel, Prozeßkostenhilfe im familiengerichtlichen Verfahren, S. 86/87).

Gegen die Versagung der Prozeßkostenhilfe ist die einfache Beschwerde nach §19 FGG gegeben (Soergel/Häberle Rdn. 3; RGRK/Scheffler Anm. 5).

§22. (aufgehoben)

Die Vorschrift betraf die Rechtsanwaltsgebühren. Sie ist seit dem 1. 10. 1957 außer Kraft. Für die Rechtsanwaltsgebühren gilt nunmehr §63 BRAGO (s. vorstehend Rdn. 14 ff zu §21)

§ 23. Kosten des Verfahrens vor dem Prozeßgericht

Gibt das Prozeßgericht die Sache nach § 18 an das nach dieser Verordnung zuständige Familiengericht ab, so ist das bisherige Verfahren vor dem Prozeßgericht für die Erhebung der Gerichtskosten als Teil des Verfahrens vor dem übernehmenden Gericht zu behandeln.

Die Vorschrift ist neu gefaßt worden durch Art. 10 § 5 Kost Änd G. Schon der ursprüngliche Text der VO war dem damaligen § 276 Abs. 3 ZPO nachgebildet (Siegelmann zu § 23 HausrVO), um die kostenrechtliche Einheit herzustellen. Dieses Prinzip behält die Neufassung bei. Die Abgabe nach § 18 HausrVO ist keine Verweisung i. S. von § 281 ZPO. Den Grundsatz der kostenrechtlichen Einheit bei Verweisungen (§ 281 Abs. 3 ZPO) übernimmt die Bestimmung für das Hausratsverfahren: Das bisherige Verfahren vor dem Prozeßgericht bildet mit dem Verfahren vor dem Hausratsrichter **kostenrechtlich eine Einheit.** Gerichtskosten werden nur nach den §§ 20, 21 der HausrVO erhoben. Für die Rechtsanwaltsgebühren gilt § 14 BRAGO.

SECHSTER ABSCHNITT

Schlußvorschriften

§24. (aufgehoben)

Die Vorschrift enthielt Übergangsregelungen für Scheidungsurteile bei Inkrafttreten der HausrVO am 1. 11. 1944. Die Bestimmung ist durch das Familienrechtsänderungsgesetz vom 11.8. 1961 (BGBL I 1221) aufgehoben worden.

§25. Aufhebung und Nichtigerklärung der Ehe

Wird eine Ehe aufgehoben oder für nichtig erklärt, so gelten die §§1 bis 23 sinngemäß.

1 Ist eine Ehe nicht geschieden, sondern aufgehoben oder für nichtig erklärt worden, so soll die Auseiandersetzung über Ehewohnung und Hausrat in der gleichen Weise erfolgen, wie es in den ersten Abschnitten der Verordnung für den Fall der Scheidung vorgesehen ist (amtl. Erläuterungen DJ 44, 282). Die Eheaufhebungsgründe sind in dem §§30–34 EheG, die Nichtigkeitsgründe erschöpfend (§16 EheG) in den §§17, 18, 20 und 21 EheG aufgezählt.

2 §25 HausrVO findet auch Anwendung, wenn die neue Ehe deswegen aufgehoben wird, weil der für tot erklärte frühere Ehegatte noch lebt, §39 EheG (RGRK/Scheffler, Abs. 1 der Anm. zu §25 HausrVO; Hoffmann/Stephan Rdn. 1). Er gilt auch dann, wenn der gutgläubige Ehegatte durch Erklärung gemäß §§26 Abs. 2, 37 Abs. 2 EheG die vermögensrechtlichen Folgen der Scheidung für die Zukunft ausgeschlossen hat (Rolland, MüKo/Müller-Gindullis, RGRK/Scheffler, jeweils in Anm. zu §25).

3 Umstritten ist, **von wann ab der** das Verfahren einleitende **Antrag gem. §1 HausrVO gestellt werden kann,** schon nach Klageerhebung (so Schwab Rdn. 845) oder erst nach rechtskräftiger Aufhebung oder Nichtigerklärung der Ehe (so MüKo/Müller-Gindullis, 5. Erg. Lieferg.). Die Antragstellung dürfte schon vorher zulässig sein, die Endentscheidung darf aber erst nach Rechtskraft des die Ehe auflösenden Urteils ergehen (ebenso Erman/Ronke Rdn. 2).

§ 26. (aufgehoben)

Diese Vorschrift behandelte das Verhältnis zur Zweiten Kriegsmaßnahmeverordnung vom 27.9. 1944 und ist durch Art. 5 Nr. 7 FamR ÄndG (BGBl I 1961 S. 1221) aufgehoben werden.

§ 27. Inkrafttreten

Diese Verordnung tritt am 1. November 1944 in Kraft.

Stichwortverzeichnis

(Die **fetten Zahlen** verweisen auf die Paragraphen, die mageren auf die Randnummern)

FSC
www.fsc.org
MIX
Papier | Fördert
gute Waldnutzung
FSC® C083411

Kolibri 360 GmbH
Ferdinand-Jühlke-Straße 7
99095 Erfurt, Deutschland
produktsicherheit@kolibri360.de